融合与渗透：
跨文化交际中的大学英语教学研究与优化

武 黎◎著

山西出版传媒集团
山西经济出版社

图书在版编目(CIP)数据

融合与渗透:跨文化交际中的大学英语教学研究与优化/武黎著. — 太原:山西经济出版社,2020.7
ISBN 978-7-5577-0711-8

Ⅰ.①融… Ⅱ.①武… Ⅲ.①英语—教学研究—高等学校 Ⅳ.① H319.3

中国版本图书馆 CIP 数据核字(2020)第 117609 号

融合与渗透:跨文化交际中的大学英语教学研究与优化

著　　者:武　黎
责任编辑:李慧平
助理责编:宁姝峰
特约编辑:张素琴　张玲花　许　琪　庄凌玲
装帧设计:马静静

出 版 者:山西出版传媒集团·山西经济出版社
地　　址:太原市建设南路 21 号
邮　　编:030012
电　　话:0351-4922133(市场部)
　　　　　0351-4922085(总编室)
E—mail:scb@sxjjcb.com(市场部)
　　　　　zbs@sxjjcb.com(总编室)
网　　址:www.sxjjcb.com

经 销 者:山西出版传媒集团·山西经济出版社
承 印 者:北京亚吉飞数码科技有限公司

开　　本:787mm×1092mm　1/16
印　　张:13.25
字　　数:237 千字
版　　次:2021 年 5 月　第 1 版
印　　次:2021 年 5 月　第 1 次印刷
书　　号:ISBN 978-7-5577-0711-8
定　　价:70.00 元

前　言

当今时代是一个国际化、现代化、信息化的时代,在这一时代背景下,不同国家、不同民族的人们之间的交往越来越频繁,而跨文化交际就成了当今社会的一种普遍现象。语言与文化紧密相关,语言既是文化的产物,也是文化的载体。学习一门语言,不可避免地就要学习语言背后的文化。英语作为一门通用语言,在跨文化交际中发挥着十分重要的作用。同时,在跨文化交际视角下,英语教学与学习正经历着一场巨大的变革,旧有的教学模式逐渐被新的教学模式所取代,由此开拓了跨文化交际教学的新局面。

跨文化交际和大学英语教学的融合与渗透能够使大学英语教学的目的从单纯地传授知识转向跨文化教育,从而不断提升学生的跨文化交际能力,使学生能够更好地展开跨文化交际活动。基于此,笔者精心策划并撰写了《融合与渗透:跨文化交际中的大学英语教学研究与优化》一书,以期帮助教师更新教学理念,改变传统的教学模式,将大学英语教学与跨文化交际有机融合,从而推进大学英语教学的改革与发展。

本书共包含九章。前三章开篇明义,探讨了跨文化交际与大学英语教学的内涵与理论。第一章为导论,对语言、文化、交际的相关内涵进行了探讨,并解读了三者之间的关系。第二章承接第一章,从内涵、基本模式、主要理论三个层面分析了跨文化交际。第三章对大学英语教学进行简述,分析了大学英语教学的内涵、原则与理论依据。前面三章内容为总述,为下面章节内容的展开做了铺垫。第四章为转折章,将跨文化交际与大学英语教学相融合,阐述了二者融合的作用、影响因素、现状与任务、原则与策略。第五章至第七章为本书的重点,从跨文化交际的视角分析了大学英语教学的具体内容,包含语言知识教学与语言技能教学。以跨文化交际视角下大学英语词汇教学研究为例,首先对大学英语词汇教学进行了简述,进而探讨了文化差异对大学英语词汇教学的影响,最后论述了跨文化交际视角下大学英语词汇教学的原则与优化方法。第八章为创新章节,基于当前处于信息化时代,从网络视角探讨大学英语跨文化交际教学,首先分析了网络教学的基本知识,进而探讨了网络视角下大学英语跨文化交际教学的原则与优化方法。最后一章为补充章,也是本书系统化的承接,由于大学英语教学除了包含知识与技能教学外,还必然涉及教师、教材、教学评估这些组成部分,这在大学英语跨文化交际教学中也是如此,因此本章对其进行了探讨。

  本书将跨文化交际的理论知识融合渗透于大学英语教学中,分析了大学英语教学的方方面面,目的是发现大学英语教学中的一些深层次问题,为大学英语教学寻找到行之有效的方法与路径,从而进一步提升了大学英语教学的效率,推动大学英语教学中的跨文化教育。同时,本书具有鲜明的特色,将网络技术融入大学英语跨文化交际教学中,具有实用性与新颖性。总体而言,本书内容全面、视角新颖、逻辑严谨,做到了理论与实践的统一,希望能为我国大学英语教学研究带来一定的启示。

  在本书的撰写过程中,笔者不仅参阅、引用了很多国内外的相关文献资料,而且得到了同事、亲朋的鼎力相助,在此一并表示衷心的感谢。由于笔者水平有限,书中疏漏之处在所难免,恳请同行、专家以及广大读者批评指正。

作 者
2020 年 3 月

目 录

第一章　导　论 …………………………………………………… 1
　　第一节　语言、文化、交际 ………………………………… 1
　　第二节　解读语言、文化与交际三者的关系 …………… 25
第二章　跨文化交际理论综述 ………………………………… 31
　　第一节　跨文化交际的内涵解析 ………………………… 31
　　第二节　跨文化交际的基本模式 ………………………… 46
　　第三节　跨文化交际的主要理论 ………………………… 48
第三章　大学英语教学简述 …………………………………… 51
　　第一节　大学英语教学的内涵解析 ……………………… 51
　　第二节　大学英语教学的基本原则 ……………………… 52
　　第三节　大学英语教学的理论依据 ……………………… 53
第四章　跨文化交际与大学英语教学融合研究 …………… 70
　　第一节　跨文化交际在大学英语教学中的作用 ………… 70
　　第二节　影响大学英语跨文化交际教学的两大因素 …… 72
　　第三节　跨文化交际与大学英语教学融合的现状与任务 … 85
　　第四节　跨文化交际与大学英语教学融合的原则与策略 … 89
第五章　跨文化交际视角下大学英语词汇与语法教学研究 … 95
　　第一节　跨文化交际视角下大学英语词汇教学研究 …… 95
　　第二节　跨文化交际视角下大学英语语法教学研究 …… 107
第六章　跨文化交际视角下大学英语听说教学研究 ……… 116
　　第一节　跨文化交际视角下大学英语听力教学研究 …… 116
　　第二节　跨文化交际视角下大学英语口语教学研究 …… 127
第七章　跨文化交际视角下大学英语读写译教学研究 …… 136
　　第一节　跨文化交际视角下大学英语阅读教学研究 …… 136
　　第二节　跨文化交际视角下大学英语写作教学研究 …… 145

第三节　跨文化交际视角下大学英语翻译教学研究……………　150
第八章　网络视角下的大学英语跨文化交际教学研究……………　157
　　第一节　网络技术与大学英语教学的结合…………………………　157
　　第二节　网络视角下大学英语跨文化交际教学的原则……………　163
　　第三节　网络视角下大学英语跨文化交际教学的优化方法………　165
第九章　跨文化交际视角下大学英语教学的其他要素研究………　169
　　第一节　跨文化交际视角下大学英语教师的转型发展……………　169
　　第二节　跨文化交际视角下大学英语教材的多维度开发…………　188
　　第三节　跨文化交际视角下大学英语教学评估的多元化…………　190
参考文献……………………………………………………………………　192

第一章 导 论

随着世界经济迈向全球化,文化也呈现出多元化发展的局面,跨文化交际活动越来越频繁,世界各国人民在这种形势下通过交际来了解彼此的语言与文化。现如今,语言已经不是阻碍国与国交往的一大障碍,能否对他国文化有所理解和把握成了交往的保障和重要因素。这就要求人们要想成功进行跨文化交际,首先就需要具备跨文化交际能力和准确看待本国文化和他国文化的能力。语言、文化、交际之间的关系也必然使跨文化交际与大学英语教学联系起来。本章作为开篇,对语言、文化、交际的相关知识展开探讨,并进一步解读三者的关系。

第一节 语言、文化、交际

众所周知,语言与文化密切相关,而了解语言与文化的目的在于合理进行交际。因此,三者的关系是非常复杂和多面的。本节首先对语言、文化、交际的基础知识展开分析。

一、语言

人生活在语言的世界里,语言赋予世界以"意义"。人可以通过语言来完成某些行为,而不必"事必躬亲"。语言存在于人类具体使用它的过程中,这一过程就表现为交际行为。简言之,语言是伴随着具体的交际行为出现在我们的面前的,是完成某种特定行为的"语言",只有意识到这一点,人们才能真正意识到自身所具有的价值。借助语言,人类构建了一个超出其生存环境的符号世界,正是在这个世界中,人类获得了空前的自由,从而不再受制于环境的束缚。

(一)语言的定义

1. 一种交际工具

语言的功能有很多,但是交际功能是其所有功能中最基本的功能,具体可以从以下两个层面来理解:

(1)语言是最重要的交际工具。人类社会中的每个人都生活在一定的客观社会条件中,人与人之间的交际是社会生活中的重要组成部分。人们往往用语言来交际,但是除了它,还有很多种形式,如文字、灯光语、旗语、身势语等。文字工具主要用于对语言加以记录,是基于语言的一种辅助交际工具,因此其与语言在历时和共时上都不能相比。灯光语、旗语是基于语言与文字而产生的辅助交际工具,因此也不能和语言相比。身势语是流传很广的交际语言,但是受各种条件的限制,往往会产生某些误会,因此也不能和语言相比。通过上述分析可知,语言是所有交际工具中最重要的一种。

(2)语言是人类独有的交际工具。对于语言是交际工具,这在前面已经论述,但是这里所强调的是"人类独有",这一点可以从以下两个层面来理解:

第一,动物所谓的"语言"与人类的语言有根本区别。"人有人言,兽有兽语。"动物与动物也存在交际,它们采用的交际方式也有很多,可以是有声的,也可以是无声的。但是,动物与动物之间这些所谓的"语言"与人类的语言是无法比拟的。首先,人类语言具有社会性、心理性与物理性。社会性是人类语言的根本属性,因为人类的语言是源于人类集体劳动的交际需要的。运用语言,人们能够适应自然、改造自然。相比之下,动物的"语言"只是为了适应自然。其次,人类的语言具有单位明晰性。人类语言拥有音义结合的词汇系统与语法系统,音、形、义各个要素都可以再分解成明确的单位,代表具体的含义。相比之下,动物的"语言"是无法被分析出来的。再次,人类语言具有任意性。语言是一种规则系统,人们使用语言对自己的言语加以规范。但是,语言系统本身的语素和词、用什么音对意义加以表达等从本质上说是任意的。相比之下,动物的"语言"在表达情绪和欲望时并无多大区别。最后,人类语言具有能产性。人类的语言虽然拥有一套相对固定的系统,但是各个结构成分是有限的,人们能够运用这一有限的成分产生无限的句子,传递出无限的信息。相比之下,动物的"语言"是无法达到这一效果的。

第二,动物学不会人类的语言。动物能否学会人类的语言?对于这一问题的回答,显然是不能。如果能学会,那就不能说语言是"人类独有"的交际工具了。很多人说,鹦鹉等能够模仿人的声音,但是这也不能说它们掌握了人类的语言,因为它们只是模仿,只能学会只言片语。也就是说,这些动物不能像人类一样运用语言产生无限多的句子,也不能写出无限多的文章。因此,语言是动物与人之间不可逾越的鸿沟,能否掌握语言,也是人与动物的根本区别之一。

2. 一种符号系统

在人们生活的世界上到处都包含符号的痕迹。例如,马路上的交通信号灯,绿色代表通行,红色代表禁止通行,黄色代表警示。医院里面会张贴禁止吸烟的标志,告诉人们不可以在这里吸烟。在过春节时,中国人习惯贴福字,这是为了表达对来年的祝福。显然,符号以及符号活动时时刻刻存在。

总体而言,符号一般包含两大类:一类是人类符号活动,一类是动物符号活动。人类符号活动包含语言符号活动与非语言符号活动。非语言符号又包含建筑符号、音乐符号、行为符号、绘画符号等。可见,符号学在学术领域有着广泛的内涵,其几乎将所有学科包含在内,尤其是人文学科。也就是说,它是跨学科研究的一条重要途径。

索绪尔在他的语言学研究中指出,符号在语言学中是非常重要的,并且反复强调符号是语言的本质。语言学属于符号学的一部分,很多人将语言学称为"符号学",也就是与符号相关的科学,即研究人尝试通过采用一些约定俗成的系统来传达思想时出现的现象。其实,并没有人讲授符号传播的现象,但是这一现象在语言学家的头脑中是存在的。还有很多学者认为语言学是历史学科的一部分,实际上,语言学也可以说是符号学。

关于符号学与语言学的关系,学者们所持有的观点大致包含如下几点:①索绪尔、西比奥克等人认为符号学包含语言学。②法国著名的符号学家巴尔特、罗兰等人认为符号学属于语言学的一部分。③有学者指出符号学与语言学是相互独立的并列成分。④法国符号学家吉劳认为符号学与语言学是不相关的。

对于上述观点,第一种观点与第三种观点更有说服力,支持的人各自持有自己的观点和意见。但是无论如何,我们需要承认的是语言是人类多种符号系统中的一个典型代表,也是人类使用最为广泛的一种。如果我们将语言研究置于符号学研究中,必然有助于研究语言,从而为语言学的发展奠定基础。

对于人类而言,语言是特有的符号体系,也是人类社会中最为常用的符号体系。从狭义层面来说,语言只是指口头语言与书写文字,但是从广义上讲,语言就包含一些非语言符号,如装饰语言、表情语言等,这些非语言符号也传递着一些思想信息。但是,一般来说,语言更倾向于指代口头语言与书写文字。

声音是语言的物质表现形式,图形是文字的物质形式,它们分别给人造成听觉与视觉的感受。语言作为物质形式与内容的统一体,自身就体现了音义统一与形义统一。语言还是一种线性的结构系统。语言单元是随着一维的方向来相继进行排列的,它们之间是依据语法规则而组合起来形成系统的。

可见,对于有声语言而言,其包含三大构成要素:语音、语法、语义。在所有的符号形式中,语言是最重要也是最基本的形式,是人类存储、传递信息的一项重要工具。

(二)语言的起源

语言学家所掌握的证据已经证明,语言是先有口语而后才有书面语的。但最初的口语又是如何产生和形成的呢?语言的起源是什么?我们知道,在录音机等声音录制工具出现以前,人们只能凭借保存下来的书面资料对语言进行研究,这就直接导致人们无法对书面语出现以前的语言即口语进行研究。因为无据可依,在这一问题上一直存在种种假说,比较常见的主要有神授说、拟声说、拟象说等。

1. 神授说

早期的人类在面对他们无法做出合理解释的种种自然之谜时,往往将其归因于神灵的力量使然。在面对语言起源这一难题时,人们也同样诉诸神灵,认为包括人在内的世间万物都是某种神力的创造,而人的语言理所当然地也是神力的恩赐。

因而,在大多数宗教中都存在某种神力授予人们语言或创造语言的描述。例如,在《旧约·创世纪》中,上帝创造了人类的祖先亚当和各种飞禽走兽,而后将这些动物带到亚当面前由他命名;在中国古代神话中有女娲造人、仓颉造字的传说;在埃及人们则相信语言是由纳布神(Nabu)创造的等。

2. 拟声说

另一种假说拟声说则认为语言的开端始于"自然之声"。按照声源的不同,语言学家分别提出了三种不同的理论:

第一种是"汪汪理论",即早期的人类通过模仿周围自然界的声音形成最初的语言,这一假说为语言中存在的拟声词如 cuckoo、hiss 等提供了解释。

第二种是"呸呸理论",该理论认为最初的语言源于人类在感受到痛苦、愤怒、快乐等情感时发出的声音。

第三种理论则被称作"唷嗨嗬理论",这种人类在参与某项集体劳作时,为了保持动作的协调一致而发出的有节奏的号子声,被认为是语言的起源。

以上三种理论都在一定程度上表明语言中存在的音义对应关系,如 cuckoo 一词就是人类通过模仿布谷鸟的叫声来指代"布谷鸟"这一事物,而人们在感受到疼痛时自然而然发出的哎唷(ouch)声,也被用来指代"疼痛"的感觉。虽然这些理论都具有一定的解释力,但毕竟语言中的拟声词以及感叹词数量有限,因此拟声说具有极大的局限性。

3. 拟象说

拟象说不同于拟声说,它将语言的起源归因于对自然物象而非声音的模拟。其中一种观点认为人类最初是借助一系列的身体语言(如手势、面部表情等)来进行沟通的。逐渐地,舌头、嘴唇等发音器官模拟那些肢体表意动作并发出声音,从而产生了真正的语言。换言之,口腔发音动作是对身体语言的复制,因此被称作"口腔手势说"。但是,我们很难想象一个人在发音时其口腔动作会与其身体语言有什么相似之处,因而该理论听起来有些古怪。

另一种观点则提倡口型拟象说,认为语言是人类对所目击或想象的普遍意义上的物象的模拟。陈澧在《东塾读书记·小学》中讲道:"盖天下事物之象,人目见之则心有意,意欲达之则口有声。意者,象乎事物而构之者也;声者,象乎意而宣之者也。……如'大'字之声大,'小'字之声小,'长'字之声长,'短'字之声短。"

(三)语言的发展

人类对于语言现象的兴趣和研究可谓历史悠久。古希腊的哲学家赫拉克利特就已经提出了"逻各斯"的概念,它代表人的话语表达和事物名称规律,是公认的尺度,是"一",是人类一切智慧的来源。崇尚"逻各斯"即是崇尚人类的智慧和理性规律,人类的语言是理性智慧的表现,虽然它有个体性,但是又具有普遍的规律。

"逻各斯"的提出是人类对于语言、思维和现实这些哲学问题的最初解释,是一种朴素直观和感性的分析。柏拉图和亚里士多德继续对语言进行了初步的分析,使语言的研究逐步走向理性客观的逻辑性分析。

古希腊的哲学家们对语言的本质有着不同的看法,并进行了一场持续了几个世纪的争论。一派认为语言是自然的产物,人们对语言的发展无能为力;另一派则认为,语言受惯例支配,是约定俗成的,人类可以改变它。亚里士多德是古希腊最著名的哲学家和思想家,他的著作中有很多地方讨论了语言的问题。他的语言观属于"惯例派",认为语言形成于惯例,语言的词汇和意义之间没有必然的联系,都是人为的、任意的,同时不同种族的人们虽然使用不同的语言,但是人类的思想是一样的,不同的语言是相同思想的不同标记。

亚里士多德的反对者中有一派盛行一时,那就是"斯多噶派",他们属于前一派,即"自然派",认为一切词语都天然地代表着它们所指称的东西。他们对于词源的研究很感兴趣,同时提出了语言的符号象征和符号意义,后来的现代语言学奠基人索绪尔进一步发展了这一观点。

古罗马时期,语言学的发展在古希腊的基础上继续向前发展,其中最著名的语法学家瓦罗(Marcus Varro)受"斯多噶派"影响较大。他把语言研究分为三大部分,即词源学、形态学和句法学,提出了派生构词法和屈折构词法,还区分了时态(过去、现在和将来)与体态(完成和未完成),并且分析了主动和被动两种语态。到了中世纪,语言研究更加深入,除了拉丁语之外,其他语言的语法论著也相继问世。经院哲学影响下的思辨语法成为这一时期的代表,研究者开始较多地探讨句法和词类的基本功能,句法理论得到了新的发展。

文艺复兴时期,新兴的资产阶级反对封建神学,宣扬人文主义精神,在语言学方面也大大拓宽了研究范围,开始探讨欧洲当时使用的一切语言,如希伯来语和阿拉伯语,这就打破了由古希腊语和拉丁语统治语言学的局面,语言学的发展步入了一个崭新的时代。许多欧洲语言的第一部语言著作相继问世,各种词典也相继诞生。到了19世纪,随着科学技术的巨大发展和社会的巨大变革,人类对语言的研究深深受到哲学和自然科学的影响,通过对多种语言的研究积累,发现大量的语言现象,从而证明语言之间有"亲属关系"。在这一时期,语言学家们逐渐为全世界的语言划分了较为清晰的"谱系",出现了历史语言学和比较语言学两大流派。19世纪出现了几位著名的语言学家,如洪堡特、施莱歇尔等,他们收集了丰富的语言资料,进行了广泛的调查和比较,创造出科学的分析方法,为后来的结构主义和描写语言学奠定了基础。

经过几千年的积累和沉淀,19世纪末和20世纪初语言学终于迎来了崭新时代。索绪尔的学生根据索绪尔的讲稿整理成的《普通语言学教程》，成为现代语言学的开端。索绪尔无疑是这个时期最伟大的语言学家，他是结构主义的创始人，他的思想或多或少都对20世纪的各个语言学流派有所影响。索绪尔区分了几个主要的语言学概念，如语言与言语、共时语言学与历时语言学，同时他还是符号学的创始人，在《普通语言学教程》中，提出了"语言是一个符号系统"的概念，认为符号学研究对语言学至关重要。总之，索绪尔为他以后的语言学派指明了研究的方向和道路，为现代语言学的发展指出了总的方向。

在索绪尔之后，出现了布拉格学派、哥本哈根学派和美国的结构主义学派三个结构主义学派。它们同时出现在20世纪的二三十年代，其中布拉格学派最大的贡献就是建立了音位学，同时也强调语言的交际功能，常被称作"功能语法学派"，对于语言学影响巨大。哥本哈根学派的代表人物是丹麦语言学家叶姆斯列夫，他的理论又称为"语符学"和"新索绪尔语言学"。

美国语言学的研究起步较晚，但是发展迅猛，出现了众多著名语言学家，其创始人博厄斯开创了考察和描写语言的方法，奠定了美国描写主义语言学的基础，并影响了几代语言学家。萨丕尔和沃尔夫在研究中提出了著名的萨丕尔—沃尔夫假说，指出语言形式决定着语言使用者对世界的看法：语言怎样描写世界，我们就怎样观察世界；语言不同，各民族对世界的描述也不同。他们的假说虽然是一个推测，但是却使人们意识到了语言与思维和文化之间的关系，促使更多的人去关注文化对语言的影响，以及语言对思维的影响。

美国结构主义语言学的奠基人布龙菲尔德的《语言论》成为当时所有语言研究者的课本。他的学说被广泛应用于语言教学，并取得了良好的效果。他认为学外语就要大量操练，不断重复，运用情景和实物进行教学，反对教条的语法分析。在结构主义语言学指导下，听说法在美国外语教学方面取得了良好的效果，其教学法从此得到广泛的传播和应用。此后乔姆斯基的转换生成语法成为当时最有影响的语法理论。他从观察儿童习得母语的过程入手，进行分析并得出观点：儿童的大脑里天生具有构成适当语言形式的设计能力，即普遍语法。他区分了语言能力和语言运用、深层结构和表层结构等语言现象。

在英国，伦敦学派对语言的研究很有代表性，其中最著名的就是韩礼德的系统功能语法。他继承了以弗斯为首的伦敦学派的基本理论，并吸收了布拉格学派、哥本哈根学派和沃尔夫的某些观点，目前已经形成了一支强大的、系统的语言学家队伍。系统语言学重视语言在社会学上的特征,重视语言的社会功能。

从整体上来看,如今不仅纯自然语言得到了空前发展,人类还利用自己的聪明才智,根据自然语言符号的特点,发明出了各式各样的人工语言,运用在各门科学研究中,如运用广泛的计算机语言就是人工语言的典型代表。语言,这种古老的、自然形成的现象在社会中的作用越来越大。

(四)语言的特征

1. 生理性

生理性是语言最基本的特征。人脑中包含多种对语言进行处理的机制,这些机制是区分人与动物的重要层面,之所以人在婴儿和童年时期容易获得知识,而到了一定年纪之后知识获取速度会减慢,就是受语言生理机制的影响。

2. 心理性

语言与思维有着密切的关系。语言是人们展开交流、进行思维的重要工具。如果没有语言的参与,思维就很难展开;如果脱离了思维的辅助,语言也就丧失了依靠,这样说出的语言是无逻辑的语言。可以说,如果思维出现了问题,那么语言也必然受到严重的影响。

3. 创造性

创造性指语言拥有可以无限变化的潜力。运用语言可以衍生很多新的意义,例如,一些词语通过新的使用方法可以传达不同的意思,并且能够立刻被人理解。

从另一个角度说,只有人类的语言具有创造性。虽然绝大多数动物能够给同伴传递信息,并且能够接收其他同伴的信息,但是这些信息并不具有创造性。例如,长臂猿的叫声往往都来自一个有限的指令,不具有创造性,因此不可能创造新意;蜜蜂的舞蹈只是用来指示食物所在的地方,仅能传递这唯一的信息,因此也不具有创造性。

4. 移位性

所谓移位性,即交际双方可以用语言传达不在交际空间或现场的事件、物体、概念等信息。例如,人们可以提及孔子,即便其已经去世两千多年,距离人们比较遥远,但是人们仍旧可以用语言将其及与之相关的信息传达出来。

移位性赋予了人们巨大的抽象能力与概括能力,这些能力也促进了语言的进步与发展。一些词语常被用于指代当前语境中不存在的事物或事件,而当人们对一些遥远的事物或事件进行讨论时,人们就有了对该事物或事件的抽象概括能力。

二、文化

无论是历史上还是现代社会,人们所说的社会都是全球社会,每一种文化都是将宇宙万物囊括在内的体系,并且将宇宙万物纳入各自的文化版图之中。总体上说,文化会涉及人与社会的关系、人的存在方式等层面。但是,其也包含一些具体的内容。下面就来具体论述什么是文化。

(一)文化的定义

对于普通人来说,其与文化的关系可以比作水与鱼的关系,是一种平时都可以使用到、却不知道的客观存在。对于研究者来说,文化是一种容易被感知到却不容易把握的概念。

对于文化的定义,最早可以追溯到学者爱德华·泰勒(Edward Burnett Tylor,1871),他这样说道:"文化或者文明,是从广泛的民族学意义来说的,可以归结为一个复合整体,其中包含艺术、知识、法律、习俗等,还包括一个社会成员所习得的一切习惯或能力。"之后,西方学者对文化的界定都是基于这一定义而来的。

1963年,人类学家艾尔弗雷德·克洛伊伯(Alfred Kroeber)对一些学者关于文化的定义进行了总结与整理,提出了一个较为全面的定义:

(1)文化是由内隐与外显行为模式组成的。

(2)文化的核心是传统的概念与这些概念所带的价值。

(3)文化表现了人类群体的显著成就。

(4)文化体系不仅是行为的产物,还决定了进一步的行为。

这一定义确定了文化符号的传播手段,并着重强调文化不仅是人类行为的产物,还对人类行为起着决定性作用。同时,其还明确了文化作为价值观的巨大意义,是对泰勒定义的延伸与拓展。

笔者认为文化的定义可以等同于2001年联合国教科文组织发表的《世界文化多样性宣言》中的定义:文化是某个社会群体特有的,集物质、精神、情感等为一体的综合,其不仅涉及文学、艺术,还涉及生活准则、生活方式、传统、价值观等。

进入20世纪90年代之后,很多学者也对文化进行了界定,这里归结为两种:一种是社会结构层面上的文化,指一个社会中起着普遍、长期意义的行为模式与准则；一种是个体行为层面上的文化，指的是对个人习得产生影响的规则。

这些定义都表明了：文化反映的不仅是社会存在，而且其本身就是一种行为、价值观、社会方式等的解释与整合，是人与自然、社会、自身关系的呈现。

（二）中西方文化的发展

1. 中国文化的发展

中国是历史悠久、文明开化最早的国家之一。中国文化与西方文化共同为人类的文明进步做出了突出贡献。

（1）秦汉到明代的文化。中华民族有着发达的农业和手工业，直到16～17世纪，中国文化依然走在世界前列。秦汉到明代中叶，文化发展的标志性事件主要包括张骞出使西域、宋元时期四大发明的西传、《马可·波罗游记》的诞生、郑和下西洋等。

张骞出使西域，是中国大规模地向外派遣政治使节的开始。公元前139年，为了对付强大的匈奴部落，汉武帝采取了正面进攻与联合其他受匈奴压迫的部落共同行动的战略。张骞出使西域就是这种战略之下的一个布局。在出使的13年里，张骞经历了战乱流离、扣留软禁、奴役劳作、情感诱惑等各种情况，了解了西域的政治、经济、地理、风俗等。这次出使虽然没有达到联合其他民族的目的，但是为中西方文化交流打开了一个通道。自此，西域与汉朝的贸易、文化往来日趋活跃，汉朝的丝绸通过西域运往更远的地方，因此形成了著名的"丝绸之路"。

宋元时期四大发明的西传。宋元时期，四大发明借助阿拉伯人传入西方。四大发明的西传直接导致了欧洲文艺复兴运动。以四大发明为代表的中国先进文化的西传，催生了西方资产阶级以及西方文化的近代化。

《马可·波罗游记》的诞生。中国在元朝时不断进行海外扩张，出于政治或宗教的目的，西方也不断派遣使节来华，并且一些欧洲商人也频繁来到中国经商。1275年，马可·波罗受一家罗马教廷委托，送信函给元朝皇帝忽必烈。这一送，倒是把他留在了中国。他在中国度过了17个年头，在此期间，他到处游历，包括中国和其他国家，并撰写了震撼欧洲的《马可·波罗游记》一书。该书肯定了中国元朝发达的物质文明和精神文明，激起了欧洲探索中国的欲望。

郑和下西洋。明初，明成祖朱棣实行对外开放的政策，海上丝绸之路十分繁荣。原内宫太监郑和连续七次统率百艘巨舰以及众多官兵，渡过南洋、印度洋,到达红海,历经东南亚、南亚、西亚、东非的多个国家和地区,与所到国家和地区进行经济文化交流,主要是输出中国先进的物质文化、制度文化和精神文化。

(2)明代中叶到晚清的文化。明朝万历年间,以利玛窦为代表的传教士对西方文化在中国的传播做出了很大贡献,以徐光启为代表的中国知识分子对中国文化在西方的传播也做出了很大贡献,他们对中西方文化的融汇都做出了有益的尝试。从明代中叶到晚清,传教士是中西方文化交流的重要媒介之一,但是传教士所传来的"西学"也有自己的局限性,如只是中世纪封建教会的神学和经院哲学。

后明朝国力下降,又实行长达百年的封闭政策,政治混乱,土地赋税沉重,平民百姓生活艰苦,由此引发了严重的社会危机。在这种形势下,一些知识分子就开始反思,开始倡导"经世致用"的求实精神,这也为西方新观念进入中国打开了一扇门。此时的西方世界在吸收了东方的先进文化之后,在资本主义生产力和生产关系方面表现出了强大的生命力,并开始迫切寻求海外市场。

但是,尚未进行工业革命的西方,生产力还不够发达,即便对文明程度较高的中国采取行动,也无法轻易取胜,于是就派遣传教士深入中国,了解中国,试探中国,而不是一开始就武力相加。所以,传教士可谓中西方文化和平交流的主要使者。

意大利人利玛窦是西方传教士中的成功典范。他从1597年开始常驻北京,非常熟悉中国传统文化,制定了天主教儒学化和科学传教的方针。他为了融入中国社会,主动中国化,用知识和文化打动中国的士大夫,进而在这样一个古老而专制的社会里传播自己的信仰和文化。不同的文化在接触的过程中必然产生冲突,区别在于冲突的严重程度如何。在传教之初,由于范围的限制,冲突并没显现出来。但是,随着天主教势力的增强,天主教的礼仪和中国传统礼仪之间的矛盾便显露了出来,文化冲突由此显现,主要表现为教案的连续发生。可见,两种不同的历史文化在交流的过程中难免有碰撞冲突,要不断思考怎样才能融会贯通、消化吸收。在这次文化交流中,文化融合是主流,文化冲突是支流。

(3)近代中国文化。在鸦片战争时期,中国封建文化已经变得腐朽,而西方的一些现代文化已经发展得很成熟了。西方对中国的态度由羡慕变为侵略,清王朝的闭关锁国也无法真正阻止西方文化的入侵。当中国与外界隔绝的状态被暴力打破的时候,大变革是之后必然会发生的事情。

中国经历了前所未有的历史大变局,这一祸根归因于中国人的心态与实际角色脱节1000多年而不自知,不能积极面对外来文化的挑战。鸦片战争后,经历了丧权辱国之痛的中国先进知识分子积极学习西方先进的科技和文化,以洋务运动、辛亥革命、五四新文化运动为代表,并不断探索。

洋务运动。以林则徐为代表的先进人士首先提出了向西方学习,19世纪60年代晚清洋务派发起了旨在自强自救的洋务运动。洋务运动的指导思想是用西方的科学来巩固封建制度。洋务运动经历了30个年头,在军事、工业、工矿业及交通运输等领域积极向西方学习,创立了中国近代海军。但是,洋务运动的局限性也是很明显的,即引进的基本只是物质文明。

辛亥革命。甲午中日战争的失败说明,洋务运动只引进物质文明无法从根本上挽救民族危机。于是,有了以康有为和梁启超为代表的维新变法运动,再后来有了辛亥革命。虽然两者最终以失败告终,但是标志着中国有识之士对于西方文明的认识已经达到中间的制度层面。

五四新文化运动。第一次世界大战后,面对巴黎和会上中国受到的不平等待遇,中国知识分子掀起了五四反帝爱国运动,中国开始了由旧文化向新文化的转型。新文化运动倡导民主和科学,标志着中国人对西方现代文明的理解已经达到了思想文化的深层结构。与此同时,马克思主义开始在中国广泛传播。在马克思主义与中国工人运动相结合的基础上,中国共产党诞生了,预示了中国文化必定独辟蹊径,走出一条不同凡响的道路。

通过以上对中国文化发展变迁的简要回顾可以看出,文化作为上层建筑,自始至终受到经济基础的制约。近代之前,由于地理距离的遥远和科技、生产力的落后,世界各地之间的文化交流非常有限。张骞出使西域、甘英出使大秦、四大发明西传、郑和下西洋等,都是在国家强大的经济实力的保障下进行的。同样到了近代,科技、通信、经济的发展,促进了文化大规模交流的发展。

根据虚实平衡法则,先进的文化总是向后进的文化输出;根据互通有无法则,后进的文化总是模仿先进的文化。文化的交流是双向的,但时而平衡,时而不平衡。发展层次高的文化总是居于优势与主流,处于相对主动的地位,另一方则处于相对被动的地位。在两种文化的交锋中,弱势文化必然向强势文化靠拢,但这种靠拢要经历一个由浅入深、由表及里的过程。

任何文化交流在初始阶段,大抵都是非常表面的接触,尔后进一步的发展正是建立在这些初步尝试的基础上的。文化的相遇和交流没有快捷的方式,需要耐心、虚心与灵活度。文化的闭关自守是行不通的。文化隔离虽然在一定历史时期中巩固了文化的特质,但其总体上毕竟是与整个人类文化发展相背离的,也无法使民族文化永葆生机与活力。

任何民族的精神思想都需要外来的刺激和启发,单靠在固有文化圈内进行自我改进是不能持久的。吸收外来文化先进的、适合自己的东西,文化就会蓬勃兴起;而不与外界进行交流,只在自己领地内近亲繁殖,文化就会逐渐衰弱。文化交流的主动性越强,文化复兴的可能性就越大;如不主动进行文化交流,则会趋于边缘化或消亡。

2. 西方的文化发展

(1) 古希腊时期的文化。具体体现在两个方面:

第一,思想文化。古希腊是西方哲学的故土,哲学在当时与其他学科交织在一起,被称为"统摄群学"的学问,苏格拉底、柏拉图、亚里士多德被称为哲学"三圣"。柏拉图把哲学分为辩证学、法学、物理学、伦理学等门类,亚里士多德则将哲学扩大到成为几乎包括讨论宇宙和人生的所有学问,因此当时的哲学家也是自然科学家或其他学问专家。

古希腊哲学是在神话思维的基础上诞生的,是人类理性发展的产物,是在以理性代替了幻想、以智慧代替了想象、以经验的事实作为探索和解释的基础上产生的。被称为"欧洲哲学之父"的泰勒斯是米利都哲学学派的创始人。他早年曾游历过埃及和巴比伦,学习过几何学和天文学,经历过多方面的科学活动。他认为万物的始基或本源来自水,万物生于水,又复归于水。这反映了古希腊人对海洋的尊重,把水作为万物的创造者,标志着哲学已摆脱了神话。爱菲斯学派代表哲学家赫拉克利特继承了米利都学派的思想主张,认为运动是世界的普遍原则,水则是生命的本源,提出"我们不能两次踏进同一条河流""太阳啊,每天都是新的,永远不灭的更新",从而指出万物流动的自然规律。

苏格拉底是古希腊人文哲学的鼻祖,他把哲学研究的对象直接指向人本身。他认为哲学是对人与社会的探讨,目的在于"认识自己"。他是西方思想史上第一个要求哲学应以"自我认识"开始的人。在知识论方面,他提出"美德就是知识",而知识的对象是"善","善就是自知和自律",要求人要有自知之明和自我克制,强调了知识和行为的联系。从某种意义上讲,他是西方认识论和伦理学的奠基人。在论辩法上,他善于在辩论中揭露对方的矛盾,通过提问,把辩论引导到他所要达到的目标上,后人把此种方法称为"苏格拉底反诘法"。苏格拉底常在雅典街头就人应具有的品格问题及真善美问题与人辩论。

柏拉图是苏格拉底的学生,他所创立的"理念论哲学"对西方的思想史和哲学史产生了巨大影响。除了理性,他又提出了意志和感情两重概念,还提出了三种美德论。三种美德指智慧、勇敢、节制,智慧是理性引导的结果,凭借意志坚持理性,就会产生勇敢,而理性控制感情就是节制。有了这三种美德后才会有第四种美德,就是正义。

在艺术方面,他认为艺术家的创作是模仿个别事物的,因此艺术作品是"摹本"的"摹本",与理念隔了两层,艺术不可能表现出真正的美,真正的美是艺术无法表达的,美属于哲学,艺术的美不过是美的影子而已。

柏拉图认为在自然和人之外存在着高居其上的"理念",这与一神教的"上帝"观念颇为相近,所以这一观点对后来的神学影响很大。柏拉图的理念论引导人们不满足于感官的认识而是应该具有探究真理的精神,树立从局部经验向更高理性认知发展的理念,鼓励人们探求宇宙、探求自然,进而探求人的本身。

亚里士多德是柏拉图的学生,曾任亚历山大大帝年轻时的教师,他否认柏拉图的"理念论",认为离开个别事物的理念根本是不存在的,真正的知识存在于客观事物中。

亚里士多德是古希腊文化的集大成者,他在哲学、政治学、伦理学、逻辑学、动物学、天文学、物理学、诗学、修辞学诸多方面都有开创与建树,其著作有万种之多。他完成了古希腊哲学的系统化,提出科学分类的思想,还提出了有名的"二段论",这些都为逻辑学的发展打下了基础。他的《修辞学》《诗学》奠定了西方文艺理论的基础,他的《政治学》则描述了一幅理想的国家范式。

在哲学上,他最大的贡献是提出了一切事物都是"质料"和"形式"构成的"二元论"的理论。他认为事物皆由质料和形式二者构成,如一尊大理石像,质料是大理石,形式是阿波罗形象,二者是不可分割的,而形式要比质料重要得多。因为是形式使质料变为现有的事物,没有阿波罗这一形式,大理石就不可能成为大理石雕像。但质料和形式二者谁是本源的问题,亚里士多德没有解答。

第二,科学、艺术、历史学、技术。古希腊科学技术的成就是多方面的,数学家欧几里得在《几何原本》一书中,将各种定理、命题按照逻辑关系清晰地表达出来,成为近代几何学的奠基人。著名数学家阿基米德发现了杠杆原理,成为力学与流体力学的创始人。值得指出的是,古希腊科学家在探讨自然现象时注意深入事物的内部探究本质上的东西,尤其重视理论上的探讨,使哲学与科学相映成趣。

古希腊在文学、历史等层面也取得了显著成就,希腊神话与三大悲剧作家就是很好的诠释。这些悲剧作家创造出人类早期的悲剧作品,为西方悲剧文化奠定了基础。在历史学方面,有希罗多德、修昔底德、色诺劳

第一章 导 论

三大历史学家。

（2）古罗马时期的文化。在古希腊文化之后，古罗马文化诞生，并对前者进行了总结，在哲学、文学、雕塑等多个层面都对古希腊文化进行了继承和发展。

古罗马人使用的拉丁字母是世界上广为流行的字母体系，这已是不争的事实。拉丁字母是在继承希腊字母简单、美观、匀称、便于书写和阅读的优点上发展起来的。15世纪的意大利，在书写上出现了"人文主义体"，即大写体，另外还有一种草写体，后来分别衍生出用于印刷的正体与手写的斜体这两种字体。

在哲学上，古罗马的流派众多，影响较大的有"新斯多噶学派"。这个学派提出了较系统的"自然法"理论，认为"自然法"是正义与理性的体现，是任何一个人及国家都必须遵守的法则。由于文明人和野蛮人都具有自然法赋予的理性，因此人本来就是平等的，人们要消除对立和差别；所有人都能具有理性，成为一个社会共同体，这才是自然法要求的精神。社会应该是"世界国家"，自然法应该是"世界法律"。显然，新斯多噶学派不仅要求人们逆来顺受、安分守己，而且还要求消除所有的矛盾和对立，以实现世界国家的理想，这一理论实际上反映了奴隶主贵族的愿望和要求。

在文学艺术创作方面，古罗马人在向古希腊人学习的基础上，在诗歌、散文、戏剧、人物传记诸方面都取得了辉煌的成就。散文方面，西塞罗的演说词和书信类散文，辞藻华美，词义生动，妙语连珠，并且结构严谨，逻辑性强，具有很强的论辩性和说服力，被称为"西塞罗文体"。著名诗人维吉尔的《牧歌》歌颂了意大利的田园风光，表达了作者对田园生活的向往。

古罗马文化摒弃了古希腊文化中的消极成分，在文化观念上，古希腊王公贵族的挥霍无度、醉生梦死、骄奢淫逸、浮华奢靡等风气，在一定时期、一定程度上被古罗马文化所否定。

（3）文艺复兴时期的文化。文艺复兴的核心是人文主义运动，就其实质来看，人文主义是以"个体本位"为基础的资产阶级个人主义思潮，这一思潮的核心是人本观，显示以个人为中心的鲜明特征。正是借助这种新的价值观，人文主义思潮逐渐向整个思想文化领域渗透，形成文艺复兴这一新的文化运动。

欧洲社会经济的演变是决定文艺复兴形成和发展的重要因素。14世纪初，由于生产技术的进步和生产力的提高，资本主义因素开始发育；15世纪末随着地理大发现，世界市场的形成、资本主义的发展受到进一步刺激。但是,当时占统治地位的封建生产关系却严重阻碍着资本主义前进的步伐,在这种情况下,资产阶级发起反封建的思想文化运动就成为必然。

  人文主义思潮最早出现于意大利,这绝不是偶然的。随着意大利北部城市资本主义萌芽的生成,市民、农奴逐渐摆脱了封建依附体制的束缚,走出中世纪小生产的天地,投身于商品经济的大潮。在商品生产中,自由竞争和等价交换使人们的思想观念发生了质的变化,人们在"群体本位"的人身依附中渐渐分离培植起"个体本位"的独立意识,为人文主义思潮的勃兴提供了深厚的社会思想土壤。

  资本主义的萌芽形成了早期的资产阶级,他们拥有了经济权,进而也取得了政治上的权力。为了获取更多的利润,他们关心生产,改进技术,开辟新商道,积极扩大国内外市场。登上政治舞台后,这些人不同程度地参与了政治,从不同的角度提出了反对宗教束缚、反对经院哲学的新主张。

  人文主义的思潮伴随着资本主义萌芽的发育,首先出现在意大利北部的三个城市:威尼斯、热那亚、佛罗伦萨。这些城市已成为当时的工商业中心。城市的发展改变了人们的生活方式,使人们的价值观发生了很大的变化,人们开始主动追求财富、自由、民主。因此,城市的发展一方面打破了封建的生产关系;另一方面,新兴资产阶级与此相应提出了新的生活欲望和新的生活要求。文艺复兴开始之际,意大利尚处于四分五裂中,城市之间的冲突、城市内部争权夺利的斗争、外敌的入侵、罗马教廷的干预,使整个城市动荡不安,城市居民企盼和平、希望安定就成为必然。封建军队的首领利用当时的形势和人们的情绪,在各个城市建立起了封建独裁政权,以维持现有的社会秩序。这些专制君主上台后,纷纷招揽与重用那些熟悉古典文化、多才多艺的人文学者,让其充当政治顾问、文学侍讲、家庭教师、宫廷秘书,以及外交官及修建教堂的总监等,客观上形成了尊重知识、尊重人才的风气,为人文主义思想文化的传播提供了有利的条件与环境,有力地促进了文艺复兴的酝酿和发展。大学对文艺复兴运动的兴起也起到了不可替代的作用。最初的学校是由教会控制的,但随着资本主义的萌芽,为适应人们对知识和科学的渴求,大学教育发展较为迅速。到了14世纪,意大利已有18所大学,"大学是科学家的摇篮",文艺复兴时期的许多人文学者都接受了大学教育,这时的大学设置了人文学科,传播世俗文化,以人和自然为研究对象,讲授算术、哲学、语言、文学等,促进了人文主义思想的形成和发展。

  意大利有着深厚的文化底蕴,传统文化在推动意大利文艺复兴中也发挥了重要作用。丰富的文化典籍,图书院大量的藏书,使人文主义者在古典文献中找到了自由、平等、民主等思想的理论依据,并以此来抵制封建等级制度和教会的蒙昧及禁欲主义,用古罗马的统一所营造的辉煌来针砭意大利当时四分五裂的现状。

人文主义的思想文化成就是多方面的,文艺复兴最初是从文学上开始的。意大利出现了三位人文主义的主要代表:但丁、彼特拉克、薄伽丘。三人被称为"文艺复兴三杰",他们是西方近代文化的先驱者。

文艺复兴运动的另一个重要地点是法国。最能代表法国文艺复兴精神的是小说家拉伯雷和散文家蒙田。拉伯雷是法国最著名也是欧洲最享有盛名的人文主义作家,学识渊博、多才多艺。他的五卷本长篇巨著《巨人传》,通过巨人国王卡冈都亚和其子庞大固埃的神奇故事,以夸张手法歌颂人类的智慧和力量,批判了教会及其经院哲学,讽刺了教士的无能,抨击了司法机关的贪污腐败,反映出人民不堪压迫必然起来反抗的历史趋势。其作品的现实主义讽刺艺术对后世的文学创作产生了巨大的影响。

蒙田是法国文艺复兴时期的重要作家,他的《随笔录》是一篇散文作品,也是一部哲学和政治思想著作。该作品的问世标志着散文正式进入文学领域,充分表达了对个性、人性的尊重及对整个世界、整个人类的关注。他用怀疑的态度揭露、抨击了人与生俱来的弱点和缺点,发掘了人性丑恶的一面,表达了人文主义者对自身人性的评价态度。

西班牙文艺复兴时期代表作家塞万提斯,其不朽名著《唐吉珂德》表现了西班牙16世纪到17世纪社会政治、经济、道德、文化、风俗的各个方面,广泛反映了西班牙的社会生活,深刻揭露了封建贵族的骄奢淫逸,无情讽刺了骑士制度和骑士文学,对被压迫者的疾苦表现出深切同情,展示了作者的人文主义思想。

文艺复兴的文学,但丁开其端,莎士比亚总其大成。莎士比亚是欧洲文艺复兴时期最有成就的戏剧家和诗人,他一生共创作悲剧、喜剧、历史剧37部,还有两首长诗和154首14行诗。他在作品中热情讴歌了人,称人是"宇宙的精华,万物的灵长"。他的戏剧创作多取材古希腊、古罗马、意大利、英国古代的故事和传说,但反映的都是英国的现实。他创造的哈姆雷特、奥赛罗、李尔王、夏洛克、罗密欧与朱丽叶等艺术形象,成为千古不朽的艺术典型,恩格斯称赞"莎士比亚创作的情节是生动性和丰富性的完美融合"。

(4)近代时期的文化。在近代,物理学的发展在一定程度上对现代人类思想的发展产生了巨大影响。美国科学家迈克尔逊和莫雷在1887年进行了一次高灵敏度的光学试验,来检验牛顿的"以太"论。牛顿所描述的宇宙是物质的,物质由原子构成。由于"以太"的存在,物质的运动才成为万能,而"以太"是一种独特的透明载体,物质悬在其中并受到宇宙力量的推动,就在"以太"中运动。但试验结果,"以太"根本就不存在。这一论断促进了爱因斯坦"相对论"的提出,由此彻底否定了牛顿的一些理论。

爱因斯坦认为,物质和能量不是相同的东西,而是处于不同状态下的两种形式,两者可以相互转化。能量与物质的质量有关,一个小的物体,也可以释放出巨大的能量,只有运动是永恒的,物体的运动接近光的速度时,物体就"缩小"了。这表明,空间可以在运动中扩大或缩小,光本身也有质量,有质量就要受到重力的影响,因此遥远星球上的光线,通过太阳重力场时,必然偏斜——试验确系如此。

爱因斯坦的相对论告诉世人,宇宙中没有绝对的规律,宇宙是无限的。不过爱因斯坦的时空规律虽然对人文学科造成极大影响,但他依然没有指出人类社会的存在和人类思维的关系。

奥地利精神分析学家弗洛伊德创立了精神分析法,又是一次伟大的革命。他的学说对传统道德造成了极大的冲击,鼓励人们向传统的世俗思想进行挑战,其对公众的影响在一定程度上甚至超过了爱因斯坦的相对论。

弗洛伊德学说集中在他的《梦的释析》《日常生活心理病理学》等著作中。19世纪以前的思想家和社会学家都把人看成理性的、有意识的,人们的思想和行为都受着外界力量的支配。弗洛伊德在看到人的理性一面的同时,看到了人也是非理性的和具有潜意识的。潜意识受到人内部力量的驱使,人时刻面临着各种挑战,社会需要人把本能的冲动转化为思想,变为社会能接受的"超我",当转变失败时,就会导致精神病;潜意识中最有动力的则是性冲动。这样弗洛伊德就揭示了人类心中潜意识的奥秘,这一发现对建立在理性基础上的资产阶级的政治、经济、社会伦理等观念无疑是一个沉重打击,引发了20世纪人类思想的大解放。

（三）文化的分类

1. 常规分类方法

（1）交际文化与知识文化。文化和交际总是被放到一起来讨论,文化在交际中起着无可替代的作用,并对交际影响巨大,因此有学者将文化分为交际文化和知识文化。

那些对跨文化交际直接起作用的文化信息就是交际文化;而那些对

跨文化交际没有直接作用的文化就是知识文化,包括文化实物、艺术品、文物古迹等物质形式的文化。

学者们常常将关注点放在交际文化上,而对知识文化进行的研究较少。交际文化又分为外显交际文化和内隐交际文化。外显交际文化主要是关于衣、食、住、行的文化,是表现出来的;内隐交际文化是关于思维和价值观的文化,不易察觉。

(2)物质文化、制度文化与精神文化。三分法是将文化分为物质文化、制度文化和精神文化的分类方法。

人从出生开始就离不开物质的支撑,物质是满足人类基本生存需要的必需品。物质文化就是人类在社会实践中创造的有关文化的物质产品。物质文化是用来满足人类的生存需要的,只是为了让人类更好地在当前的环境中生存下去,是文化的基础部分。

人是高级动物,会在生存的环境中通过合作和竞争来建立一些社会组织,这也是人与动物相区别的一个地方。人类创建制度,归根到底还是为自己服务的,但也对自己有所约束。一个社会必然有着与社会性质相适应的制度,包含着各种规则、法律等,制度文化就是与此相关的文化。

人与动物的另一个本质区别就是人具有思想性。人有大脑,会思考,有意识。精神文化就是有关意识的文化,是一种无形的东西,构成了文化的精神内核。精神文化是人类在认识世界和改造世界的过程中挖掘出的一套思想理论,包括价值观、文学、哲学、道德、伦理、习俗、艺术等,因此也称为"观念文化"。

2. 按照人类学来划分

人类文化相当于一个金字塔,底部是大众文化,中间是深层文化,顶部是高层文化。

大众文化是普通大众在共同的生活环境中所创造出来的一种生活方式、交际风格等。

深层文化是不外现的,是内隐的,对大众文化有着指导作用,包括思维和价值观等。

高层文化又称"精英文化",是指相对来说较为高雅的文化内涵,如哲学、历史、文学、艺术等。

3. 按照支配地位来划分

文化一旦产生,就对生活在其中的人有着一定的规范作用和约束力。这是一种约定俗成的力量。一个社会中通常存在多种文化,人们最终会按照哪一种来规范生活,就要看文化的支配地位了。因此,有人从文化支配地位的视角,将文化分为主文化与亚文化。

所谓主文化,是在社会中占主导地位的,并被认为应该为人们所普遍接受的文化。主文化在共同体内被认为具有最充分的合理性和合法性。主文化具有三个属性:一是在权力支配关系中占主导地位,得到了权利的捍卫;二是在文化整体中是主体元素,这是在社会的更迭中形成的;三是对某个时期产生主要影响,代表时代的主要趋势,这是由时代的思想潮流决定的。

相对应地,亚文化是在社会中占附属地位的文化,它仅为社会上一部分成员所接受,或为某一社会群体所特有。亚文化也有两个属性:一是在文化权力关系中处于从属地位,二是在文化整体中占据次要的部分。虽然亚文化是与主文化相对应的一种文化,但是二者不是竞争和对抗的关系。值得注意的是,当一种亚文化在性质上发展到与主文化对立的时候,它就成了一种反文化。在一定条件下,文化与反文化还可以相互转化。文化不一定是积极的,反文化也不一定是消极的。

4. 按照语用学来划分

语用学研究的是语言在一定语境中的具体意义。语境是理解语言的重要元素。因为文化和语言分不开,所以文化和语境也是相互联系的。语言依赖于语境,同样的,文化也对语境有一定程度上的依赖。但是,不同的文化对语境的依赖程度是不同的。在不同的文化中,人们通过语境进行交际的方式及程度就存在着差异,而这种差异制约着交际的顺利进行。

按照文化对语境依赖程度的不同,可以将文化分为低语境文化和高语境文化。低语境文化是指对语境的依赖程度较低、主要借助语言符号进行交际的文化。高语境文化是指对语境的依赖程度较高、主要借助非语言符号进行交际的文化。西方国家通常是低语境文化,一些亚洲国家通常是高语境文化。

在低语境文化中进行交际时,人们大都是通过符号来传递交际信息的。在高语境文化中,交际环境和交际者的思维携带着大部分的交际信息。由此可见,语言信息在低语境文化内显得更为重要。人们在进行交际时,要求或期待对方的语言表达要尽可能清晰、明确,否则就会因信息模棱两可而产生困惑。在高语境文化中,人们往往认为事实胜于雄辩,沉默也是一种语言。因此,低语境文化与高语境文化的成员在交际时易发生冲突。

虽然按照不同的视角,文化的分类不同。但是有一点需要明确,那就是文化无优劣、高下之分。世界相当于一个村落,其中的任何民族和国家都享有平等的权利,其中的成员在人格上都是平等的,不应该因为文化的不同而被区别对待。例如,中国人习惯用筷子,西方人习惯用刀叉,有人说使用筷子有利于人脑发展,也有人说使用刀叉简单。但是,文化不是用来比较和评价的,只是用来促进交际的。

(四)文化的特征

1. 主体性

文化是客体的主体化,是主体发挥创造性的外化表现。文化具有主体性的特征主要源于人的主体性。所谓人的主体性,即人作为活动主体、实践主体等的质的规定性。人通过与客体进行交互,才能将其主体性展现出来,从而产生一种自觉性。一般来说,文化的主体性特征主要表现为以下两点:

首先,文化主体不仅具有目的性,还具有工具性。如前所述,由于文化是主体发挥创造性的外化表现,因此其必然会体现文化主体的目的性,只有这样才能促进人的全面发展。另外,文化也是人能够全面发展的工具,如果不存在文化,那么就无法谈及人的全面发展,因此这体现了文化的工具性。

其次,文化主体不仅具有生产性,还具有消费性。人们进行生产的原因,主要是为消费服务的,而人类对文化进行生产与创造,也是为了更好地进行消费。在这一过程中,对文化进行生产与创造属于手段,对文化进行消费属于目的。

2. 历史性

文化具有历史性的特征,这是因为其将人类社会生活与价值观的变化过程动态地反映出来。也就是说,文化随着社会进步不断演进,也在不断地得到扬弃,即对既有文化进行批判、继承与改造。对于某一历史时期来说,这些文化是积极的、先进的,但是随着时代的发展,这些文化又可能失去其积极性、先进性,被先进的文化取代。

例如,"拱手"指男子相见时的一种表达尊重对方的礼节,该词产生于传统汉民族文化中。然而,随着历史的发展,这一礼节已经不复存在,现代社会常见的礼节是鞠躬、握手等。因此,在当今社会,"拱手"一词已经丧失了之前的意义,而仅作为文学作品中传达某些情感的符号。

3. 社会性

文化具有社会性特征,这主要表现在以下两点:

首先,从自然上来说,文化是人们创造性活动的结果,如贝壳、冰块等自然物品经过雕琢会变成饰品、冰雕等。

其次,从人类行为上来说,文化起着重要的规范作用。一个人生长于什么样的环境,其言谈举止就会有什么样的表现。另外,人们可以在文化的轨道中对各种处世规则进行把握,因此可以说人不仅是社会中的人,也是文化中的人。

4. 民族性

文化具有民族性特征。人类学家克利福德·格尔茨(Clifford Geertz)这样说道:"人们的思想、价值、行动,甚至情感,如同他们的神经系统一样,都是文化的产物,即它们确实都是由人们与生俱来的能力、欲望等创造出来的。"

这就是说,文化是特定群体和社会的所有成员共同接受和共享的,一般会以民族形式出现,具体通过一个民族使用共同的语言、遵守共同的风俗习惯、所有成员具有共同的心理素质和性格体现出来。

三、交际

交际这一现象无处不在。也就是说,无论处于何时何地,人们都需要进行交际。在日常生活中,交际的例子有很多,如婴儿啼哭就是一种与外界交流的形式,可能代表着"我饿了或者我渴了"这样的含义。虽然这是一个非常简单的例子,但是却能够表达出他们在交际。总体来说,交际是人们活动的基础,是人们运用符号与语言的一种能力。下面就来具体分析什么是交际。

(一)交际的定义

简单理解,交际即人们交流信息、交流情感的过程。

关于交际,汉语中很早就有与之相关的论述。《辞源》记载:"际,接也。交际谓人以礼仪币帛相交接也。"在古代,交际指的是与他人的交往与接触。

同样,《现代汉语词典》也对交际进行了界定,即认为交际是社会上人与人之间相互交往的情况。

英语中与交际相对应的是communication,其中commonis是其词根,意思为"共同"。对于communication的翻译,国际政治界将其翻译为"交流",交通界将其翻译为"交通或通信",新闻界将其翻译为"传播"。

《朗文当代英语辞典》这样解释communication:"Communication is the process by which people exchange information or express their thoughts and feelings."这句话的意思是说"交际即人们交流信息和情感的过程"。

总体来说,对于交际,目前还没有一个统一的说法。

（二）交际的分类

在人类的活动中,交际是一种基本的形式,是以人为中心展开的。一般来说,交际包含两类:一类是人际交际,另一类是非人际交际。前者无论是信息的发出者,还是信息的接收者,都是具体的人;后者又划分为两类,一类是人与自然之间的交际,另一类是组织与大众的交际,这种分类是从交际对象来区分的。

无论是哪一种类型的交际,交际媒介都不外乎两种,一种是语言,一种是非语言。因此,交际形式可以用图1-1所示。

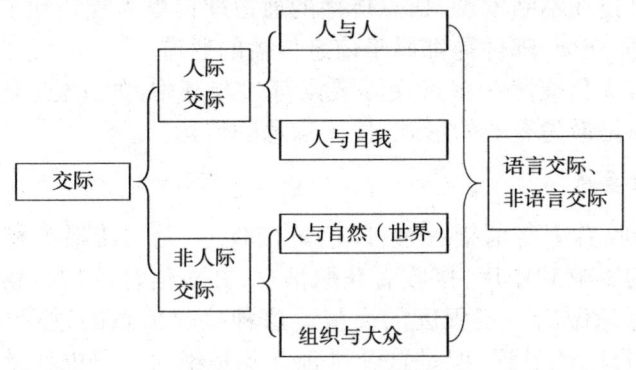

图1-1 交际形式

资料来源:陈桂琴,2014

（三）交际的构成要素

就本质上而言,交际的过程就是传播信息的过程,这一过程本身就是动态的过程,是由相应要素组成的一个完整的系统。一般来说,交际主要由以下几个要素构成。

1. 传播要素

（1）传播者。所谓传播者，即具有交际需求与交际意向的个体，简单来说就是信息的发出者。所谓交际需求，即通过分享信息，传播者想要得到他人认可的个人需求，以及对他人的行为和态度有影响的一种社会需求。所谓交际意向，即传播者想要与他人分享自己的信息。

（2）信息。所谓信息，即交际者心里的所想所思，是编码的结果。在人与人交谈的过程中，信息包含的内容非常广泛，有交际环境信息、非语言信息等。信息具有唯一性与独特性，当接收信息的形式与特定的情景存在着差异时，即便是同一个信息，所表达的意思也可能是明显不同的。

（3）编码。所谓编码，即语言的组合，是传播者在文化规则、社会规则等的影响下，通过语言中词法、句法的辅助，展开语言选择、语言组合的过程。

编码的意义在于将人们思想的复杂性体现出来，需要从一定的符号出发来传播思想。就这一角度而言，编码体现的是个体的心理活动。

在跨文化交际过程中，传播者的编码不仅需要借助一定的语言符号，在编码过程中还需要遵循文化规则、社会规则等。

（4）通道。所谓通道，即将信息与接收者之间连接起来的媒介和通道。由于科技在不断发展，信息传播的通道变得更为复杂和丰富，如电话沟通、面对面交谈、邮件等都属于信息传播的通道。

由于跨文化交际中多种交际要素都参与其中，如文化、交际环境等，因此面对面是最为有效的形式，便于信息的传达。

2. 接收要素

（1）接收者。所谓接收者，即信息接收方，是与传播者相对的概念。基于主观的影响和作用，接收者获取信息，并对信息源加以察觉与认识，从而对信息源做出一定程度的反应。这种接收信息的过程一般而言是有意识、有目的的过程，但是这个过程并不是绝对的。也就是说，接收信息的过程可以是无意识、无目的的。

（2）解码。所谓解码，即信息接收者将对方所说的语言符号或者非语言符号转化成可理解的意义的过程。在跨文化交际中，解码即接收者对对方所给出的信息进行翻译，并仔细观察传播者的言语行为或者非言语行为，从而基于此来理解语言符号以及这些语言符号背后的文化知识与信息。

在跨文化交际中，传播者与接收者处在不同的文化背景下，因此解码的过程需要对文化进行过滤。换句话说，接收者需要从自身的文化代码出发,对接收的文化信息进行系统处理。如果接收者对传播者的语言和文化不清楚或者不了解,就很容易导致交际失误。

施拉姆提出的交际模式形象地解释了信息传播者与信息接收者在交际时编码和解码的过程,如图1-2所示。

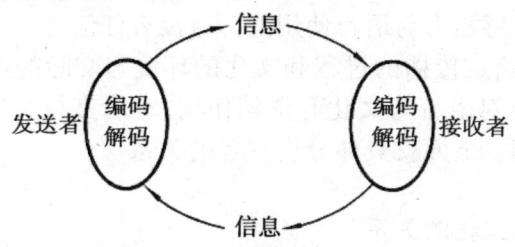

图1-2 施拉姆的交际模式

资料来源:陈俊森、樊葳葳、钟华,2006

(3)反馈。所谓反馈,即接收者在收到信息之后做出的反应。当然,这种反馈展现的形式比较多样,可以是评论,可以是回答,也可以是质疑等。

反馈可以反映出交际是否成功,也是对交际有效性进行判断的标准。交际双方可以通过反馈来明确自己是否将信息有效地传达出去,也能够根据反馈对自己的行为进行调整。当接收者对传播者的语言信息能够做出反应,并且这种反应与传播的预期相符合,那么就说明这种交际行为是有效的;如果接收者对传播者的语言信息不能做出反应,并且这种反应与传播的预期不相符,那么就说明这种交际行为无效,是无效的交际。

(4)语境。所谓语境,即交际发生的情景和场所。通过交际语境,人们能够更清晰地了解交际的内容与形式。如果人们能够了解交际发生的具体语境,那么就会在一定程度上对即将发生的交际进行预测。

第二节 解读语言、文化与交际三者的关系

语言、文化、交际三者有着密切的关系,这三者共同对跨文化交际产生影响。

首先,语言具有文化属性,人类创造了语言,通过语言加以记录与传播文化,从而随着历史文化传承下来。语言是以文化作为依托而存在的,与文化相辅相成、共同发展。

其次,文化对语言和交际产生影响。交际要在文化的大环境下展开,并且将语言作为载体。在具体的交际过程中,人们往往运用语言来传播

思想和信息,而整个语言与交际的过程都会被具体的文化影响。

最后,交际是语言与文化传播的媒介与手段。语言与文化的传播都离不开交际的影响和作用。在人类交际的过程中,人们会不知不觉地产生文化感悟力与语言使用能力。如果个体没有具体的交际活动,那么他们所具备的文化感悟力与语言使用能力就没有任何意义了。

总而言之,信息传播的过程和文化的环境与交际的渠道有着密切的联系。交际不仅对语言与文化有依赖作用,对语言与文化的传播与发展也起着促进作用。下面就具体分析三者的关系。

一、语言与文化的关系

语言与文化的关系是非常复杂的,如果只从某一个角度来分析是存在偏颇的,因此下面从辩证的角度对二者的关系进行分析。

(一)文化与语言相互依存

语言是文化传承的载体。反过来,文化对语言的发展起着巨大的推动作用。语言承载着文化各个部分的发展,如法律、政治、风俗、艺术创造、教育、思维等。而反过来说,只有文化不断发展,语言才能发展。

语言是文化的一部分,并且属于最初始的文化,是文化的重要组成部分,是精神文化的基础。因此,语言是不可以超越文化而存在的,是不可脱离一个民族所流传下来的、对这个民族风俗习惯与生活面貌起着决定作用的信念体系的。同时,文化又对语言的形式起着制约的作用,是语言赖以存在的基础。文化将自己的精髓注入语言中,是语言能够再生与发展的生命力量,并成为语言的文化内涵与表现形式,因此文化的发展对语言的发展起着促进作用。反过来说,语言的发展也对文化的发展有着巨大的意义。

(二)语言与文化相互包容

语言是文化的基础与重要组成部分。从这一意义上讲,语言是文化系统中的一个子系统,然而这一子系统有着自身的特殊性,即在结构上能够将文化上的定义清晰地表现出来,提供了对概念世界起着决定作用的分类系统。简单来说,语言是文化系统的一种典型形式,对整体文化系统起着决定性的作用,对文化的一切领域有着涵盖的作用。

由于语言与人类行为是融合为一体的,语言是文化产生与发展的必

第一章 导 论

由之路,因此语言能够详细、正规地对一个民族的历史文化、娱乐游戏、信仰偏见等加以反映。文化上的接触总会导致"语言货物"的交换。十字军东征时在巴勒斯坦的烈日下脱下原来穿的金属盔甲,换上了阿拉伯人穿的一种棉布服装。后来,这种服装传到了欧洲,诱发了意大利语的 giubba、西班牙语的 aljuba、德语的 Joppe 等同出一源的指称男用服装的词。

语言的文化渗透力(culture penetration)还使它在文化的历史发展中获得一种特定历史层面的心智氛围(the mental atmosphere),从而成为特定时代特定社会人类思想的典型标志。英国文学批评家 L. P. 史密斯指出,如果我们得到一份声称是中世纪手稿的抄本,其中发现有 enlightenment(启蒙)、scepticism(怀疑主义)这样的字眼儿,我们将毫不迟疑地宣称:这是一份明显荒谬的伪造品。如果在一部假称是伊丽莎白时代(Queen Elizabethan,1558~1603)的剧本中,却看到 exciting event(激动人心的事件)、interesting personality(有趣的人格)这样的短语,或是发现剧中的角色在谈论着他们的 feelings(感情),我们也即刻抛弃它。如果在假设由培根嵌入到莎翁和他自己作品中的著名暗记里,我们读到 secret interviews(秘密会见)、tragedies of great interest(重大悲剧)、disagreeable insinuations(令人不快的暗讽),我们也会开始怀疑培根对这些短语的著作权有侵犯。

汉字的象形性对中国人认识世界的方式直接起着制约的作用,使人在使用文字时不需要了解其读音就可以根据形态来把握其概念意义,并在一定程度上对其深层含义有所了解和把握。人们在学习汉字时,会对周围世界进行认知,完整地接受这样一个致思途径与世界构图,以语言文字的形象贯通世界的形象,最终在语言文字上形成"目击道存"的思维形式,并以这种方式来容纳华夏文化。

语言统一文化各领域的功能,使语言自身的问题在现代化进程中日益凸显出来,因为现代化的问题归根到底是人的现代化(modernization)问题。这就不能不与人及整个民族和社会的文化意识(culture consciousness)、文化素质(culture quality)、文化传统(culture tradition)、文化氛围(culture atmosphere)、文化构成(culture formulation)、文化功能(culture function)、文化发展(culture development)的态势等发生关系。因此,现代人无疑应该具有一种崭新的文化含义(culture meaning)、文化形象(culture image)和文化精神(culture spirit),这就必然需要在其思维方式(mode of thinking)、心理意识(mental consciousness)和审美情态等方面有一个较为深刻的革命,这一革命的必要条件就是语言的解读和更新。

从本质上说,语言是对传统的阐释与理解。人类生活在语言中,能够对传统进行保存的是语言,因此人类已经在传统中生存。就在对语言理解与接受的同时,传统已经通过语言进入到人类的生活中。人之所以成为现实与理性相结合的人,就是因为他对某一文化传统的语言进行无可选择的接受,并通过语言对传统进行理解与解释。

语言的更新是思维方式革命和文化观念更新的必然要求。过去人们总是过多地强调思维而较少地谈论语言,并且往往在阐发语言和思维(形式和内容)的关系时,把语言放在一种从属和被动的位置,从而忽略了语言的实际作用。事实上,语言对于人类思维的发展和社会形态的形成有着不可低估的作用。

二、文化与交际的关系

文化与交际有着密切的关系。受交际双方文化背景的影响,其在展开交际时必须考虑文化因素,这样才能保证采用恰当的交际手段展开交际。下面具体分析文化对交际的影响,主要体现在两大方面。

(一)文化对交际模式的影响

文化对交际模式有巨大影响。交际模式受交际双方文化背景的影响和制约。因此,为了保证交际顺利,必须选择恰当的交际模式。

1. 何时讲话

对于"何时讲话",由于受文化背景的影响,交际双方需要遵循彼此各自的规则。例如,对于个人因素,西方人非常看重,因此应避免在公共场合谈论。相比之下,中国人对其并不十分看重,因此愿意与他人随时展开交谈,即便是陌生人。

2. 话题的选择

在交际中,话题的选择十分重要。受文化背景影响,交际双方选择的话题必然不同。例如,中国人在交谈中习惯谈论薪资水平、家庭状况等,而这些在西方人眼中却被看作隐私。

3. 话轮转换

所谓话轮转换,即交际双方在交际过程中不断转换自身的角色,即说话人与听话人之间的角色转换。

当交际双方所处的文化背景不同时,话轮转换也是不同的。例如,日本人在进行交谈时,话轮的转换需要交际者考虑时机,在恰当的时候选择转换。美国人则不同,美国人在交谈时可以直接进行话轮转换。

(二)文化对交际风格的影响

除了交际模式,交际风格也会受到文化的影响和制约。具体来说,主要表现为以下几点。

1. 直接交际风格与间接交际风格

交际风格包含两类,即直接交际风格与间接交际风格。

直接交际风格是在交际中交际双方直接地传达自己的信息,是一种直接的手段。

间接交际风格是在交际中交际双方委婉地传达自己的信息,是一种间接的手段。

显然,间接交际风格是一种含蓄的交际形式,这在我国体现得尤为明显,因为我国受儒家思想的影响。相比之下,西方就更倾向于采用直接的手段。

2. 个人交际风格与语境交际风格

交际风格还可以划分为个人交际风格与语境交际风格。

个人交际风格强调在交际过程中彰显个人身份,因此第一人称是最常用的交际方式。

语境交际风格强调在交际过程中注重语境,具体语境具体分析。例如,英语中对于教师或者长辈的称呼多用"you",汉语中多用"您"来称呼。

三、语言与交际的关系

从一定程度上来说,语言就是交际,在交际中发挥着不可替代的作用。也就是说,二者关系密切。

在交际中,由语言组成的句子,数量是无限的,可能会导致理解困难。为了对句子能够更好地理解与把握,语言学家制定了一系列规则,从而使语言能够按照一定的语法程式展开。具体来说,语言交际的过程如图1-3所示。

图中的字母分别表示如下含义。

A：代表人类世界。

B：代表人运用五感所能捕捉到的世界部分。

C：代表在人类五感的作用下，说话人所注意到并将之用于交际的部分。

D：代表在 C 的范围内，说话人利用语言表达的部分。这种语言表达带有抽象性与局限性。

D 和 E 的重合形成了第 V 阶段。在这个阶段，数字 1 代表的是说话人传递出去的信息，2 代表的是说话人未传递出的信息，3 代表着说话人未表达、但是听话人能了解的部分。

在实际交际的过程中，语言环境是非常复杂的，因此如果人们无法列出所有的交际范围，那么就很难进行系统的设定。也就是说，只有交际者对一定的语言规则有详细的了解和把握，同时能够灵活展开交际，才能保证交际的顺利进行。

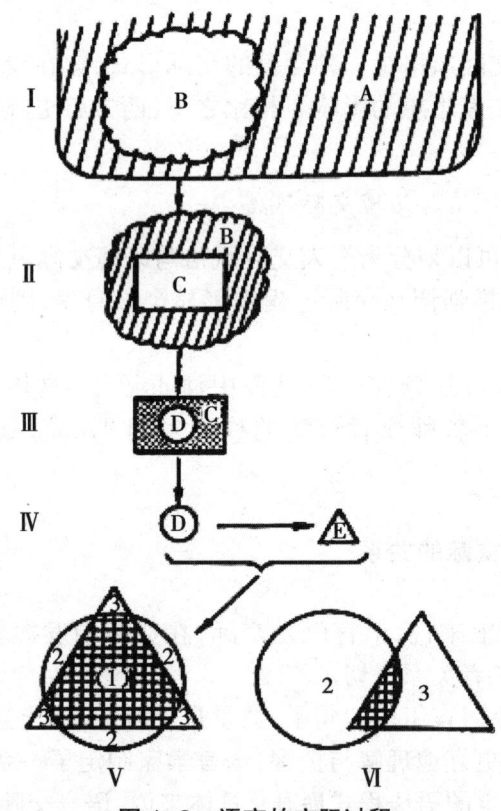

图 1-3　语言的交际过程

资料来源：陈俊森、樊葳葳、钟华，2006

第二章 跨文化交际理论综述

目前,全球化已经成为一种潮流趋势,任何一个国家的文化都不能独自发展,都需要通过与他国进行交流才能使自身文化更加丰富和充实。这时,跨文化交际就成了一种必然现象。通过跨文化交际,国与国之间可以相互交往,这种交往的过程是十分复杂的。虽然交往的时空距离在不断缩小,但是人们的心理距离、文化距离并没有随之缩小。由于受文化取向、价值观念等的影响,文化差异导致了一些冲突和矛盾的出现,不同文化背景下人们的交往面临着很大的障碍。为了解决这些障碍,对跨文化交际进行研究是十分必要的。本章就从内涵、模式、主要理论三个层面来探讨跨文化交际理论。

第一节 跨文化交际的内涵解析

跨文化交际这一现象并不是近期才出现的,而是自古就有。随着人类不断进步,跨文化交际的内容、形式等也在不断变化。在当今时代,跨文化交际的手段和内容变得更为丰富。当然,对跨文化交际的研究也有很长的路要走。本节首先分析什么是跨文化交际。

一、跨文化交际的界定

"跨文化交际"一词是由著名学者霍尔(Hall)提出的,常用cross-cultural communication 或者 intercultural communication 这两个意思相近的词来表达,即指代的是一些长期旅居国外的美国人与当地人之间展开的交际。但是,随着跨文化交际的深入,其定义变得更为广泛,指的是不同文化背景下的人们相互之间展开的交际活动。

现如今,一般认为跨文化交际是来自不同文化背景下的人们,通过语言、信号等形式实现信息之间的沟通,展开思想层面的交流。这一概念实际上明确界定了跨文化交际的范围,并且从这一定义中可以归纳出如下几点。

(一)文化背景不同

在跨文化交际过程中,交际双方所处的文化背景是不同的。所谓文化背景的不同其实是一个比较复杂的概念,主要可以从以下两点来理解:一是不同文化圈导致的文化差异;二是在同一文化圈内,不同文化导致的文化差异。

一般来说,人们眼中的跨文化交际都是从上述所说的第一点来讲的,即不同文化圈导致的文化差异,如中西方之间的文化差异就是典型的代表。

在当前的跨文化交际中,由于受文化差异的影响,很多的交际失误不可避免地会出现,这种失误主要体现在中西方国家之间。换句话说,虽然中国与印度、日本等国家也存在某些文化背景的差异,但是由于都属于东方文化圈,因此差异还是比较小的;但是由于欧美国家属于西方文化圈,所以中国与之差异就会更大一些,交际的时候难度也会更大一些。

(二)使用同一种语言

在跨文化交际过程中,交际双方往往需要使用同一种语言展开交流,这样才能让彼此听懂。如果双方使用的语言不一致,那么双方的交际将很难维持。

但需要注意的是,虽然交际双方的文化背景不同,但是仍旧需要运用一种语言展开交际,那么就说明该种语言属于交际的一方而另一方为后天习得这门语言。例如,当中国商人与美国商人展开交际时,他们可以使用英语,也可以使用汉语。如果交际双方都对所使用的语言有清楚了解,就会避免翻译时出现问题,此时双方直接进行交际即可。

(三)直接的言语交际

在跨文化交际的过程中,双方展开的是直接的言语交际。在当前的外语教学中,翻译是重心,这样培养出的学生主要是为了应对不同文化背景下人与人之间的交流。换句话说,不同文化背景下人们的交流需要通过翻译展开。

二、跨文化交际的伦理原则

对他人思想与行为进行评判的关键在于沟通,当人们在评判他人的思想时,往往会赋予他人对错或者好坏,这时伦理这一问题就显现出来了。人们的判断一般受自身价值观与信仰等的影响,在进行判断时,会自觉地将自身的价值观或者信仰付诸对方身上。这种情况常见于跨文化交际过程中。因此,跨文化交际应该遵循以下几点原则。

(一)尊重个体性

众所周知,文化对社会中人们的行为、思想等进行了整体规定。虽然存在着这种规定,但即便是相同文化中也仍旧存在着个别差异,更何况是不同文化,差异更大。在跨文化交际之前,交际者需要对对方的个性与特征有清楚了解,不能仅凭刻板印象将对方的个性抹杀掉,这就体现了对个体的尊重。

(二)志愿参与

在跨文化交际的过程中,双方是志愿参与到交际中的,是不受任何胁迫而形成的交际。简单来理解,就是交际双方应该明确彼此在交际的过程中可能会出现的心理或者社交层面的冲击和矛盾。任何胁迫的行为都是与这一原则相违背的,这就要求彼此之间应该互相尊重。

(三)保护隐私

在跨文化交际的过程中,交际者不能对他人的性别、文化背景等产生歧视,同时应该对他人的隐私予以尊重,这样可以避免对他人造成伤害,也有助于保证彼此交际的顺利进行。有些时候可能会遇到一些特殊情况,即需要向对方询问一些敏感问题,这时应尽量先征得对方的同意。这体现了跨文化交际过程中交际双方的修养,也是跨文化交际能够顺利展开的必要条件。

(四)免于受害

在跨文化交际的过程中,交际双方应该尊重彼此的伦理原则,这主要体现在生理以及心理层面上。也就是说,交际一方不能仅仅为了操控对方而展开交际,也不能刻意说一些侵犯对方的言论,这都很容易引起对方的反感,对对方造成伤害,导致沟通不顺畅。

(五)互惠性

在跨文化交际的过程中,互惠性这一原则是非常普遍和重要的,指的是在沟通中不能将我们自己不愿做的事情强加于人,这样对待他人是违背了伦理原则的。简单来说,交际方需要做到四点:一是相互性,二是一定要诚实,三是要给予对方尊重,四是不能仅凭自己的观点做出判断。

(六)避免个人偏见

在跨文化交际的过程中,由于中西方人们的文化背景不同,在认知上也存在明显的差异,因此交际中不可避免地会受到主观因素的制约和影响而导致偏见的存在。因此,交际者应该尽力避免将自己的意志强加在对方身上。

(七)诚实

在跨文化交际的过程中,诚实非常重要。所谓诚实,即交际者不仅要理解和明确自身传达给对方的信息,还要对对方予以坦白。在跨文化交际过程中,如果交际时不诚实,那么这样的交际没有任何意义。当然,诚实并不是要求完全按照我们的想法来对待交际,而是应该正确看待交际,这样才能保证交际顺利开展。

(八)尊重

在跨文化交际的过程中,交际者需要对对方予以尊重,这是对交际者最基本的保护。所谓尊重对方,即需要学会观察对方,对对方的需求有所了解。在交际中,交际者对某一个想法可以采用不同的方式进行表达,并且另一方需要尊重这种表达方式,从而对对方的尊严予以维护。

(九)相互性

所谓相互性,即在跨文化交际的过程中,处于不同文化背景下的交际双方需要建构一个双方认可的互动空间,并且这一互动空间不可以仅仅建立在某一方的文化基础上。换句话说,交际双方在跨文化交际的过程中需要建立一个能够共享的积极的空间和环境。如果交际方仅仅视自己的文化为沟通标准,忽视对方的文化,那么必然会导致交际障碍。

(十)不主观臆断

所谓不主观臆断,即不对对方的思想、言语做过多的推测。在跨文化交际的过程中,交际者应该勇敢表达自己的思想,并愿意接受他人的思想和意愿。不主观臆断可以让信息得到流通,也能够让自己对异域文化得以认同与接受,并提升自己接受异域文化的素养。

三、跨文化意识与跨文化交际能力

在跨文化交际中,跨文化意识与跨文化交际能力的认知和培养是非常重要的,对这两项内容的了解有助于更好地指导跨文化交际实践。因此,下面就对这两大层面展开分析。

(一)跨文化意识

意识对人类的行为起着引领作用。在跨文化交际中,只有具备跨文化意识,才能按照交际规则对对方的行为有恰当的理解,顺利展开交际。由于中西方文化存在明显的差异性,个体与个体之间也存在差异,因此交际必然会遇到很多障碍。跨文化意识对世界的多样化、不同文化形式是承认的,并主张应该保持平等的姿态展开交流。可见,对跨文化意识的了解有助于当代社会与人的和谐发展。

在跨文化交际中,跨文化意识主要体现在认知上,即它可以对人的思维产生作用,对个体行动有着重要的指导意义。另外,跨文化意识还具有文化性,因此需要交际双方注重探求与了解自身文化的特征、他国文化的特征,从而提升交际理解力。

文化是平等的,不能说好还是说坏,交际者需要在基本的跨文化意识的支持下,对不同文化的差异有敏锐的洞察力,从而捕捉跨文化交际中的问题,顺利展开跨文化交际。

跨文化意识的培养并不是一蹴而就的,而是一个循序渐进的过程,具体包含对文化词汇、文学典故的学习,对中西方价值观念的了解,对中西方节日与社交往来规范的熟知,同时不能忽视非言语交际。在具体的实施中,跨文化意识的培养可以从以下四个层次着眼:

(1)旅游者心态。在跨文化意识培养的初期阶段,交际者会存在一种旅游者心态,会基于自身文化对其他文化进行观察与审视。此时交际者对他国文化事物的认识仅存在于表层,对不同文化事物间的联系也并不了解。在这一层次,交际者很容易受到文化优越感、文化偏见的影响。

(2)文化休克。当跨文化交际者对不同文化进行接触时,由于对异域文化不了解,并且不能与新的文化形式相适应,因此会在交际中发生误解,甚至会发生冲突。当他们经历过交际困难之后,会产生逆反心理,甚至对异国文化进行对抗,这就是一种文化休克的表现。

(3)理性分析与愿意适应。经过文化休克之后,交际者对跨文化意识的认识有所提升,同时交际逐渐变得更为频繁,因此交际者不得不接受新的文化环境,并对其展开理性的分析——实际上交际者是从主观层面对新的文化形式进行适应的。

(4)主动了解和自觉适应。经过上一阶段后,交际者可以主动对新的文化形式进行了解与自觉适应,并能够挖掘其文化事物产生的原因。这是对不同文化价值观与社会状况的分析与察觉,是跨文化意识培养的高级阶段,也是主观上的一种改变。

(二)跨文化交际能力

所谓跨文化交际能力,是指对跨文化交际过程中出现的问题进行处理的能力,如文化态度问题、文化差异问题等。在具体的跨文化交际实践中,跨文化交际能力还体现在对文化运用的有效性与得体性上。前者主要是指能够实现交际目标,后者是指能够符合目的语文化社会规范、行为模式、价值取向。

下面对跨文化交际能力的培养要点进行总结:

(1)了解文化差异。文化具有共性,也具有明显的差异性。只有了解这些差异性,才能培养自身的跨文化交际能力。在具体的交际过程中,中西方在价值观念、时间观念等层面存在差异,因此交际者需要尊重这些差异,对此有清晰的了解,从而保证交际顺利开展。

(2)发展跨文化技能。当了解了文化差异后,交际者还需要发展跨文化技能,具体来说可以从以下几点着眼:

第一,扫除思维定式的障碍。

第二,扫除民族中心主义的障碍。

第三,对交际情境能够灵活处理。

第四,深层次了解目的语文化及内部规律。

四、跨文化交际的过程

跨文化交际的过程是一个信息编码与解码的过程。这一过程是非常复杂的,会受到多种因素的影响和制约。其主要包含两大因素:一是言语交际因素,另外一个是非言语交际因素。下面就来分析和探讨这两大因素。

(一)言语交际

语言是人们进行交际的重要因素之一。语言跨越了人们的心理、社会等层面,与之相关的领域也很多。对语言进行研究不仅是语言学的任务,也是心理学、社会学等学科的任务和内容。因此,对语言与交际关系的研究具有明显的跨学科性。

人具有很多特征,如可以制作工具、可以直立行走、具有灵巧的双手等,但是最能够将人的本质特征反映出来的是人的语言。人之外的动物也可以通过各种符号来进行信息的传递,如海豚、蜜蜂等都可以传递信息,但是它们所传递的信息只能表达简单的意义,它们的"语言"是不具备语法规则的,也不具有语用的规则。

人们往往通过语言对外部世界进行认识与理解。语言具有分类的功能,通过分类,人们可以对事物有清晰的了解与把握。人们的词汇量越丰富,对外部世界的认识就越清晰、越精细。

在影响跨文化交际的多个因素中,语言作为文化的重要表现,是跨文化交际的一大障碍。从萨丕尔—沃尔夫假说中我们不难发现,语言是人们对社会现实进行理解的向导,对人们的感知和思维有着重要的影响。无论是何种语言,都有其独特的语音、词汇、语法、语言风格等。对一门外语进行学习,了解其语言习惯与交际行为是十分重要的。

1. 言语调节

语言并不是一个简单的交流工具,它不仅是文化的载体,还是个人和群体特征的表现与象征。一般来说,能否说该群体的语言是判断这个人是否属于该群体的标志。同样,如果一些人都说同一语言或者同一方言,那么就可以很自然地认为他们都源自同样一种文化。他们在交流时也会使用该群体文化下的行为规范、价值观念、交际风格,因此也会让彼此感到非常轻松。正因为所说的语言体现出发话人的身份,而且人们习惯与说自己语言的人进行交流,因此学外语的热潮无论在国内还是国外都很高,人们都想得到更多群体的认同。不仅如此,语言还标志着一个民族的文化独立,其对于一个国家、民族而言是非常重要的。统一的语言是民族、群体间的黏合剂,有助于促进民族团结。更为有趣的一点是,人们如果对一种其他民族的语言非常崇尚的话,往往会产生爱屋及乌的想法,对说这种语言的外国人也会不自觉地流露出亲近与欣赏之情。

语言具有的彰显这种个人身份与凝聚力的特质预示着言语调节的必然性。所谓言语调节,又可以称为"交际调节",即人们出于某种动机,对自己的语言与非语言行为进行调整,以求与交际对象建构所期望的社会距离。一般而言,发话人为了适应交际对象的接受能力,往往会迎合交际对象的需要与特点,对自己的停顿、语速、语音等进行稍微调整。

常见的言语调节有妈妈言语、教师言语等,就是妈妈、教师等为了适应孩子或者学生的认知与知识水平而形成的一种简化语言。这属于一种趋同调节现象,有助于更好地进行交流,达到更好的交流效果。当然,与趋同调节相对,还存在趋异调节,其主要目的是维持自己文化的鲜明特征与自尊,即对自己的言语与非语言行为不做任何的调整,甚至夸大交际对象的行为。这种现象的产生正是由于语言作为文化独立象征以及个人身份的代表而造成的。或者说,趋异调节的产生可能是因为发话人不喜欢交际对象,或者为了让对方感受未经雕饰或者原汁原味的语言。总之,无论是趋同调节还是趋异调节,都彰显了发话人希望得到交际对象的认同,通过趋同调节,我们希望更好地接近对方;通过趋异调节,我们希望能够保持一定的距离。因此,理想的做法是做到二者的结合,不仅要体现出自己向往与对方进行交际的愿望,还要保证一种健康的群体认同感。

需要指出的是,在影响言语调节的多个因素中,民族语言活力有着非常重要的影响。所谓民族语言活力,即某一语言的社会经济地位,以及说这种语言的人数与分布情况等。如果一种语言的活力大,那么对社会的影响力也较大,就具有较广的普及率,政府与教育机构也会大力支持,人们也会更加青睐。这是因为人们会将说这种语言的人与语言本身的活力相关联,认为这些人会具有较高的声望,所以愿意被这样的群体接受与认同。

言语调节理论证明了跨文化交际与其他交际一样,不仅是交流信息与意义的过程,更是个人身份协商与社会交往的过程。因此来自不同文化的交际双方在使用中介语进行交流时,需要注意彼此的文化身份与语言水平,以便进行恰当的调节。

第二章 跨文化交际理论综述

2. 交际风格

在言语交际中,交际风格是非常重要的层面。著名学者威廉·古迪孔斯特和斯特拉·廷图米(William Gudykunst & Stella Ting-Toomey)论述了四种不同的交际风格,即直接与间接的交际风格、详尽与简洁的交际风格、以个人为中心与以语境为中心的交际风格、情感型与工具型的交际风格。

第一,在表达意图、意思、欲望等的时候,有人会开门见山,有人却拐弯抹角;有人直截了当,有人却委婉含蓄。美国文化更注重精确,美国英语的运用在很大程度上与这一点相符。从词汇程度上来说,美国人常使用certainly(确定地)、absolutely(绝对地)等这样意义明确的词汇。从语法、句法上来说,英语句子一般要求主谓宾齐全,结构要求完整,并且使用很多现实语法规则与虚拟语法规则。从篇章结构上来说,美国英语往往包含三部分:导言、主体与结论。每一段具有明确的中心思想,第一句往往是全段的主题句,使用连词进行连接,保证语义的连贯。与之相对的是中国、日本的语言,常用"可能""或许""大概"这些词,篇章结构较为松散,往往形散神不散,给人回味无穷的韵味。

汉英语言的差异,加上受集体主义与个人主义的影响,导致了中国人与英美人交际风格的差异。中国文化强调和谐性与一致性,因此在传达情感与态度以及对他人进行评论与批评时,往往比较委婉,喜欢通过暗示的手法来传达,从而避免难堪。如果交际双方都是中国人,双方就会理解,但是如果交际对象为英美人,就容易让对方误解。因此,从英美人的价值观标准上来说,坦率表达思想是诚实的表现,他们习惯明确地告知对方自己的想法,因此直接与间接的交际风格会出现碰撞。

第二,不同的交际风格有量的区别,即在交流时应该是言简意赅,还是详细具体,或者是选择介于二者间的交际风格。威廉·古迪孔斯特和斯特拉·廷图米在对其他学者的研究结果进行总结的基础上指出,中东的很多国家都属于详尽的交际风格,北欧和美国基本上属于不多不少的交际风格,中国、日本等亚洲国家属于简洁的交际风格。这是因为,阿拉伯语言本身具有夸张的特点,这使得阿拉伯人在交际中往往会使用夸张的语言来表达思想和决心。例如,客人在表达吃饱的时候,往往会多次重复"不能再吃了",并夹杂着"向上帝发誓"的话语,而主人对no的理解也不是停留在表面,而认为是同意。中国、日本作为简洁交际风格的代表,主要体现在对沉默、委婉的理解上。中国人认为"沉默是金",并认为说话的多少同地位有着密切的关系。一般来说,中国的父母、教师属于说教者,子女、学生属于听话者。美国文化中反对交际中的等级制,主张平等,因此子女与父母、学生与教师都享有平等的表达思想的机会。

第三,威廉·古迪孔斯特和斯特拉·廷图米提出了以个人为中心—以环境为中心的交际风格。以个人为中心的交际风格是采用一些语言手段,对个体身份加以强化;以环境为中心的交际风格是运用语言手段,对角色身份进行强化。这两种交际风格的差别在于:以环境为中心的交际风格是运用语言对社会等级顺序进行反映,将这种不对等的角色地位加以彰显;以个人为中心的交际风格是运用语言对平等的社会秩序加以反映,对对等的角色关系加以彰显。同样,在日语中,存在着很多的敬语和礼节,针对不同的交际对象、交际场合、角色关系等,会使用不同的词汇、句型,并且人际交往也非常正式。如果处在一个非正式的场合,日本人往往会觉得不自在,在他们看来,语言运用必然与交际双方的角色有着密切的关系。与中国、日本的文化存在鲜明对照的是英语,英美文化推崇直率、平等与非正式,因此他们在使用语言进行交际时往往使用那些非正式的称呼或者敬语。

第四,中西方交际风格的差异还体现在情感型—工具型的区别上。情感型的交际风格是以信息接收者作为导向,要求接收者具备一定的本能,对信息发出者的意图要善于猜测与领会,要能够明白发话人的弦外之音。另外,发话人在信息发送的过程中,要观察交际对方的反应,及时地改变自己的发话方式与内容。因此,这样的言语交际基本上是发话人与听话人之间信息与交际关系的协商过程。相比之下,工具型的交际风格是以信息发出者作为导向,根据明确的言语交际来实现交际的目标。发话人明确地阐释自己的意图,听话人就很容易理解发话人的言外之意,因此与情感型的交际风格相比,听话人的负担要轻很多。可见,工具型的交际风格是一种较为实用的交际风格。

显然,上述几种交际风格是相互关联与渗透的,它们是基于不同的文化价值观建立起来的,其中影响力最大的是集体主义与个人主义的差异,其在社会的各个领域都得以贯穿,并从很大程度上决定中西方文化的不同。

3. 言语行为

奥斯汀(Austin)的言语行为理论首次把语言研究从传统的句法研究中分离出来。奥斯汀从语言实际情况出发,分析语言的真正意义。言语行为理论主要是为了回答语言是如何用之于"行",而不是用之于"指"的问题,体现了"言"则"行"的语言观。奥斯汀首先对两类话语进行了区分:表述句(言有所述)和施为句(言有所为)。在之后的研究中,奥斯汀发现两种分类有些不成熟,还不够完善,并且难以区别两类话语的语言特征。

于是,奥斯汀提出了"言语行为三分说",即一个人在说话时在很多情况下会同时实施三种行为:以言指事行为、以言行事行为和以言成事行为。

首先是表述句和施为句。

第一,表述句。以言指事,判断句子是真还是假,这是表述句的目的。通常而言,表述句是用于陈述、报道或者描述某个事件或者事物的。例如:

桂林山水甲天下。

He plays basketball every Sunday.

在以上两个例子中,第一个是描述某个事件或事物的话语;第二个是报道某一事件或事物的话语。两个句子都表达了一个或真或假的命题。

换句话说,不论它们所表达的意思是真还是假,它们所表达的命题均存在。但是,在特定语境中,表述句可能被认为是"隐性施为句"。

第二,施为句。以言行事是施为句的目的。判断句子的真假并不是施为句表达的重点。施为句可以分为显性施为句和隐性施为句。其中,显性施为句指含有施为动词的语句,而隐性施为句则指不含有施为动词的语句。例如:

I promise I'll pay you in five days.

I'll pay you in five days.

这两个句子均属于承诺句。它们的不同点是:第一个句子通过动词promise 实现了显性承诺;第二个句子在缺少显性施为动词的情况下实施了"隐性承诺"。

总结来说,施为句主要有以下几个特点:

第一,主语是发话人。第二,谓语用一般现在时第一人称单数。第三,说话过程为非言语行为的实施。第四,句子为肯定句式。

隐性施为句的上述特征并不明显,但能通过添加显性特征内容进行验证。例如:

学院成立庆典现在正式开始!

通过添加显性施为动词,可以转换成显性施为句:

(我)(宣布)学院成立庆典现在正式开始!

通常,显性施为句与隐性施为句所实施的行为与效果是相同的。

其次是言语行为三分法。奥斯汀认为表述句与施为句区分得并不严格,随后提出了言语行为三分说:以言指事行为、以言行事行为和以言成事行为。指"话语"这一行为本身即以言指事行为,指"话语"时实际实施的行为即以言行事行为,指"话语"所产生的后果或者取得的效果即以言成事行为。换句话说,发话人通过言语的表达,流露出真实的交际意图,一旦其真实意图被领会,就可能带来某种变化或者效果、影响等。

言语行为的特点是发话人通过说某句话或某些话,执行某个或多个行为,如陈述、道歉、命令、建议、提问和祝贺等行为。并且,这些行为的实现还可能给听话人带来一些后果。因此,奥斯汀指出,发话人在说任何一句话的同时应完成三种行为:以言指事行为、以言行事行为和以言成事行为。例如:

我保证星期六带你去博物馆。

发话人发出"我保证星期六带你去博物馆"这一语言行为本身就是以言指事行为。以言指事本身并不构成言语交际,而是在实施以言指事行为的同时包含了以言行事行为,即许下了一个诺言"保证",至于以言成事行为,即听话人相信发话人会兑现诺言,促使话语交际活动的成功。

4. 会话含义

要想了解会话含义,首先需要弄清楚什么是含义。从狭义上说,有人认为含义就是"会话含义",但是从广义角度上说,含义是各种隐含意义的总称。含义分为规约含义与会话含义。格赖斯认为,规约含义是对话语含义与某一特定结构间关系进行的强调,其往往基于话语的推导特性产生。会话含义主要包含一般会话含义与特殊会话含义两类。前者指发话人在遵守合作原则或某项准则的基础上,发出的话语中所隐含的某一意义。例如:

(语境:A 和 B 是同学,正商量出去购物。)

A: I am out of money.

B: There is an ATM over there.

在 A 与 B 的对话中,A 提到自己没钱,而 B 回答取款机的地址,表面上看两句话没有关系,但是从语境角度来考量,可以判定出 B 的意思是让 A 去取款机取钱。

特殊会话含义指在交际过程中,交际一方明显或者有意对合作原则中的某项原则进行违背,从而让对方自己推导出具体的含义。因此,这就要求对方有一定的语用基础。

提到会话含义,就必然提到合作原则,它是对会话含义最好的解释。合作原则包括下面四条准则:

第一,量准则,指在交际中,发话人所提供的信息应该与交际所需相符,不多不少。

第二,质准则,指保证话语的真实性。

第三,关系准则,指发话人所提供的信息必须与交际内容相关。

第四,方式准则,指发话人所讲的话要清楚明白。

(二)非言语交际

言语交际是通过言语行为来展开交际的,而非言语交际是通过非言语交际行为展开交际的。非言语交际是言语交际的一种辅助手法,往往是被人们忽视的手段。但是,非言语交际在汉英交际中起着十分重要的作用,甚至有助于实现言语交际无法实现的效果。非言语交际包含多个层面,如体态语、副语言、客体语等。

对于非言语交际行为,中外学者下了不少的定义,有的定义比较简单,如将非言语交际定义为不通过语言来传递信息的交际。有的定义比较具体,如非言语交际是不用言辞进行表达,被社会共知的人的行动与属性。这些行动和属性是由发出者有目的地发出或被看成有目的地发出、由接收者有意识地接收的过程,或者有可能进行反馈。非言语交际行为还指在一定的环境下,那些位于语言因素外的对发出者与接收者有价值的其他因素。这些因素可以是人为形成的,也可以是环境形成的。

对于非言语交际的范围,分类的方式有多种,一般来说主要包含以下几类。

1. 体态语

体态语又可以称为"身体语言",是由美国著名的心理学家伯德惠斯勒(Birdwhistell)提出。在伯德惠斯勒看来,身体各部分的器官运动、自身的动作都可以将感情态度传达出去,这些身体机能所传达的意义往往是语言不能传达的。体态语包含身势、姿势等基本姿态,微笑、握手等基本礼节动作,眼神、面部动作等人体部分动作等。

所谓体态语,即传递交际信息的动作与表情。也可以理解为,除了正式的身体语言之外,人体任何一个部位都能传达情感的一种表现。由于人体可以做出很多复杂的动作与姿势,因此体态语的分类是非常复杂的。

体态语包括眼睛动作、面部笑容、手势、腿部姿势等。

(1)眼睛动作。眼睛是人类重要的器官,是表情达意的重要组成部分,如愤怒时往往"横眉立目",恋爱时往往"含情脉脉"。在不同的情况下,眼睛也反映出一个人不同的心态。当一个人眼神闪烁时,他往往是犹豫不决的;当一个人白了别人一眼时,他往往是非常反感的;当一个人瞪着他人时,他往往是非常愤怒的……

之所以眼睛会有这么多的功能,主要是因为瞳孔的存在。一些学者认为,瞳孔放大与收缩,不仅与光感有关,还与个体的心理活动有密切的关系。当人们看到喜欢的东西或者感兴趣的事物时,他们的瞳孔一般会放大;当人们看到讨厌的东西或者不感兴趣的事物时,他们的瞳孔一般会缩小。瞳孔的改变会无意识地将人的心理变化反映出来,因此眼睛是人类思维的投影仪。

既然眼睛有这么大的功能,学会读懂眼语是非常重要的,同时注意不要读错。例如,到别人家做客,最好不要左顾右盼,这样会让人觉得你心不在焉,甚至心术不正。

需要指出的是,受民族与文化的影响,人们用眼睛来表达意思的习惯并不完全一样。

(2)面部笑容。笑在人的一生中非常重要。当人不小心撞到他人时,笑一笑会表达一种歉意;当向他人表达祝贺时,笑一笑更显得真挚;当与他人第一次见面时,笑一笑会缩短彼此的距离。可见,笑是人类表达情意不可或缺的语言之一。

笑可以划分为多种,有大笑、狂笑、微笑、冷笑,也有轻蔑的笑、自嘲的笑、高兴的笑、阴险的笑等。当然,笑也分真假,真笑的表现一般有两点:一种是嘴唇迅速咧开,一种是在笑的间隔中会闭一下眼睛。当然,如果笑的时间过长,嘴巴开得缓慢,或者眼睛闭的时间较长,会让人觉得这样的笑容缺乏诚意,显得非常虚假和做作。

当然,笑也有一些"信号":

其一,突然中止的笑。如果笑容突然中止,往往有警告和拒绝的意思。这种笑会让人觉得不安,会希望对方尽快结束话题。但是,如果一个人刚开始有笑意,之后突然板着脸,这说明他比较有心机,是那种难缠的人。

其二,爽朗的笑。这是一种真诚的笑,给人一种好心情的笑,一般会露出牙齿、发出声音。这种笑会让对方觉得你是一个很好相处的人,很容易信任与亲近你。

其三,见面开口笑。这种笑是人们常见的,指脸上挂着微笑,具有微笑的色彩,这种微笑具有礼节性,可以使人感到和蔼可亲。无论是见到长辈、小辈,还是上级、下属,这种笑都是最为恰当的笑。但需要指出的一点是,在笑的过程中要比较谨慎,不是一见面就哈哈大笑,这会让人感觉莫名其妙,它是一种谨慎的、收敛的笑。

其四,掩口而笑。这种笑是指用手帕、手等遮住嘴的笑。这种笑常见于女性,显得较为优雅,能够将女性的魅力彰显出来。

另外,由于文化背景的差异,不同国家的人对笑的礼仪也存在差异。在大多数国家,笑代表一种友好,但是在沙特阿拉伯的某一少数民族,笑是一种不友好的表现,甚至是侮辱的表现,往往会受到惩罚。

（3）手势。手是人体重要的一部分,在表达情意层面作用非凡。大约在人类创造了有声语言的时候,手势也就诞生了。手是人们传递情感的行之有效的工具之一。一般情况下,手势可以传达的意思有很多,高兴的时候可能手舞足蹈,紧张的时候可能手忙脚乱。当一个人挥动手臂时,往往是表达告别之意；当一个人挥动拳头时,往往是表达威胁之意。握手这样一个日常生活中普遍的动作,也能够将一个人的个性表达出来。第一种类型是大力士型,其在与他人握手时是非常用力的,其往往愿意用体力来标榜自己,性格比较鲁莽。第二种类型是保守型,这类人在与他人握手时往往手臂伸得不长,其性格较为保守,遇到事情时往往容易犹豫。第三种类型是懒散型,这类人与他人握手时,一般指头软弱无力,其性格比较悲观懒散。第四种类型是敷衍型,这类人与他人握手是为了例行公事,仅仅将手指头伸给对方,给人一种不可信赖的感觉,其做事往往比较草率。还有一种是标准的握手方式,即与他人握手时应该把握好力度,自然坦诚,不流露出任何矫揉造作之嫌。

（4）腿部姿势。在舞会、晚会、客厅等场合,人们往往会有抖腿、别腿等腿部动作,这些动作虽然没有意义,但是它们也在传达某种信息。因此,腿在人们表情达意过程中有着非常重要的作用。对腿的动作的了解是人们了解对方内心心理的一种有效途径。当你坐着等待他人到来时,往往腿部会不自觉地抖动,以表达紧张和焦虑之情。当心中想拒绝别人或者心中存在不安情绪时,往往会交叉双腿。

2. 副语言

一般来说,副语言又可以称为"伴随语言""类语言",最初是由语言学家特拉格(Trager)提出的。他在对文化与交际进行研究的过程中,搜集整理了一大批心理学与语言学的素材,并进行了归纳与综合,提出了一些适用于不同情境的语音修饰成分。在特拉格看来,这些修饰成分可以自成系统,是伴随着正常交际的语言,因此被称为"副语言"。具体来说,包含如下几点要素。

（1）音型(voice set),指的是发话人的语音物理特征与生理特征,这些特征使人们可以识别发话人的年龄、语气等。

（2）音质(voice quality),指的是发话人声音的背景特点,包含音域、音速、节奏等。例如,如果一个人说话吞吞吐吐,没有任何音调改变,即代表他说自己喜欢某件东西其实并不喜欢。

（3）发声(vocalization),其包含哭声、笑声、伴随音、叹息声等。

上述三类是副语言的最初内涵,之后又产生了停顿、沉默与话轮转换等内容。

3. 客体语

所谓客体语,是指与人体相关的服装、相貌、气味等,这些东西在人际交往中也有着非常重要的作用。从交际角度而言,这些层面都可以传达非言语信息,都可以将一个人的特征或者文化特征彰显出来,因此非言语交际是一种非常重要的媒介手段。

（1）相貌。无论是西方文化还是中国文化,人们对于自己的相貌都非常看重。但是在各国文化中,相貌评判标准也存在差异,有共性,也有个性。例如,汤加认为肥胖的人更美,缅甸人认为妇女脖子长更美,美国人认为苗条的女子更美,日本人认为娇小的人更美等。

（2）饰品。人们身上佩戴的饰品本身并没有什么意义,但是出现在不同的场合,就是一种媒介和象征。例如,戒指戴在食指上代表求婚,戴在中指上代表恋爱中,戴在无名指上代表已婚。这些作为一种约定俗成的代码,不可以弄错。

第二节　跨文化交际的基本模式

很多学者从跨文化交际的性质、过程、效果等出发提出了一些基本的模式。

著名学者关世杰根据拜拉姆的交流模式,系统地阐述了跨文化交际的过程,并构成自己的跨文化交际模式,如图 2-1 所示。关世杰将跨文化交际划分为编码、通过渠道进行传递、解码三个过程。一般来说,编码和解码是在不同的文化状态下展开的。

从图 2-1 中可知,甲文化发送者将所要传达的信息依据甲文化程序和码本等来进行编码,通过信息渠道将信息传达给乙文化接收者。乙文化接收者根据乙文化程序和码本来进行解码。不同的文化既存在相同点,也存在不同点,因此解码所获得的原有信息意义与信息意义可能存在重合的情况,当然也会发生一定程度的变化。乙文化接收者在这些信息的基础上,形成自身的意象或者做出某些反应,并从乙文化程序或者码本出发对这些意象或者反应加以编码,将得出的结果反馈给甲文化发送者。

第二章　跨文化交际理论综述

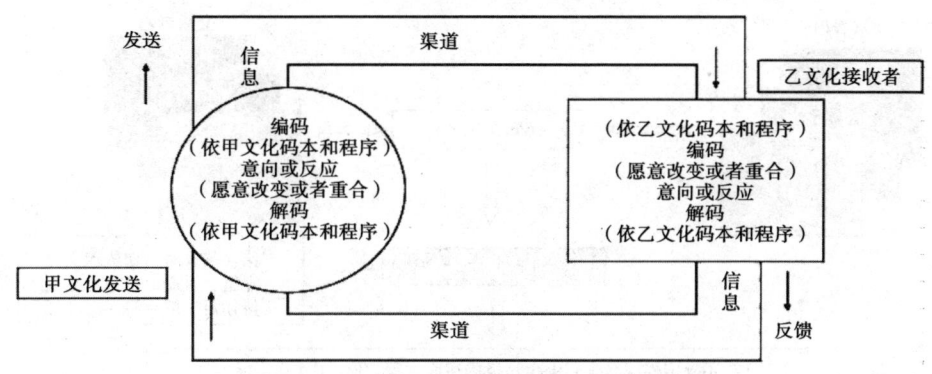

图 2-1　关世杰的跨文化交际过程模型

资料来源：付岳梅、刘强、应世潮，2011

从图 2-1 中可知，跨文化交际是一个循环的过程，信息发送者与接收者的角色本身也在不断更换。

显然，关世杰提出的这一模式将跨文化交际的过程、不同文化码本对跨文化交际过程产生的影响体现出来，但是这一模式是从传播学角度来考量的，主要是对交际过程的关注，对于跨文化交际的要素与结果并未提及。

多德（Carley H. Dodd）从文化学者的视角来探讨和分析跨文化交际的模式，并具体地分析了跨文化交际的过程，如图 2-2 所示。

根据多德的模式不难看出，之所以存在交际差异，不仅源于文化这一层面，其他层面如性格、人际关系等也会对"感知文化差异"产生影响。在跨文化交际过程中，除了要关注交际者的文化共性外，还需要考虑个别差异。由于"感知文化差异"这一现象的存在，交际过程中交际者会经常出现一些紧张感或者不确定因素。如果交际者对文化定式过于依赖，或者对文化定式予以回避或拒绝，或者对其他文化背景的交际者采取敌对的姿态，那么就很容易导致交际活动的失败。如果交际者选择恰当的交际策略，用包容的姿态面对不同文化背景下的交际者，就能够建立一个基于交际双方共同性的第三种文化，也就是所谓的 C 文化。C 文化的出现使得交际双方从一定的基础出发，采用恰当的交际技巧，正确运用各种交际技能，保证了交际的有效性。同时，良好的交际效果对于 C 文化也有着促进与拓展作用，使得 A 文化与 B 文化的交际者可以在更加广阔的领域达成共识，形成良性互动。

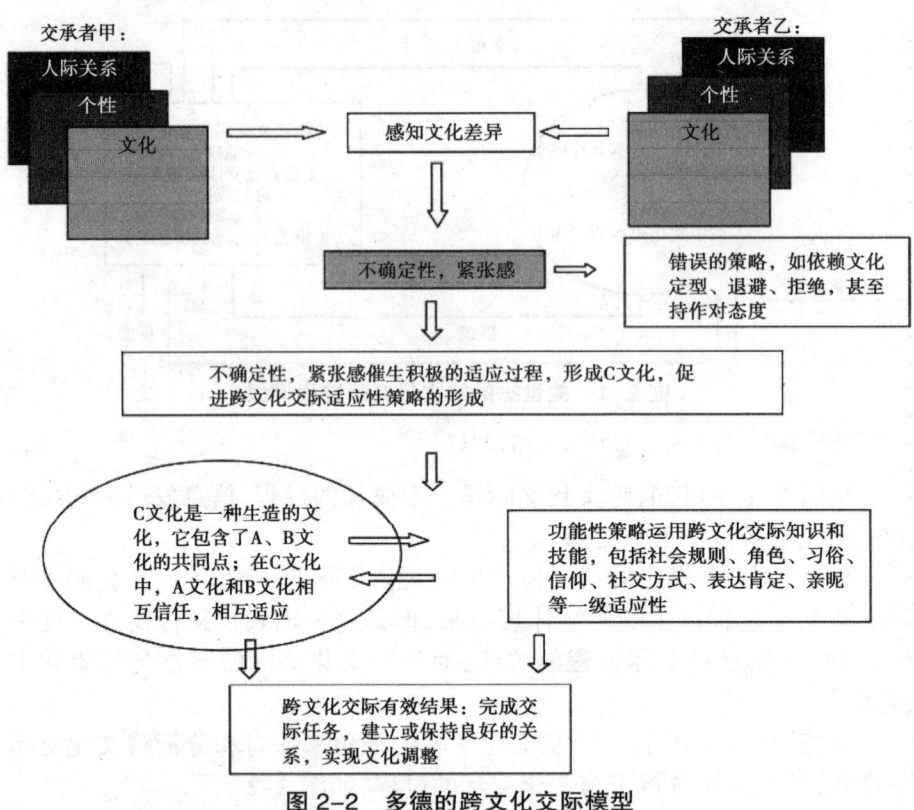

图 2-2 多德的跨文化交际模型

资料来源：付岳梅、刘强、应世潮，2011

从上面的分析可以看出，多德的跨文化交际模式不仅囊括了影响跨文化交际的因素、交际的过程、交际所应该达到的效果，又对跨文化交际技能、交际策略的形成、交际过程的控制等有着非常重要的作用和意义。

第三节　跨文化交际的主要理论

理论对实践有着重要的指导作用。跨文化交际的理论有很多，这里主要对言语代码理论、跨文化调试理论这两大理论展开分析。

一、言语代码理论

言语代码理论是由菲利普森（Philipsen，1992）提出的。所谓言语代码理论，即基于文化层面，对交际中的不同代码进行分析和探究。

（一）言语代码理论的前提假设

菲利普森提出了五个前提假设来解释言语代码的基础：
（1）每一种文化都有特定的言语代码。
（2）言语代码包含能体现文化差异的心理学体系、社会学体系及语言风格。
（3）言语的意义是依靠听话人和发话人双方使用言语代码对交际行为的创造和解释。
（4）言语代码的细则、使用规则以及前提与言语相融合，伴随着言语的始终。
（5）对共享的言语代码的巧妙使用是进行预测、解释和根据交际行为的可理解性、审慎性及道德标准对语篇形式控制的必要条件。

（二）言语代码理论的总结

菲利普森等人（2005）总结出言语代码理论，并对这一理论进行了实证研究，强调对交际产生影响的文化与代码。在菲利普森等人看来，人们运用文化与代码的目的是使自己与他人的交际有意义，人们的文化与代码会对他们的行为产生影响，并且言语代码的"修辞力度"大小取决于人们如何合法、连贯地使用言语代码。[①]

对于言语代码理论，有学者对其提出了质疑。他们指出，言语代码理论的内容相当宽泛，但并没有关注道德伦理与价值观念等内容。另外，对于人们如何看待与感受他们日常所见的情境，菲利普森也没有进行研究和探讨。但是不可否认，菲利普森提出的很多观点对于交际研究的深入探讨有着重要意义，人们也都表示接受与认可。

二、跨文化调适理论

近年来，金荣渊（Young Yun Kim）着重发展交际与文化调试理论，其最早的理论对韩国移民在芝加哥地区文化适应的因果关系进行了调查。后来，她从开放系统出发对该理论做了改进，增添了移民"压力—调适—成长"过程的理论，同时开始关注移民"跨文化"的转变。

---

① 严明：《跨文化交际理论研究》，黑龙江大学出版社，2009，第67页。

(一)跨文化调适理论的前提假设

跨文化调适理论有以下几种假设:
(1)调适属于一种普遍、自然的现象。
(2)跨文化调适并不是需要具体分析的变量,而是个体在面对新环境时整体产生的进化过程。
(3)跨文化调适产生于交际活动中。
(4)调适是一种对于所有生命体系来讲都自然而普遍的现象,交际是适应的方式。

(二)跨文化调适理论的总结

自20世纪初以来,对于跨文化调适理论的研究就在不断深入,并且效果显著。这些学术上的观点与见解为跨文化调适理论的诞生奠定了基础,同时也为后来的研究带来了某些不方便。

跨文化调适研究主要采用群体研究方法和个人研究方法,这两种方法都有不足之处。金荣渊提出了一套新的跨文化调适理论,归纳出一套系统、全面、综合的理论。

跨文化调适现象的存在是客观的。理解了跨文化调适现象的客观性,下面要面对的便是进行怎样的改变的问题。通过培养在新文化中的交际能力,人们的适应性会相应地有所提高;反之,适应性会减弱。

如果人们一直坚持成功调适的目标,那么将会出现一些微妙的下意识的改变,从而加速人们在知觉与情感上的成熟,并且对其生活状况有更深入的认识与了解。

第三章 大学英语教学简述

随着社会的发展、科技的进步,人们学习英语的热情越来越高涨。英语是世界通用的重要语种之一,在国与国的交往中发挥着重要作用。大学英语教学是高等教育的重要组成部分,其教学的目的是提升学生的英语综合能力,用于日后的跨文化交际。本章对大学英语教学进行综述,从而为下述章节的展开做好铺垫。

第一节 大学英语教学的内涵解析

英语教学简单来说就是一种教育活动。对教师而言,教学是引导学生学习的教育活动;对学生来说,教学是在教师引导下开展的学习活动。学生能否得到发展是教学能否实现其目标的关键。

教学是一个师生互动的过程,是通过教师教和学生学共同完成预定任务的双边统一的活动。具体来说,对大学英语教学进行界定主要涉及以下方面:

(1)大学英语教学是有目的的活动。在大学英语教学的不同阶段,教学有着不同的目标,而教学目标又具体分为不同的领域与层次。

(2)大学英语教学带有系统性和计划性。这种系统性主要体现在制订者的工作中,如教育行政机构、教研部门和学校的教学管理者等的工作。计划性指的是对英语基础知识的计划性教学,如英语语音、词汇、语法、写作、阅读等具体知识和技能的传递。

(3)大学英语教学需要采取合理的教学方法和教育技术。它经过深厚的历史积淀,形成了大量有效的教学方法。现代科学技术,尤其是信息技术的发展,为大学英语教学提供了可以借助的多种教育技术。

综上所述,可以将大学英语教学的内涵概括为:大学英语教学是教师依据一定的教学目的与教学目标,在有计划的、系统性的过程中,借助一定的方法和技术,以传授和掌握英语知识为基础,促进大学生整体素质发展的教与学相统一的教育活动。

第二节　大学英语教学的基本原则

随着大学英语教学的不断改革与发展,形成了很多与之相符的教学原则,本节对其进行总结与论述。

一、积极反应原则

斯金纳认为,传统教育以教师为主导,学生的学习存在很大的被动性。对于教师提出的各个问题,学生做出反应的机会并不多。这种学习方式是消极的,要改变这一点,就要在课件制作过程中尽可能让每名学生对每个学习单元都能做出积极反应,这种反应方式有选择、填空和输入答案等,这是让学生形成并保持积极学习态度的重要手段。

二、低错误率原则

教师要根据具体教学内容和教学要求由浅入深地排列教学单元,使学生在学习过程中由已知到未知,尽量对每个学习单元都做出正确反应,最大限度地降低学生学习的错误率,使学习效率得到最大化的提高。

三、及时强化原则

教师要在学生做出反应尤其是做出正确反应后给予"及时强化",让学生知道自己的反应是否正确,并进行相应的调整。

四、小步子原则

按照教学内容的内在逻辑,将其划分成多个小单元,再按一定的逻辑顺序排列这些小单元,制作程序化教材。学生遵循循序渐进原则来一步一步学习每个单元的知识,先从简单的单元开始,逐步向有难度的单元过渡,程度也越来越深。在今天的教学中,设计教学课件依然需要遵循小步子原则,但不同的是,斯金纳主张尽可能细致地划分各个学习单元,也就是每个单元越小越好,但这样容易造成学生厌学,不利于学生对学习内容的整体把握。现代教学要贯彻小步子原则,就要合理划分学习单元内容,单元大小根据教学目标、教学任务及具体教学内容而定。

五、自定步调原则

在传统教学中,所有学生以同样的学习进度来学习各单元的内容,由此导致学生发展的自主性受到了极大的限制。自定步调原则提倡围绕学生这个中心展开教学,让学生从自身情况出发对学习进度自由安排。学生按照自己的节奏学习,学习的内动力会不断得到强化。

第三节 大学英语教学的理论依据

一、英语教学的语言学理论依据

(一)语言结构与实际话语

美国描写主义语言学和结构主义语言学的代表人物有博厄斯(B. Boas)及其学生萨丕尔(E. Sapir)。他们对美洲印第安人上百来种土著语言的描写,开创了描写语言学和结构语言学的先河。布龙菲尔德(L. Bloomfield)的《语言学》的出版标志着结构主义语言学的诞生,并在20世纪30年代初至50年代末,成为世界上占统治地位的语言学流派。布龙菲尔德完全赞同索绪尔把语言区分为语言和言语两个方面的观点,并根据这一观点把语言区分成语言结构和实际话语两个因素:

(1)语言结构。语言结构的特征对社团全体说话者来说都是一样的,是语音、语法和词汇等一起组成的一个严格系统。语言系统是一个语音、词汇、语法习惯构成的稳定结构,是一个语言社团可能说出的话的总和。

(2)实际话语。实际话语(即言语)的特征是指语言系统未固定的方面,这些方面各不相同,而且都是因时因地和因具体情境无限变化的。实际上,布龙菲尔德描述的习惯的、稳定的和严格的语言结构系统与实际话语的区别特点,与索绪尔的语言与言语的内涵完全一致。

(二)语言和言语行为

奥斯汀把说出的语句分类成三种言语行为。一是说出语句行为(locutionary act),主要是指用语言组成的声音,构成符合语法的句子或用表达某些事物意义的综合体来完成的行为。二是用语言做事行为(illocutionary act),是指在特定的语境、特定的条件下,抱有特定的意向说出语句来完成的行为,如 threatening、praying、promising 等。三是用语言成事行为(perlocutionary act),主要是指用语句完成事件并取得效果的行为。塞尔在其基础上又补充了第四种行为:命题行为(prepositional act)。他认为,用语言做事包含着命题和言外之力(illocutionary force)。词面、句面意义和言外之力之间是紧密联系的。所以,说出语句时,四种行为即说出语句行为、用语言做事行为、用语言取效行为和命题行为,是同时实现的。

塞尔根据用语言做事行为的四个条件或四条标准,进一步对用语言做事行为进行了分类。这四条标准,一是基本条件,说出语句的意向(目的);二是真诚条件,呈现出的心态;三是先决条件,合适的方向,即语句与世界的关系;四是命题条件,命题。

二、英语教学的学习理论依据

(一)行为主义学习理论

行为主义学习理论源自著名生理学家巴甫洛夫(Ivan Pavlov)的"条件反射"这一概念。受巴甫洛夫的影响,很多学者对行为主义理论展开了分析和探讨,重要的学者主要有以下两位。

美国著名的心理学家华生(John Broadus Watson)创立了行为主义学习理论。20世纪初期,他提出采用客观手段对那些可以直接观察到的行为进行研究与分析。在他看来,人与动物是一样的,任何复杂的行为都会受到外界因素的影响与制约,往往需要通过学习才能获得某一行为,当然在这之中,一个共同的因素——刺激与反应是必然存在的。基于此,华生提出了著名的"刺激—反应"理论,这一著名的行为主义心理学公式可以表示如下:

S-R,即 Stimulus—Response

美国学者斯金纳在华生行为主义学习理论的基础上进行了深入的研究与探讨。在斯金纳看来,人们的言语及言语中的内容往往会受到某些刺激,这些刺激可能来自内部,也可能来自外部。通过重复不断的刺激,效果更为强化,从而使人们学会合理利用语言及其相对应的形式。在这之中,"重复"是不可忽视的。

行为主义学习理论在实际教育中的应用普遍可见。例如,在课堂教学中,对于认真听讲的学生,教师会不吝表扬,这部分学生受到激励后会保持认真听讲的态度与行为,而不认真听讲的学生为了可以受到表扬,也会转变学习态度,认真听讲。事实上,让上课不认真的学生变得认真是教师表扬上课认真听讲的学生的主要目的。

下面简要归纳行为主义学习理论的基本观点:

第一,学习是刺激与反应的联结。

第二,学生的学习过程是尝试错误的渐进过程。学生在学习中难免会出现错误,对此要正确看待。

第三,表扬、批评等强化手段是影响学生学习效果的重要因素。

(二)认知主义学习理论

认知主义学习理论认为,学习个体本身会对环境产生这样或那样的作用,大脑的活动过程能够向具体的信息加工过程转化。布鲁纳、苛勒、加涅和奥苏贝尔等是认知主义学习理论的主要代表人物。

人要在社会上生存,必然要与周围环境互相交换信息。人是信息的寻求者、形成者和传递者,从一定意义上来讲,人的认知过程也就是信息加工的过程。

认知主义学习理论的基本观点为,在外界刺激和人内部心理运动过程的相互作用下才形成了人的认识,而不是说只通过外界刺激就能形成人的认识。依据这一理论观点,可以这样解释学习过程,即学生从自己的兴趣、需要出发,将所学知识与已有经验利用起来对外界刺激提供的信息进行主动加工的过程。

从认知主义学习理论的基本观点来看,教师不能简单将知识灌输给学生,而要将学生的学习动机激发出来,对学生的学习兴趣进行培养,使学生能够将已有的认知结构和所要学的内容联系起来。学生的学习不再是被动消极的,而是主动选择与加工外界刺激提供的信息。

认知主义学习理论认为,在影响学生学习的因素中,学生自身已有的认知结构具有非常重大的作用,在教学中应将教学结构直观地展示给学生,让学生对各单元教学内容之间的相互关系有深入的了解。

（三）建构主义学习理论

行为主义学习理论和认知主义学习理论都认为世界是实在的、有结构的，人类可以认知这种结构，对客观实体及其结构的反映是人们思维的主要目的。

建构主义学习理论认为个体与外部环境的交互作用使得知识得以产生，人们会从自己的已有经验出发来理解客观事物，每个人对知识都有自己的理解和判断。维果斯基、皮亚杰等是建构主义学习理论的主要代表人物。

行为主义学习理论、认知主义学习理论和建构主义学习理论对知识的观点不同，这是它们之间的本质区别。

每个人都可以按照自己的认知与想法来理解客观存在的世界，并赋予其一定的意义。建构现实或解释现实是建立在主观经验基础上的。每个人都用自己的头脑创建了经验，因为各有各的经验，所以基于经验对客观世界进行理解也有一定的差异。建构主义更关注在知识的建构中，如何将原有经验、心理结构有效利用起来。

建构主义学习理论认为，学生是在一定情境下，通过自己的主观参与，同时借助他人的帮助，通过意义建构的方式而获得知识，而不是通过教师传授得到知识。

建构主义教学理论则要求教师在学生主动建构意义、获取知识的过程中起到帮助和促进的作用，而不是给学生简单灌输和传授知识。因此，在教学过程中，教师首先要转变教育思想，改革教学模式。学生是在一定的学习环境下获取知识的，在获取知识的过程中需要主观努力，也需要他人帮助，还离不开相互协作的活动。建构主义学习理论要求有利于学生获取知识的学习环境应具备情境创设、协作、会话、意义建构等基本属性或要素。下面具体分析这四个基本要素。

1. 情境创设

学习环境中必须要有对学生意义建构有利的情境。在建构主义学习环境下，教师要基于对教学目标的分析与对情境创设而设计教学过程，并在教学设计中把握好情境创设这个关键环节。

2. 协作

在学生的整个学习过程中都离不开协作，如学生搜集与分析学习资料、提出和验证假设、评价学习成果及最终建构意义等都需要不同形式的协作。

3. 会话

在协作过程中,会话这一环节是不可或缺的。学习小组要完成学习任务,必须先通过会话来商讨学习策略。学习小组成员之间协作学习的过程也是相互不断会话的过程,在这个过程中,学生的学习资源包括智慧资源都是共享的。

4. 意义建构

学习过程的最终目标就是意义建构。建构的意义在于了解事物的本质、原理以及事物与事物之间的内在联系。帮助学生在学习中建构意义,就是帮助学生深刻理解学习内容反映的事物的本质、原理及其与其他事物之间的内在联系。

三、英语教学的其他理论依据

(一)现代教育传媒理论

"媒体"一词源自拉丁语 Medium,也可以翻译为"媒介"。所谓媒体,是指信息在传递过程中,在信源到受信者间进行传递的工具或载体,也可以指实现信息从信源到受信者传递的一切技术手段。一般来说,媒体包含两层含义:一方面可以理解为对信息进行承载的物体,另一方面可以理解为对信息进行存储与传递的实体。

如果将媒体定义为对信息进行承载的物体,那么就引出了"载体"的定义,如白纸、空白透明胶片、空白录音带等,而只能将其定义为可以书写、可以印刷、可以录制的材料。如果这些空白的物体上承载有信息,那么就可以将其定义为载体,如在白纸上印有新闻信息成为报纸,在磁带上录有歌曲就可以成为录音带。

如果将媒体定义为对信息进行存储与传递的实体,即可以将媒体看成实现信息从信源到受信者传递的一切技术手段,那么,根据这一定义可知,此时媒体充当了一种中介物,其范围非常广泛。以通信这一信息传递过程为例,从信源到受信者——信宿之间的一切技术手段,均为广义的媒体,如图3-1所示。

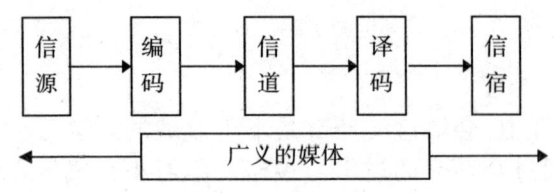

图 3-1 广义上的媒体

资料来源：瞿堃、钟晓燕，2012

一般来说，从信源获得的信息符号要经过编码才能转变为信号，信号通过信道进行传送，然后经译码转变成符号，最后由受信者将符号解释为信息意义。在这一过程中，通过的编码器、信道和解码器等一切技术手段工具都可以被认为是媒体。

以电视广播为例，摄像机从信源物获取图像信息符号，然后转变成电信号，电信号经过通道传递至接收端，由电视接收机将接收到的电信号再转换为图像信息符号。受信者观看到的图像符号解析为信源物的信息意义。在电视广播传递过程中，摄像机、录像机、线路、空气以及电视接收机，都称为信息存储与传递的媒体。

将媒体置于教与学活动过程中，就被称为"教学媒体"。就本质上而言，教与学活动是一种信息获取、信息加工与处理、信息运用的过程。因此，作为对信息进行存储与传递的任何媒体都可以被视作教学媒体。教学媒体也有其自身的理论依据，下面就来分析其中的两大理论。

1. 教育媒体信息理论

教与学活动是一种信息获取、信息存储与传送、信息接收与加工等的过程。在这一过程中，教学媒体充当了载体的角色，用于信息的传递。因此，媒体的发展与运用促进了信息理论的建立与发展。同样反过来，在信息理论的指导下，媒体可以得到更为有效的运用与发展。下面我们就对教育媒体中所承载的"信息"的本质含义以及教育媒体的具体作用做简要阐释。

什么是"信息"？"信息"一词源自拉丁文 Informatio，原意为陈述、解释。随着社会的进步与发展，人们对信息的认识在不断深入，信息的概念也在不断扩大与发展。现如今，人们口中的"信息"已经演变成一个内容丰富、意义深刻的概念，以至于人们很难给其下一个准确的定义。当前，人们对信息含义的理解，在不同领域有不同的阐释。

在人们的日常生活中，"信息"往往指代的是一般的消息。如果从信息的"本质"与"本源"方面对信息进行界定与探讨，它到底指代的是什么呢？美国著名的信息论与控制论的创始人之一——维纳（N. Wiener）

指出:"信息就是我们在适应外部世界和控制外部世界的过程中,同外部世界进行交换的内容。"从维纳的定义中可以看出,其对信息本源问题的阐述已经前进了一步,但是不得不说,在维纳的定义中还没有明确指出人类与外部世界所交换的内容是什么。

众所周知,人类在与外部世界发生联系的过程中,交换的内容是丰富多彩、多种多样的。例如,人类可以把自然界的物质(粮食)转化为自身的肌肉、体质,把自然界食物中的能量转化为体力、体温等自身的能量。但是,物质并不等同于信息,能量与信息也是千差万别的。因此,人们应该努力去探讨从外部世界所获取的另外一类内容,而且这部分内容是非常重要的内容,即外部世界各种事物所呈现的规律与形态。对于这种描述,虽然不是物质和能量本身,但是其又与物质和能量有着紧密的关系。显然,这就是信息。

基于上述论述,我们可以给信息下这样一个比较精确的定义:信息是关于事物运动状态与规律的表征。可见,这个定义将日常生活中人们认为的信息的含义都囊括进去了。

就信息层面而言,人类本身就属于一个信息体,人们在社会活动中会与事物直接接触,从而获得信息。在学校环境中,学生可以在学校活动中通过教师、媒体、学校环境等获得信息。当他们获得了信息之后,就可以对此进行思维加工,进而将其变成自身的知识与能力,这就是学生学习的过程。因此,学习的任务就是对信息的获取。概括来讲,在教学活动中,信息获取的渠道主要有以下几个方面:

(1)直接接触客观事物获取事物运动状态与规律的第一手信息。

(2)从各种教学媒体中获取媒体的符号,从而进一步去获取事物的信息,主要的教学媒体包括能形象、准确地呈现教学信息的现代教学媒体(如多媒体计算机)和抽象概括呈现教学信息的印刷媒体(如教科书)。

(3)教师的口头语言、表情、体态也是一种重要的教学媒体。

现如今,在教学活动中,上述三种方面是缺一不可的。当前,学校教育信息化建设的关键在于更多地开发与运用现代教育媒体资源,如多媒体学习资源中心、多媒体综合教室、校园网络、教育闭路电视系统等。当然,也不能忽视校园环境与师资队伍的建设,这些都是与教学活动相关的重要因素,对于优秀人才的培养起着非常重要的作用。

2. 教育媒体符号理论

在人类社会中,符号无所不在、多种多样,为了更好地理解和利用不同种类的符号,了解它们所传达的信息,为符号划分类别成为符号学研究的重要组成部分。在符号学史上,符号学家们都从自己的研究视角出发对符号进行过分类,其中影响最为深远的是美国符号学家皮尔士的划分。皮尔士除了定义了符号、对象和解释项三元关系之外,还在此基础上先后提出了十种符号分类的三分法,其中最著名、最重要的是把符号分为图像符号、指索符号、象征符号。

(1)图像符号(icon)。图像符号的表征方式是符号的形体与它所表示的对象之间形状相似。例如,一幅肖像画、一幅写生画以及照片、录像就是一个典型的图像符号,它完全是对其对象的模仿。还有一些图像符号如地图、气象图、电路图、零件组装图、工艺流程图、几何图形、公式等,它们与对象之间只是抽象的相似。

(2)指索符号(index)。指索符号的表征方式是符号形体与符号对象之间有逻辑联系,如因果联系、方式关系等,使符号形体能够指示符号对象的存在,如各种交通指示牌、商标、招牌等。

(3)象征符号(symbol)。象征符号的符号形体与符号对象之间没有形状上的相似或者因果逻辑关系,它的表征方式建立在社会约定俗成的基础上。例如,国旗是国家的象征,圣诞树是节日的象征,每一种花各有其象征意义,在中国红色是喜庆的象征,穿婚纱象征做新娘等。

符号具有任意性,符号系统也带有很强的主观性,因为符号系统是借助编码组织起来的,人们根据一定的规则把符号的能指和所指结合起来,体现符号的符指过程,符号使用者在此过程中承认符号能指与所指的关系,并在使用中遵守这种关系,这就构成了一个符号系统。不同的符号系统有不同的规则,也就是不同的编码方式,这就解释了为什么同一个符号在不同的符号系统中有不同的意义。

对符号系统进行进一步的划分,可以把符号的能指系统和所指系统区分开来。符号的能指系统指的是符号的形式系统,关注的是符号的形式,如符号形状、符号的读音等。例如,交通信号灯系统的能指系统就是它的构成形式,通常由三个圆形的灯组成,分别是红灯、黄灯和绿灯,同时它们的排列顺序是固定的。现在改进了的红绿灯用箭头表示前进的方向,有箭头向上、向左和向右以及红、绿、黄三种颜色的箭头等,这些都是交通信号灯系统的能指系统所包含的内容。

符号的所指系统就是它的意义系统,它是能指系统的对象。"意义"两个字看似简单,却是最复杂的概念。从古至今,关于"意义的意义"的问题是各派争论的焦点,众学说派别林立,无法统一。尤其是语言符号系统,对其所指系统即其意义系统的研究难度更大。

符号因传播环境的不同而有不同的意义。同样是一个词语符号,随着时间地点的推移,它的含义也是在变化发展的。一个符号对于某个人所具有的意义比字典中罗列出来的要多得多。字典中只能列出一些典型的、被大家公认的意义,而个人的理解则是带有个人经验、个人情感色彩的,是与众不同的特别意义。

教学媒体中的教学内容都是通过上述的符号来实现的。不同的媒体所使用的符号也有区别。表 3-1 列出了几种常用教学媒体使用的符号及受刺激感官。

表 3-1　常用教学媒体使用的符号及受刺激感官

媒体		符号			受刺激感官
		数序符号	形状符号	模拟符号	
印刷品	有插图	√			视觉
	无插图	√			视觉
幻灯片	无声		√		视觉
	有声	√	√		视觉、听觉
电影片	无声		√		视觉
	加字幕	√	√		视觉
	有声	√	√	√	视觉、听觉
录音带		√		√	视觉
电视、录像		√	√	√	视觉、听觉
多媒体计算机可见		√	√	√	视觉、听觉、触觉

资料来源:瞿堃、钟晓燕,2012

众所周知,符号代表事物,在教育媒体中所使用的符号都表征了一定的教学信息,其意义却来自经验,因人、因环境而异。因此,在选用教育媒体时,只有根据教学对象和教学环境去使用最合适的符号与教育媒体,才能产生良好的教学效果。

(二)信息化环境下的教学理论

既然涉及教育,那么必然涉及教与学这两大要素,而随着研究的深入,一些学者形成了很多关于教与学的理论,这对于教育信息化而言也是非常重要的理论支撑。

1. 视听教育理论

(1)视听教育理论的核心——"经验之塔"。在教育中,教师会运用到各种视听教学媒体,这些教学媒体发挥着非常重要的作用,视听教育理论也指出了这一点。视听教育理论是现代教育技术应用的基础理论之一，也是教育技术应用需要遵循的一个基本规律。

关于视听教育理论的研究，戴尔（美国教育家）撰写了《教学中的视听方法》（1946），在当时产生了巨大的影响。其中，视听教育理论的核心——"经验之塔"理论就是出自这本书。"经验之塔"理论将人们获得的经验划分为三种类型，即做的经验、观察的经验和抽象的经验，并将经验获取方法分成若干层次：

①做的经验。做的经验主要源自以下三个层面：直接有目的的经验、设计的经验、游戏的经验。

其一，直接有目的的经验。在"经验之塔"模型中，位于最底部的是直接有目的的经验，指的是从日常生活的具体事物中获得的知识，这类经验最具体也最丰富，从日常生活中总结而来——学生获得直接经验是形成概念和进行抽象思维的基础。

其二，设计的经验。通过间接材料（如学习模型、学习标本等）获得的经验就是设计的经验。由人工设计、仿制的学习模型和标本与实物是有差异的，如大小差异、结构差异、复杂度差异等。尽管如此，学生利用这些材料也可以更好地理解实际事物。

其三，游戏的经验。通过演戏、表演等获得的经验更接近现实。学生要获得关于社会观念、意识形态、历史事件等事物的经验，通过直接实践是行不通的，因此要根据这些事物的特点来设计相应的"戏剧"活动，让学生在活动中通过角色扮演获得逼真的经验。

上述这三种经验的共同特征是都通过学生的亲自实践而获得，比较具体、丰富。

②观察的经验。观察的经验主要源自以下几个层面：

其一，观摩示范。学生先模仿别人，再亲自尝试，以获得直接经验。

其二，广播、录音、幻灯片与照片。学生听广播、录音，看幻灯片与照片，可获取相关信息，形成视听经验。这些经验来源的真实性不及电视、电影，比较抽象，但和完全抽象的经验相比，还是具有直接性的。

其三，参观展览。学生通过观察展览活动中陈列的实物、图表、模型、照片等事物而获取经验。然而，学生在参观展览中看到的事物缺乏真实性，也不具有普遍意义。

其四，电视与电影。学生观看电视与电影获得的经验是间接的。利用电视、电影艺术可以将教学中的难点内容形象地表现出来。表现手法有编辑、动画、特技等，采用这些丰富的手法可以生动形象地呈现教学内容，使学生理解起来更方便。电视和电影相比，具有直接功能，学生观看电视获得的经验比观看电影获得的经验相对来说更直接一些。

其五,见习旅行。学生在参观访问、考察等活动中对真实事物进行观察与学习,从而增长见识,获得丰富的经验。

在学生的学习过程中,抽象思维伴随着整个过程,只是在程度上存在某些差异。随着信息技术的推广与发展,应在这层经验和电视、电影之间增加"计算机互联网"这个新的层次经验。

以上经验的共同点是都通过学生的"观察"而获得,它们在"经验之塔"中分布得越高,就越抽象。

③抽象的经验。抽象的经验主要源自言语符号与视觉符号两大类:

其一,言语符号。在"经验之塔"模型中位于最顶端的言语符号的抽象程度是整个模型材料中最高的。言语符号是事物与观念的抽象表示方法,包括口头语、书面语等。言语符号几乎不能单独发挥作用,而要和模型中的其他材料结合起来发挥作用。

其二,视觉符号。学生在示意图、图表等事物中获得的经验就是视觉符号经验。例如,水的流动方向用箭头代表,铁路用线条代表等。这些符号是真实事物的抽象表示形式,学生在这些视觉符号中无法看到真实事物的形态。和语言文字相比,视觉符号更直观一些,学生要对视觉符号所代表的事物有正确的理解,这样才能学到知识,获得有价值的经验。

(2)"经验之塔"理论的要点分析。"经验之塔"理论的基本要点如下:

第一,"经验之塔"模型中最底层的经验是最直接和最具体的学习经验,学生容易掌握。层次越高,经验的抽象程度和间接程度就越强。最抽象的是顶层经验,这一层次的经验便于形成概念,应用起来较为便捷。学生并不是一定要经历从底层到顶层的过程才能获得经验;也没有说哪个层次的经验比其他层次的经验更有价值。对经验进行层次划分,只是为了便于对不同经验的抽象程度进行一定的认识。

第二,观察经验在"经验之塔"中处于中段位置,和抽象经验相比,这类经验相对更形象、具体,更容易被学生理解,有利于对学生的观察能力进行培养,并使其直接经验得到弥补。

第三,获得具体经验并不是学习的目的,要在获得具体经验后过渡到抽象经验,以形成概念,便于应用。在推理中需要用到概念,思维与求知都要以概念为基础,这有利于对实践进行有效的指导。在教育中不能过分重视直接经验和过分追求具体化的教学,要尽可能使学生达到普遍充分理解。

第四,在学校教学中,为了使教学更直观、具体,应充分运用丰富的教学媒体手段,这也是使学生获得更好的、抽象的学习经验的重要手段。

总之,"经验之塔"理论模型对学习经验进行分类,说明各种经验的抽象程度,这与人们的认知规律相符,即从具体到抽象、从感性到理性、从个别到一般。

(3)视听教育理论的优劣。视听教育理论的核心是"经验之塔",其对现代教育技术起着以下几方面的作用:

第一,"经验之塔"理论划分出具体学习经验和抽象学习经验两种类型,提出学生的学习规律是从直观到抽象,这与人类的基本认识规律相符,为教学中对视听教材的应用提供了重要的理论依据。

第二,为划分视听教材的类型提供了重要的理论依据,即划分视听教材时,应参考的一个主要依据就是各教材所对应的学习经验的抽象程度,对视听教材的合理分类能够为划分教学媒体的类型和优化选择教学媒体奠定基础。

第三,有机结合视听教材与课程,这也是现代教育技术研究与应用的思想基础。

除了上述这些贡献,视听教育理论也具有以下局限性:

第一,视听教育理论只对视听教材本身的作用进行强调,而对设计、开发、制作及管理等一系列环节不够重视。

第二,视听教育理论对媒体在教学中的地位与作用认识不到位,认为视听教材只是教学的辅助手段,这会导致教育改革不彻底和视听教育的作用得不到充分发挥。

2. 程序教育理论

程序教育的概念源自行为主义学习理论,该理论中对程序教育的原则进行了总结。随着教学原则的不断完善,程序教育理论也逐渐形成。程序教育理论提出,为了最大化地提高强化的频率,最大限度地降低教育中因出错带来的消极反应,应将教学内容分解为一个个相互关联的教育单元来有序实施。

3. 教育传播理论

在现代教育学中,用传播学理论对媒体与教学过程进行研究,进而对教学过程中媒体的作用机理进行探索,这是比较传统的一个研究手段,教育传播学就产生于这个研究中。下面主要对教育传播理论的模式、应用、传播过程的功能条件进行分析。

(1)传播理论及模式。传播源自拉丁文communicure,是共享、共用的意思。英语中的communication被译为"沟通""交流"等。当前,传播一般被解释为传播者运用一定媒体与受传者之间进行信息传递和交流的社会活动。传播有自我传播、人际传播、大众传播和组织传播四种类型，这是按照传播涉及人员的范围及传播对象划分的结果。关于传播的理论与模式，下面主要列举几个具有代表性的观点：

①香农—韦弗模式。美国伟大的数学家香农喜欢研究一些电报通信问题，他在20世纪40年代提出了一个和通信过程有关的单向直线式数学模型。之后又与著名的信息学者韦弗共同对这个模型进行了改进，将反馈系统加入该模型，于是便形成了香农—韦弗模式，如图3-2所示。该模型在技术应用方面发挥了重要作用。

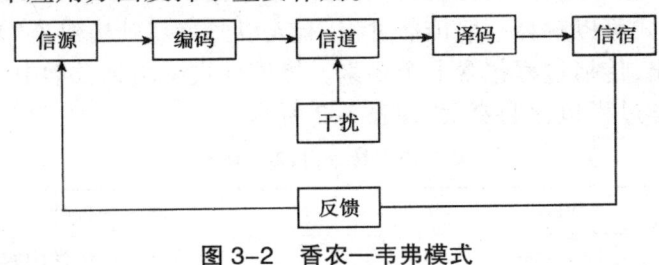

图3-2　香农—韦弗模式

资料来源：陈斌，2017

②拉斯韦尔模式。美国学者拉斯韦尔指出，传播过程是由"谁""说什么""采取什么途径""对谁""产生什么效果"五个线性要素共同组成的一种线性结构，也就是"5W模型"。从传播学的角度来看，这五个因素分别对应的是信息源、信息本身、受传者、媒体以及期望的产出，它们之间的关系如图3-3所示。

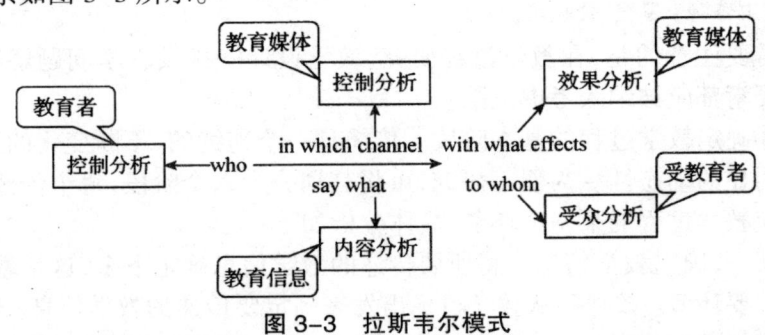

图3-3　拉斯韦尔模式

资料来源：陈斌，2017

（2）传播理论对教学过程的解释与说明。利用以上传播模式可以对教学过程进行解释与说明，这些模式为教育传播学研究奠定了重要的理论基础。

①指出教学过程的双向性。早期传播理论片面地认为传播过程是单向的，也就是受传者对信息内容被动接受的过程。这种理论对信息接受

者作为独立个体所拥有的主动性和自主性没有正确的认识。施拉姆模式指出传播过程是双向的互动过程,传播主体不仅包括传播者,还包括受传者。之所以能够循环不断地进行传播,主要是反馈机制在起作用,这也说明了受传者的主体作用。按照施拉姆传播模式,教学过程中包含教师与学生共同的传播行为,教师传播教学信息,学生在接受的同时做出反馈,因此要从教与学两方面出发来设计与安排教学过程,并将学生的反馈信息充分利用起来,及时调控教学过程。

②说明教学过程包含的要素。拉斯韦尔提出了"5W"直线性传播模式,用该模式可以解释一般传播过程。有人以此为基础构建了"7W"模式。该模式指出,传播过程包含七个要素。将该模式运用到教学中,也能说明完整的教学过程包含七要素,如表3-2所示。

表3-2 教学过程的要素

Who	谁——教师
Says what	说什么——教学内容
In which channel	用什么方式——教学媒体
To whom	对谁说——教学对象
Where	在什么情况下——教学环境
With what effect	有何效果——教学效果
Why	为什么——教学目的

资料来源:瞿堃、钟晓燕,2012

需要注意的是,在教学过程研究、教学设计安排及教学问题解决中,这些要素都应被纳入考虑范围。

③确定教学过程的基本阶段。传播是一个连续的、不断变化的过程,具有明显的动态性。为便于研究,可将其划分为六个阶段,每个传播阶段都对应教学过程的某一个环节,具体分析如下:

其一,确定教学信息。将所要传递的教学信息确定下来,这是教学传播的首要环节。教师要从教学目标出发来确定要传递的教学信息。通常,要传递的教学信息出自专家按照教学大纲精心编写的课程教材中。在这一阶段,教师要对课程教材认真钻研,细致分析各教学单元的内容,并进行适当分解,确定被分解后的内容所要达到的传递效果。

其二,选择传播媒体。这个阶段主要是进行信息编码,选择适当的媒体手段来呈现与传递信息。这个过程比较复杂,需要在一定科学原理的指导下循序渐进地完成。教师所选的传播媒体要满足以下要求:能将教学信息内容准确呈现出来;方便获取,并且传播效果较好;与学生的知识水平、经验相符,使学生接受和理解起来更快一些。

其三,传递信息。这个阶段的重点是将以下两个问题解决好:确定媒体信号传播的范围;合理安排信息内容的传递问题,利用媒体对教学信息进行有序传递,尽可能减少外界环境对媒体信号的干扰。

其四,接受和解释信息。在教学过程中,学生作为教学主体,不仅要接收教师利用教学媒体传递的教学信息,还要对此进行解释、做出反应。从传播学的角度来看,这个环节主要是进行信息译码。学生先用感官接收信号,然后从自身知识水平与经验出发将接收的信号解释为信息意义,并在大脑中加以储存。

其五,信息反馈与教学评价。学生接收并解释信息后,知识得到增长,智力得到发展,但仍旧需要通过评价来判断预期教学目的是否实现。观察学生的行为变化、课堂提问、课后作业、阶段性测试等都是可采用的评价方式。

其六,调整再传递信息。对比信息传播效果与预期教学目标,发现教学的不足,及时调整传播内容、传播媒体,然后再传递,以达到预期教学目标。例如,对于课堂上出现的问题,要在课堂上迅速解决;对于学生课后作业中存在的问题,如果是个别问题,以个别辅导为主,如果是共性问题,需要在课堂上集中解决;对于远程教育中的问题,多提供有价值的资料,或创造条件提供面授辅导。

④揭示教学过程的规律。随着传播学与教育学的不断融合,现代教学与信息传播逐渐拥有了共同的规律,将传播学与教育学理论方法综合运用起来对教学过程与规律进行研究,可有效提高教学效果。

下面具体分析传播理论揭示的教学过程的规律:

其一,共识律。共识的含义有以下两点:教师对学生的知识水平和经验予以尊重,在共同经验范围内建立传输关系;教师以教学目标、教学内容的特点为依据对教学方法与媒体进行选择与运用,以便向学生传授知识和技能,使学生将已有经验和即将接受的教学内容建立联结,从而取得良好的传播效果。

共识是教师与学生在教学传播活动中顺利交流与沟通的前提与基础。学生的知识水平、已有经验及发展潜能是教师选择、组合及传递教学信息时必须参考的依据与考虑的要素。学生的知识与技能水平在不断变化,教学传播也是动态的变化过程,所以一般不存在绝对的"共识"状态,而是一个螺旋上升的、反复变化的过程,即不共识—共识—不共识等。在共识经验的创设中,教师必须依据学生的"最近发展区"来设定教学目标。

其二,选择律。选择教学内容、教学方法和教学媒体是教学传播过程中的主要工作环节,对这些教学要素的选择要与学生的身心特点、学习规律相符,要为教学目标服务,争取以最小的代价最大化地实现教学目标。选择教学媒体在教育传播活动中最受关注。师生选择教学媒体一般与需要付出的代价成反比,与可能取得的教学成效成正比。所以,在教学媒体的选择中,要想方设法选择那些需要付出最少代价的教学媒体,花最小的代价取得最好的功效。

选择教学媒体的规律是,对于功效相同的教学媒体,优先选择需要付出代价少的;对于需要付出相同代价的教学媒体,优先选择能够取得良好功效的教学媒体。

其三,谐振律。谐振指的是传递信息的"信息源频率"接近接收信息的"固有频率",在信息传递中,二者易产生共鸣。要维持教学传播活动,并提高传播效果,就必须具备谐振这个条件。师生双方能否达成谐振,与信息传播的速度快慢、容量大小有关。如果速度、容量不合理,就会导致传播过程受阻,传播活动便无法继续。

教师传递信息的速率和容量要与学生认知的规律、接受能力相符,此外,还要在教学中营造宽松和谐的信息传递氛围,建立民主的师生关系,并注重对学生反馈信息的收集与对教学传播过程的调控。只有满足这些要求,信息传播的谐振现象才能顺利产生。不仅如此,教师还应有节奏地变换使用各种媒体方法与手段,才能使谐振现象长期维持下去。

其四,匹配律。匹配指的是在教学传播过程中,对教学对象、教学目标、教学内容、教学方法、教学媒体环境等因素进行深入剖析,使各要素按自己的特性有机和谐对应,从而维持教学传播活动循环进行。

围绕预期教学目标而有机组合各教学要素,发挥各要素的优势与作用,从而增强教学系统的整体功能,这是实现匹配的主要目的。每个教学要素所具有的特性、功能与意义都是多元化的,要充分发挥各要素的功能,为教学目标的实现创造条件,使既定的目标能够顺利达成。如果在教学传播活动中,各要素游离松散,功能得不到发挥,则预期的目标就很难实现。

教学中采用的传播媒体直接影响教学活动的匹配效果。因此,在教学传播过程中,要对需要用到的各种传播媒体的特性、功能有全面的了解,这样才能合理组合这些传播媒体,取长补短,发挥各自的优势与功能作用,最大化地提高教学传播过程的效率与效果。

(3)教学传播过程的功能条件。教学系统的结构是在系统各要素相互组合和联系的基础上构成的。这种结构可能是功能较弱的静态结构。只有在信息传播中让系统各要素相互联系与发生作用,并产生连续循环的动态过程,系统的多重功能才能形成。教学传播过程就是在教学系统各要素相互作用的基础上产生的循环动态过程。

教学系统内部信息传递是实现教学系统多重功能的基本条件,而要维持教学传播过程,需要教学系统各要素具备一定的条件或满足一定的要求,并在此基础上实现自己的功能。具体分析如下:

①教师层面。作为教学系统中起主导作用的重要组成部分,教师应达到较高标准的要求,如精通专业、熟悉教材、了解学生、教学态度端正、传播技能良好等。此外,教师在教学中必须对教学系统的其他要素及相互关系有深入的了解,如教学对象、内容、方法、媒体、环境等。

教师自身功能的实现需要具备以下几个条件:教师在所教学科领域的知识水平高于学生,并通过不断学习来提高自己的知识水平;教师有良好的教学技能,如语言表达技能、教学媒体运用技能等;教师对教学活动有良好的调控能力,包括调节自身状态和师生关系等。

②学生层面。学生完成学习任务、各方面素质协调发展是教学系统功能实现的首要标志。学生实现其功能要满足具备几个条件:明确的学习目的、一定的学习能力、良好的自控能力。

③教学内容层面。具体来说,要做到随着社会的发展与时代的进步不断更新教学内容;在教学内容体系中纳入具有潜在发展意义的前沿知识,注重理论与实践的有机结合;按照学科逻辑、学生认知规律来编排教学内容,如从未知到已知、从整体到部分;教材内容纵横联系、融会贯通,便于学生接受,又能启发学生探索。

④教学方法层面。根据教学规律、教学目的与任务、教学内容与特点、教学环境、学生的适应性及教师的教学能力选用教学方法;对各种有效的教学方法进行适当的优化组合,达到优势互补、相得益彰的效果。

⑤教学媒体层面。根据教学目标与任务、学生特点、学校教学条件合理选用教学媒体;了解各类教学媒体的优缺点并综合使用,达到相得益彰的效果;教学媒体功能的发挥受其自身特点及一些实践因素的影响,如媒体操作的复杂程度、媒体资源软硬件添置的可能性、媒体资源配合使用的灵活性等。在教学媒体选用中要综合考虑这些影响因素,将不良影响降到最低。

教学系统中每个要素的功能都直接影响教学系统的运行,只有充分发挥各个要素的功能,才能保证其正常运行。此外,教学系统中各要素之间相互关系与作用的情况直接决定了教学传播效果,因此要按照信息传播的规律与法则来传播教学信息,以最大化地提高教学传播效果。

第四章 跨文化交际与大学英语教学融合研究

随着中国迈入新时代,中国教育也迈出了新的步伐,当然这对于中国的大学英语教学而言也同样如此。同时,随着迈入新时代,国与国之间交往的日益紧密,国家对大学英语教学的要求也越来越严格。如何将跨文化交际与大学英语教学精准地、深度地融合成为当前大学英语教学研究的重要课题。很多学者开始研究如何通过跨文化教学使教师的课堂变得更为丰富。因此,本章就从作用、影响因素、现状、任务、原则、策略多个层面对跨文化交际与大学英语教学的融合展开研究与探讨。

第一节 跨文化交际在大学英语教学中的作用

当前,跨文化交际在大学英语教学中有着重要的作用,这不仅符合当代社会发展对教育的要求,有助于实现大学英语教学的目标,同时与中国的国情相符合,因此下面就重点探讨跨文化交际在大学英语教学中的作用。

一、符合经济发展的需要

改革开放以后,中国发生了翻天覆地的变化,从曾经贫穷落后的农业大国已经跃升为世界第二大经济体。即使如此,中国依然有着更高的目标,依然要不断提高自己在国际上的经济地位和市场竞争力。国际市场竞争力说到底还是人才的竞争力,大学作为为国家培养、输送人才的主要基地,必须适应我国经济发展的需要。英语作为高等教育的一门基础学科,影响着学生的职业生涯规划和可持续发展。英语能力不仅体现在英语知识的掌握程度上,还体现在文化背景知识上。从这一点来讲,大学英语教学中的文化教学也必不可少。

二、迎合跨文化交际的需要

在当今大时代背景下,国与国之间的交往日益频繁,这就要求高校学生应该努力学习语言与文化知识,获取语言与文化技能。

世界是一个地球村,经济全球化使得跨文化交际呈现多样性,因此在跨文化交际教学中,教师除了让学生提升自身的语言能力外,还应该提升自身的跨文化交际能力,以应对交际中出现的各种变化。

另外,随着多元社会的推进,要求交际者应该具备一定的合作能力与意识,无论是生活在什么样的文化背景中,都应该为社会的进步而努力,树立自己的文化意识,用积极的心态去认识世界。可见,跨文化交际教学将英语的价值充分地体现出来,学生对跨文化交际知识的学习也与社会的发展相符,这是不断推进中西方文化交流的必由之路。

三、符合英语课程的内在要求

大学英语课程标准对英语交际能力有着明显的要求。英语文化和母语文化是两种文化体系,因此英语交际能力就是跨文化交际能力的一种体现。跨文化交际能力的提高要求学生不仅要了解本国文化,也要精通他国文化,而且还要不断接受现实交际的验证。这就使得大学英语教学为了提高学生的跨文化交际能力,必须实行一定程度的文化教学。

四、实现素质教育的主要渠道

现如今,我国对于素质教育非常重视。作为一门基础课程,英语教学也是素质教育乃至文化素质教育的重要项目。就跨文化交际的视角来说,大学英语跨文化交际教学是实现素质教育的一个重要工具,也可以说是一个主要渠道。这是因为,英语教学除了知识传授外,还兼具文化素质与文化思维的培养,这与跨文化交际教学的要求有异曲同工之妙。

因此,在大学英语教学中,教师必须将语言与文化的关系处理好,引入西方国家文化,汲取其中的有利成分,发扬我国的文化。

五、解决"中国文化失语"问题的有效路径

为满足国家"开放"和"引进"战略对外语人才的需求,目前各层次外语教育过度倚重语言的工具性学习。长期以来,社会上已经形成了过

分重视分数高低、忽略对学生德育的培养,忽略人文教育。大学英语教学内容中人文性教育内容较少,导致了英语教学中的人文教育失去了内容支撑。并且,外语教学仅仅围绕英语能力所代表的西方文化进行学习,中国文化长期处于被忽视状态。在应试教育目标的指挥棒下,教师的中国文化意识薄弱,将培养学生的英语应用能力看作唯一目标。另外,从人才培养的角度来看,我国师范类高校英语专业学生缺乏中华文化的学习,对中国传统文化缺乏系统的了解,直接造成了英语教师的中国文化修养的缺乏以及中国文化教学能力的低下,而培养出色的国际化外语人才的前提是教师首先要具备足够的中国文化素养。

第二节 影响大学英语跨文化交际教学的两大因素

跨文化交际对大学英语教学有着重要作用。在大学英语跨文化交际教学中,有两大因素对其产生影响:一是语言差异的存在,二是文化差异的存在。基于此,本节就具体分析这两大差异。

一、语言差异

要想能准确地进行跨文化交际,交际双方首先就需要弄清英汉语言的差异性,其主要表现在词汇、句法、语篇上。

(一)词汇差异

对于英汉语言来说,词汇是其组成的细胞,并且英汉两种语言中的词汇是非常丰富的。但是,这种丰富性也导致了英汉词汇在词义、搭配等层面存在差异。

1. 词汇意义差异

(1)完全对应。在英汉两种语言中,有些词在词义上是完全对应的,一般这类词包括名词、术语、特定译名等。例如,paper 指代纸,steel 指代钢。

(2)部分对应。在英汉两种语言中,有些词呈部分对应,即有些英语词词义广泛,而汉语词词义狭窄;有些英语词词义狭窄,但汉语词词义广泛。例如,sister 既代表姐姐,又代表妹妹;red 既指代红色,又可以指代紧急、愤怒、极端危险等。

（3）无对应。受英汉文化差异的影响，英汉语中有很多专门的词在汉语对应语言中找不到对应词，就是所谓的"无对应"，也可以被称为"词汇空缺"。例如，chocolate 即巧克力，hot dog 即热狗。

（4）貌合神离对应。在英汉两种语言中，有些词表面看起来是对应的，其实不然，这种对应的词语可以称为"假朋友"。例如，grammar school 指"为升大学的学生设立的中学"，而不是"语法学校"；talk horse 指"吹牛"，而不是"谈马"。

2. 词汇搭配能力差异

词汇搭配研究的是词与词之间的横向组合关系，即所谓的"同现关系"。一般来说，搭配是约定俗成的，但是英汉搭配存在着明显的差异，不能混用。例如：

as plentiful as blackberries 多如牛毛

black tea 红茶

另外，很多词具有很强的搭配能力，如英语中的 to do 可以构成很多词组。to do the bed 意思是铺床，to do the window 意思是擦窗户，to do one's teeth 意思是刷牙，to do the dishes 意思是洗碗碟。通过上述 to do 组成的这些词语可以看出其搭配能力的强大，可以用于"床""窗户""牙""碗碟"等，但是汉语中与之搭配的词语不同，用了"铺""擦""刷""洗"等。

再如，汉语中的"看"也是如此。看电影即 see a film，看电视即 watch TV，看地图则为 study a map。

（二）句法差异

在英语中，句法起着十分重要的作用。了解英汉句法的不同特征，有助于更好地进行英汉互译。英汉句法的差异有很多，这里主要从语态、句子重心两个层面入手分析。这些差异也反映出使用不同语言的民族思维方式与文化心理结构的不同，因此是值得了解与研究的。

1. 语态差异

中西方思维模式的不同必然会影响着语态的选择不同。通过分析英汉语可知，汉语善用主动语态，而英语善用被动语态。

（1）汉语善用主动语态。在做事层面，中国人侧重动作执行者的作用，即所谓的重人不重事。在语言使用中也如此，中国人更习惯采用主动语态来表达，以陈述清楚动作的执行者。

但是，汉语中也存在被动语态，主要用来表达不希望、不如意的事情，如受祸害、受损害等。受文化差异的影响,汉语中的被动语态往往比较生硬。例如,"饭吃了吗?"这句话如果使用被动语态表达,就显得非常别扭,甚至很难读,因此应改为:"你吃饭了吗?"

(2)英语善用被动语态。西方人对于物质世界的自然规律是非常看重的,习惯弄清楚自然现象的原理。在语言表达上,他们习惯采用被动语态来对活动、事物规律或者动作承受者加以强调,对于被做的事情与过程非常看重。

从语法结构上说,英语中存在十多种被动语态,并且时态不同,其被动语态结构也存在差异。例如:

Apple trees were planted on the hill last year.

去年山上种了很多苹果树。

这个句子为一般过去时态,其被动语态表达的也是过去的情况。

2. 句子重心差异

在句子重心上,汉语句子下一般重心在后,英语句子一般重心在前。也就是说,汉语句子一般把重要信息、主要部分置于句尾,而次要信息、次要部分置于句首;英语句子一般将重要信息、主要部分置于主句之中,位于句首。例如:

He was repeatedly defeated though he fought over and over again.

He fought over and over again though he was repeatedly defeated.

这源于一个传说,清朝末期,曾国藩围剿太平军的时候,接连失败,甚至有一次差点丢了性命。于是,他向朝廷报告战事时说"屡战屡败",翻译成英语为第一句话。但是他的军师看到了这一点,立即将其改为"屡败屡战",即第二句话。

从字面上看,这两句话中用了同样的词,只是更改了语序,但是含义大相径庭。"屡战屡败"说明曾国藩一直失败,丧失信心,甘愿领罚;而"屡败屡战"则说明曾国藩是一个忠肝义胆、不惧失败的汉子,应该受到朝廷的褒奖。正是由于军师巧妙地更改保全了曾国藩的面子。因此,在英语翻译时,也需要注意重心的问题。

(三)语篇差异

对于英汉两种语言来说,语篇即语言的运用,是更为广泛的社会实践。在英汉语言中,语篇是词汇、句子等组合成的语言整体,是实际的语言运用单位。人们在日常交谈中,运用的一系列段落都属于语篇。同时,语篇功能、语篇意义等都是根据一定的组织脉络予以确定的。英汉语篇在组织脉络上存在着明显的差异,这些差异影响着人们文章的谋篇布局。

1. 逻辑连接差异

(1)隐含性与显明性。所谓隐含性,是指汉语语篇的逻辑关系不需要用衔接词来标示,而是通过分析上下文来推断与理解。相反,所谓显明性,是指英语中的逻辑关系是依靠连接词等衔接手段来衔接的,语篇中往往会出现 but、and 等衔接词,这些词可以被称为"语篇标记"。汉语属于意合语言,英语属于形合语言。前者注重意念上的衔接,因此具有高度的隐含性;后者注重形式上的接应,逻辑关系具有高度的显明性。例如:

跑得了和尚,跑不了庙。

The monk may run away, but never his temple.

上述例子中,汉语原句并未使用任何连接词,但是很容易理解,是明显的转折关系。但在翻译时,译者为了符合英语的形合特点,添加了 but 一词,这样更容易被英语读者理解。

(2)展开性与浓缩性。除了逻辑连接上的显明性,汉语中呈现展开性,即常使用短句,节节论述,这样便于将事情说清楚、说明白。英语在语义上具有浓缩性。显明性是连接词的表露,是一种语言活动形式的明示,但是浓缩性并非如此。英语具有独特的思维方式与语言特点,这也决定了表达方式的高度浓缩性,习惯将众多信息依靠多种手段来表达,如果将其按部就班地转化成汉语,那么必然是不合理的。例如:

She said, with perfect truth, that "it must be delightful to have a brother," and easily got the pity of tender—hearted Amelia, for being alone in the world, an orphan without friends or kindred.

她说道,"有个哥哥该多好啊"这话说得入情入理。她没爹没娘,又没有亲友,真是孤苦伶仃。软心肠的阿米莉亚听了,立刻觉得她很可怜。

上例中,with perfect truth 充当状语,翻译时,译者在逻辑关系上添加了"增强"的逻辑关系。英语介词与汉语介词不同,是相对活跃的词类,因此用 with 可以使感情更为强烈,在衔接上也更为紧密。相比之下,汉语则按照语句的次序进行平铺,这样才能让汉语读者理解和明白。

(3)迂回性表述与直线性表述。英汉逻辑关系的差异还体现在表述的迂回性与直线性上。汉语侧重铺垫,先描述一系列背景与相关信息,最后总结陈述要点。英语侧重开门见山,将话语的重点置于开头,然后在逐层介绍。例如:

Electricity would be of very little service if we were obliged to depend on the momentary flow.

在我们需要依靠瞬时电流时,电就没有多大用处。

上例中的逻辑语义是一致的,都是"增强",但是在表述顺序上则相反。英语原句为主从复合句,重点信息在前,次要信息在后,在翻译成汉语后,次要信息优先介绍,而后引出重点信息,这样更符合汉语的表达方式。

2. 表达方式差异

(1)主题与主语。汉语属于主题显著语言,其凸显主题,结构上往往包含两个部分,一部分为话题,另一部分为对话题的说明,不存在主语与谓语之间的一致性关系。英语属于主语显著的语言,其凸显主语,除了省略句,其他句子都有主语,并且主语与谓语呈现一致关系。对于这种一致关系,英语中往往采用特定的语法手段。例如:

The strong walls of the castle served as a good defense against the attackers.

那座城墙很坚固,在敌人的进攻中起到了很好的防御效果。

显然,英语原句有明确的主语,即 The strong walls of the castle,并且其与后面的谓语成分呈现一致关系。相比之下,翻译成汉语后,结构上符合汉语的表达,前半句为话题,后半句对前半句进行说明。

(2)客观性与主观性。中国人注重主观性思维,因此汉语侧重人称,习惯采用有生命的事物或者人物作为主语,并以主观的口气来呈现。西方人注重客观性思维,因此英语侧重物称,往往将没有生命的事物或者不能主动发出动作的事物作为主语,并以客观的口气加以呈现。受这一差异的影响,汉语往往以主体为根本,不在形式上有所拘泥,句子的语态也是隐含式的,而英语中的主被动呈现明显的界限,并且经常使用被动语态。例如:

These six kitchens are all needed when the plane is full of passengers.

这六个厨房在飞机载满乘客时都用得到。

显然,英语句子为被动式,而汉语句子为隐含式。

二、文化差异

在不同国家、不同民族的交往中,文化差异是不可避免地存在的,并且不可以改变。文化差异对于不同文化的存在、关系等产生着重要影响。正是由于文化差异的存在,才导致文化具有多样性特征。如果不存在文化差异,那么文化也不可能向着多元化的方向发展,也不可能保证文化的丰富多彩。当然,这些文化差异也对其他领域产生了影响,尤其是大学英语教学。

（一）价值观差异

价值观是基于社会、家庭的影响产生的，并且经济地位发生改变，它也会发生改变。中西方民族所持有的价值观显然是不同的。

1."天人合一"与"天人二分"

（1）中国人提倡"天人合一"。众所周知，"天人合一"精神是中国传统文化的精髓，延续了数千年。在这一精神思想的影响下，人们在审美观念上主要体现为与大自然相融，人与大自然是一体的。

在中国古代历史上，很多哲学家、思想家都提倡"天人合一"的思想观念，他们认为艺术的表现同样应该体现出人与自然的天性，顺其自然，不可人为强制。

儒家所提倡的美学观点是美学不仅需要具有合理性的特征，还需要合乎伦理，与社会习俗观念相一致，实现"真""善""美"的统一。此外，中国古代历史上所形成的审美理论还重视体物感兴，即强调主体的内心与外在事物相接触。

（2）西方人提倡"天人二分"。在西方国家，人们大多认为世界是客观的，是与人对立的一个存在，即"主客二分"。人作为社会的主体，想要认识和了解世界，就需要站在对立面上对自然界进行认真的观察、分析、研究，如此才能从根本上了解和认识大自然，领悟大自然之美。

也就是说，西方人的文化审美强调对大自然进行模仿，认为文化就是对大自然的一种模仿。希腊是西方古代文化的发源地之一，这一地区最突出的文化艺术形式就是雕塑，其在很大程度上表现出西方人的审美观念与标准。

除了雕刻，西方人还十分喜欢叙事诗，与雕塑一起作为艺术领域的典型代表，都反映了西方社会主客二分的审美标准，是一种写实风格的体现。西方人认为，人对大自然的审美一般包括两种心理过程：畏惧与征服，因此人们审美判断的最终结果往往也局限于这两种心理过程。

2. 求善与求真

（1）中国人求善。从一定意义上说，中国文化是一种伦理文化。因为在中国古代文化中，认识、求真往往与伦理、求善结合在一起，并且前者附属于后者。儒学的经典之作《论语》就是以伦理为核心的，然后延伸到政治等方面。孔子甚至将"中庸"看成美德之至。孟子也是在其"性善"说基础上建立其"仁政"和"良知、良能"学说的。孟子认为，认识的先天能力(良知、良能)源于性善。"诚"的中心内容是善,"思诚"的中心内容是"明乎善"。唯有思诚、尽性,才能解除对良知、良能的遮蔽,获取充分的知识和智慧。显然,善高于真而衍生真。宋明理学作为儒学的新阶段,已吸收综合了道、佛的某些重要思想,但其基本构架仍是伦理思想统驭认识论,如"格物致知"的认识论就在伦理学的控制范围内。理学的认识论完全被伦理学兼并了。

  在中国古代,社会的价值观表现为文化政治化、道德化,过多地在乎社会秩序和人际关系的礼仪,并认为这是"正道"。当时的人生理想被宣扬为读经书、考科举、入仕途,因此许多知识分子争先恐后地追求仕宦前程,都在研究怎么度过人生、怎么安邦治国,而对与此没有直接关联的学问非常漠视。这种趋势在汉代以后表现得更加明显,重义轻利、重人伦轻自然、重政治轻技术。儒家思想甚至还将理性思辨和科学分析置于日常生活、伦常感情和政治观念中,使科学理论伦理化、政治化。道家的文化是一种朴素的文化,其推崇原始的、蛮荒的世界,普遍蔑视科学技术。这种情况在封建社会的后期变得更加严重,十分不利于科学技术的发展。人们普遍打着"万般皆下品,唯有读书高"的响亮口号,需要注意的是,他们读的书不是科技类的,而是圣贤的"经书"。人们都想通过宦官仕途而成为人上人,劳动者因为没有文化而不能把技术抽象为科学,而有文化的知识分子实际上就是封建官僚的后备军,又不屑于具体科技的认知。这就造成了"主流学问"与实用知识的脱节以及劳动实践与知识创造的割裂。所有这些实际上已经成为科技进步道路上的一个巨大的绊脚石。

  (2)西方人求真。"天人二分"的西方哲学观必然引出西方文化对真理的追求。认识自然的目的在于探求真理,以便指导自己去改变自然、征服自然。无论是古希腊哲人赫拉克利特、柏拉图,还是亚里士多德,都主张认识的根本目标在于发现真理,智慧就在于认识真理,并把能认识真理视为人的最高追求。人们眼中的中世纪代表着愚昧、荒诞,虽然如此,那时候的人们仍然大肆宣扬对真理的追求。圣·奥古斯丁就认为,在真理面前,心灵和理性都要让步,人人都想要获得幸福,但是途径只有一条,那就是获得真理,并且认识了真理便认识了永恒。在中世纪,神学利用各种方法证明上帝的存在,这在一定意义上都是为了求得神学真理。但是,要发现真理还需要运用科学的手段,因此培根创造出了通过实验与理性来发现真理的科学方法。同样,笛卡尔也强调,追求真理要运用正确的方法,至于什么是正确的方法,还要深入研究。对于真、善、美的向往,是人类的共有特性。但是,西方文化是先求真,再求善,真优于善。例如,古希腊早期哲学只涉及真,而未涉及善。后来,道德问题在哲学中的地位有所提高,但仍然是存在于真理的基础上的。一直到近代,西方文化一直遵从这种真高于善、善基于真的格局,由此我们可以说西方文化为认识文化。

3. 集体主义和个人主义

(1)中国人推崇集体主义。中国人根据日月交替等现象产生了"万物一体""天人合一"的意识。这种意识也体现在人与人之间的关系上,因此中国人群体意识强,强调集体价值高于个人利益,追求社会的和平统一。当遇到个人利益与集体利益发生冲突时,人们往往会与集体利益保持一致,因此中国人拥有着强烈的集体归属感。同时,中国人以谦逊为美,追求随遇而安、知足常乐,而争强好胜、好出风头是不被看好的。

(2)西方人推崇个人主义。西方绝大多数哲学倾向和流派都强调"主客二分",把主体与客体对立起来。所以,西方人从一开始就用各种方法征服自然,强调个人奋斗的价值,对于个性、自由非常推崇,注重自我实现。但需要指出的是,个人主义并不意味着个人利益比任何利益都高,而是需要在法定的范围内,因此个人主义在一定程度上也是一种健康的、积极的价值观。不得不说,个人主义有助于个人的创新与进取,但是如果对个人主义过分强调,可能也会影响整个社会的亲和力。他们以批判的眼光看待已有的知识,从而不断获取新的知识。西方人的独立精神以及对个人存在价值的尊重,使得西方人逐渐形成了求异忌同、标新立异的开拓精神。

4. 追求稳定与追求变化

(1)中国人追求稳定。受儒家思想的影响,中国文化历来强调求稳求安,渴望祥和安宁。中国人习惯乐天知命,即习惯生活在祥和的环境中,知足常乐、相安无事,稍微发生变动,中国人往往会有杞人忧天、无所适从之感。同时,受农耕文明的影响,人们的价值观往往被禁锢在土地上,他们认为只有安居,才能乐业,如果背井离乡,那么就会像游子一样,漂泊无依。现如今,人们对于安居的理念也是根深蒂固的,认为即使蜗居在一个特别小的房子里,那也会让自己有满足感。

(2)西方人追求变化。西方人追求变化,认为"无物不变",尤其对于美国这样一个多元移民的国家,人们为了满足基本的生存需要以及对物质的迫切需求,一直在求变。如果不变,那么就不能满足他们已经取得的成就,也无法追求更美好的生活。因此,美国人往往不会受传统的限制,也不会受教育、家庭、个人能力等条件的限制,而是不停地在变化中探求个人的最大潜力,从而实现个人价值的最大化。

5. 避免冲突与直面冲突

(1) 中国人主张避免冲突。在中国人眼中,人际关系非常重要,因此他们在谈判中往往会尽量避免冲突,认为这些冲突可以运用其他方式解决,如合作、妥协、和解等。

如果在交际中发生冲突,中国人往往强调双方合作的益处,以抵消彼此的冲突以及冲突对彼此造成的不快。例如,在处理冲突时,中国人为了避免冲突,往往在争议问题的基础上提出自己新的见解,或者提出一些折中的方案,避免这些争议问题升级,这表现出较高的灵活性,从而使谈判双方保持良好的交际关系。中国人之所以对这种交际关系进行维持,主要是由于如下两点原因:一是在中国人眼中,即便双方发生冲突,只要彼此的关系存在,对方就有义务考虑另一方的需要;二是只要彼此的关系存在,即便暂时未达成协议,也能够为将来达成协议做准备。

(2) 西方人主张直面冲突。在处理谈判关系时,西方人侧重将矛盾公开,然后投入大量时间、人力等对这些矛盾问题进行处理,从而实现预期的结果。在西方人眼中,谈判双方只有明白说出问题,彼此才能将问题具体化,在考虑自身利益的情况下解决问题。西方人对于数据、事实是非常看重的,不会刻意回避冲突,而是直面冲突,公开阐述自己不同的意见。当然,西方人在处理问题上也不会过于呆板,有时候会妥协,目的是尽快将协议达成。

6. 询问私事与回避私事

(1) 中国人询问私事。从古至今,中国人喜欢聚居的生活,如"大杂居""四合院"等都是很好的表现,这样的居住形式有助于接触,但是也会干扰到个人的生活。同时,中国人骨子里就推崇团结友爱、相互关心,个人的事情就是一大家子的事情,甚至是集体的事情,因此人们习惯聚在一起去谈论自己或者他人的喜悦与不快,同时愿意去了解他人的喜悦与不快。在中国的文化习俗中,长辈或者上级询问晚辈或者下属的年龄、婚姻情况等,是出于关心的目的,而不是对他人隐私的窥探。通常,长辈与晚辈、上级与下属的关系比较亲密时才会问到这些问题,而且晚辈或者下属也不会觉得这是对个人隐私的侵犯,反而会觉得长辈或上级很亲切。

(2) 西方人回避私事。相比之下,在西方社会中,尤其以美国为例,人们的一切行为都以个人作为中心,个人的利益不可侵犯,这是典型的个人本位主义。受这一思想的影响,美国十分重视个人的隐私,这体现在社会生活的各个方面,如人们在进行交谈时,一般会避开个人隐私话题,因为这对于他们是禁忌,如年龄、收入等都属于隐私问题。在西方文化观念中,看到他人出门或者归来,从来不会问及去哪里或者从哪里回来;在看到他人买东西时,也不会问及东西的价格,因为这些问题都是对他人隐私的侵犯,即便你是长辈或者上司,也都不能询问。

7. 讲面子与实话实说

(1)中国人讲面子。中国人认为面子代表的是自己的尊严与荣誉,因此中国人对于面子非常看重,也对他人的面子予以尊重。简单来说,就是中国人不允许自己丢脸,也不会让他人丢脸。在中国,失掉面子是非常糟糕的,因此不能当众辱骂他人或在公共场合大吼大叫,这些都会让人觉得尴尬和丢脸。因此,为了在保证面子的情况下将意见进行有效传达,就必须要压制住自己的情绪,将所有的批评放在私下来说,尽量不当面给出批评,否则会收到不好的结果。另外,中国人不会明确将自己的意愿表达出来,尤其是对他人及他人所做事情的否定,往往会选择委婉的形式,希望对方能够从中了解具体的意思,这样不仅可以保留自己的面子,还能够保持彼此的交情,从而实现交际。

(2)西方人实话实说。西方人对于个人自由非常注重,虽然有时候也会注重面子,但只是认为丢面子比较尴尬而已,不会感到羞耻。面对自己的错误,西方人更多地表现为自责,这可以从他们的行为中看出来。对于西方人而言,说实话、课堂提问、直接拒绝朋友、挑战权威等都是简单的事情,并不会对集体造成影响。并且,西方人非常讨厌人云亦云的人,只有那些勇敢说出自己想法的人才会被尊重和肯定。另外,西方人也比较直接,愿意将问题摆在台面上,认为这样才能尽快达成共识。

(二)思维模式差异

所谓思维模式,就是思维主体在实践活动基础上借助思维形式认识对象本质的思路。思维模式是人们大脑活动的内在程式,受文化的影响。在英汉语言背景下,英汉民族所处的社会环境有所不同,人们的体验和经历也各有差异,因此看待世界的角度也不同,有着不同的思维模式,而这又进一步影响他们的社会体验和经历,也影响他们的语言发展。以下就对英汉思维模式进行比较分析。

1. 整体性思维与分析性思维

(1)中国人推崇整体性思维。中国传统文化认为在最早的生成阶段,宇宙呈现出阴阳混而为一、天地未分的混沌状态,即太极。太极动而生阳,静而生阴,在动静交替中产生出阴阳来。阴阳相互对立、相互转化。事物总是在阴阳交替变化的过程中求得生存、发展。从哲学的角度来看,阴和阳之间的关系是从对立走向对立统一的。这就体现了中国传统哲学的整体性特点，它不注重对事物的分类，而是更加重视整体之间的联系。我国儒家和道家也认为人与自然、个体与社会就是一个大的整体，二者是不能被强行分开的，必须相互协调地发展。儒家所大力提倡的中庸思想就源于阴阳互依互根的整体思维。

基于整体性思维，中国人总是习惯首先从大的宏观角度初步了解、判断事物，而不习惯从微观角度来把握事物的属性，因而得出的结论往往既不确定又无法验证。由此，中国人逐渐养成了对任何事物不下极端结论的态度，只是采取非常折中、含糊不清的表达方式，在表述意见时较少使用直接外显的逻辑关系表征词。总而言之，中国人善于发现事物的对立，并从对立中把握统一，从统一中把握对立，求得整体的动态平衡。

（2）西方人推崇分析性思维。西方人倾向于分析性思维，对事物进行分析时，既包括原因和结果分析，又包括对事物之间关系的分析。17世纪以后，西方分析事物的角度主要是因果关系。恩格斯特别强调了认识自然界的条件和前提，他认为只有把自然界进行结构分解，使其更加细化，然后对各种各样的解剖形态进行研究，才能深刻地认识自然界。西方人的这种思维方式将世界上的人与自然、主体与客体、精神与物质、思维与存在等事物放在相反的位置，以彰显二者之间的差异。

这种分析性思维包含两个层面：一是分开探析的思维，既把一个整体的事物分解为各个不同的要素，使这些要素相互独立，然后对各个不同的独立的要素进行本质属性的探索，从而为解释整体事物及各个要素之间的因果关系提供依据；二是以完整而非孤立、变化而非静止、相对而非绝对的辩证观点去分析复杂的世界。马克思主义哲学大力提倡这种思维层次。

2. 曲线思维与直线思维

（1）中国人习惯曲线思维。中国人的思维方式呈现曲线式，在表达思想和观点时常迂回前进，将做出的判断或者推论以总结的形式放在句子最末尾。这种思维方式在语言中的反映是汉语先细节后结果、由假设到推论、由事实到结论，基本遵循"先旧后新，先轻后重"的原则。例如，同样是"It is dangerous to drive through this area."这句话，汉语表达则是"驾车经过这一地区，真是太危险了"从该例既能感受到中国的曲线思维，又能了解中西方思维的差异。

（2）西方人习惯直线思维。西方人的思维呈现直线式，在表达思想时往往直截了当，在一开始就点明主题，然后再依次叙述具体情节和背景。这种思维方式对语言也产生着重要的影响，即英语为前重心语言，在句子开头说明话语的主要信息,或者将重要信息和新信息放在句子前面,头短尾长。例如,"It is dangerous to drive through this area."该句子以 It is dangerous 开始,点明主题,突出了重点。

3. 顺向思维与逆向思维

(1)中国人往往顺向思维。相较于西方,中国人更倾向于顺向思维,就是按照字面陈述其思想内容。这在语言中的体现十分明显,如"成功者敢于独立思考,敢于运用自己的知识"这句话就是按顺序表达,而且其意思可以按照字面意思理解。这句话英语表达则是"Winners are not afraid to do their own thinking and to use their own knowledge."由此可以看出中西方思维方式的差异。

(2)西方人往往逆向思维。西方人习惯采用逆向思维,通常从反面进行描述来实现预期效果。这种思维在语言上有着充分的体现,如在说"油漆未干"时,英语表达是 wet paint,在说"少儿不宜"时,英语表达是 adult only。

4. 保守思维与创新思维

(1)中国人的保守思维。中国封建社会的一体化政治结构决定了中国传统文化长期以来遵守"大一统"思想,要求个人和社会的信仰一致。这种"大一统"思想又通过儒家的"三纲五常""礼乐教化"得到巩固。儒家倡导中庸之道,反对走极端,避免与众不同,主张适可而止。中国封建社会希望社会中所有的人,上至国君,下至百姓,都形成同样的价值取向和行为模式。在这种"大一统"文化的熏陶下,中国人的思维方式相对保守,极端排斥异己,因而也具有很强的封闭性。

(2)西方人的创新思维。西方人的创新思维较强,并且也具有鲜明的批判性,因此西方哲学在各个时期都有不同的理论体系,前仆后继。西方思维方式趋于多元化,注重多方向、多层次、多方法地寻求新的问题解决方案,重视追根溯源,具有发散性与开放性。

(三)教育观念差异

在教育观念上,中西方存在明显的不同,主要体现在教学内容、教学方式、"教"与"学"、大学教育、课余生活五个方面。下面就对这五个方面进行分析和探讨。

1. "精英"教育与"广博"教育

(1)中国的"精英"教育。在教育内容上,中国推崇"精英"教育,如果学生无法将所学的知识掌握扎实,那么就不能继续进行深造,因此会被学校淘汰。

在中国的教育中,基础知识的巩固是非常重要的,其主要的教学方式是知识灌输,主要目的是让学生熟练掌握知识,对知识掌握的"精"而"深"是非常看重的。例如,当学生学习英语的时候,教师往往是采用背诵、听写的战术,这样是为了让学生重复练习,直到掌握。

(2)西方的"广博"教育。相较于中国的"精英"教育,西方教育在教学内容上更加注重知识的灵活性,即要让学生学会运用,注重学生创造力的培养,注重教育中的"广博"。

在西方教育中,往往不会灌输知识,而是在传授给学生知识之后点到为止。当学生达到了基本的教育要求,就可以有更多的选择空间。例如,如果学生在英语学习中感到困难,那么他们就可以选择比现在学习更为简单的基础课程,这样也便于他们投入更多的兴趣和积极性。

2. 灌输教育与尝试教育

(1)中国的灌输教育。以前,中国的教育方式多为灌输教育,这种教学方式就是将教师自身的经验直接传达给学生,然后让学生基于这些成功的经验进行学习与训练,以此对知识进行掌握。这种教育方式的结果就是学生很难跳出这些固有的经验,极大地限制了学生思维的发展,学生也很难形成自身的创造性思维。

(2)西方的尝试教育。相比之下,西方的教育方式是一种尝试教育,即让学生自己去尝试构建自己的经验,通过自己的经验来发现学习中的问题,然后通过解决这些问题来积累成功的经验。随着学生经验的不断积累,学生会不断形成自己的研究成果,并且研究成果不断增多,学生的自信心也会不断增强。

3. 接受型学习与个性化学习

(1)中国的学习方式多为接受型学习。当前,我国的教育模式比较陈旧落后,教学方式比较单一,教师教学的任务就是将备课内容传输给学生,而学生的任务就是全盘接受。在课堂上,教师往往以提问的方式考查学生,课下为学生布置作业,以便于学生进行复习。学生也往往是机械地记忆,认知能力、动手能力都很差。

(2)西方的学习方式多为个性化学习。与中国的灌输式教学相比,西方教育对于学生的个性化发展是非常推崇的,校园文化也更加注重实用主义与以自我为中心。

4. 大学教育差异

（1）中国大学教育的目的在于培养专门人才。受历史与经济发展水平的影响和制约，中国对大学教育的定位在于培养出某方面的专业人才，因此在课程设置与专业设置上，各大高校会给予特殊的倾向。

当前，中国的大学教育具有一个显著的特点，即学生在进入大学之前，他们就已经确定了自己的专业，从进入大学的第一学期就开始对他（她）选定的专业进行学习，一直学习三年到四年。并且，在学校课程中，专业课程占到了 60% 以上。

（2）西方大学教育的目的在于培养一名社会公民。美国的大学生在进入大学之前是不划分专业的，学生可以根据自己的要求对一些公共课程进行学习。这些公共课程具有较广的覆盖面，如社会、人文、历史、地理、科学等。这样的教育具有一个显著的优势，即学生在经过广泛的教育之后，对各个学科之间的内涵有清楚的了解，同时还对自己有清楚的认识。等到了大学三年级之后，他们可以综合考虑自己的兴趣，选择自己感兴趣的专业。

5. 单一型课余活动与丰富型课余活动

（1）中国学生的课余活动比较单一。中国学生的课余活动是比较单一的，他们的大部分活动都是有组织、有计划的活动。这些活动或者是在教师的指导下展开的，或者是社团组织的，但都是可以让学生自愿选择参加的。

受教育观念的影响，中国的家长、教师甚至学生认为学习是第一位的，所以很多学生不愿意参加这些活动，对组织活动表现出极大的冷漠态度。

（2）西方学生的课余活动相当丰富。在西方教育中，学生的课余生活非常丰富，他们的社团活动也非常活跃。例如，在美国，很多高校都在鼓励学生甚至资助学生进行课外活动或者组成校外活动团体。并且，团体活动可以由学生自主决定，可以完全按照自己的喜好进行策划，形式也丰富多彩，让他们在活动中体会到快乐。

第三节　跨文化交际与大学英语教学融合的现状与任务

众所周知，语言是文化的重要组成部分，语言背后包含着丰富的文化内容。但是，要想对大学英语教学有清楚的认识和把握，就必须结合跨文化交际的内容,探讨二者融合的现状与任务,这样才能更好地推进大学英语跨文化交际教学,顺利进行跨文化交际。

一、跨文化交际与大学英语教学融合的现状

语言与文化有着密切的关系,因此在大学英语教学中融入文化有着非常重要的意义。在早期的大学英语教学中,跨文化交际教学的目的在于让学生理解目的语文化,因此教师教授的也多为目的语文化知识及其相关背景。随着研究的深入,跨文化交际教学的内容也发生了改变,将文化态度、文化观念等内容也容纳进去,这时跨文化交际教学的目标也相应发生改变。下面首先分析跨文化交际与大学英语教学融合的现状。

(一)跨文化接触的日益频繁

社会在进步,本国人与外国人之间的交往也日益频繁,这就必然需要进行跨文化交际。如果人与人、家庭与家庭的交往属于民族内部的交往,那么国家与国家之间就属于地域化或者国际化的交往。正是因为这种频繁的交往,文化教学才得以产生。

(二)跨文化冲突的严峻性

经济全球化导致各个国家在各个领域都有着程度不同的交际,因此商品、技术、信息、人员等生产要素的跨国流动非常频繁。在这个国际化的时代里,世界以一个整体的形式出现。不同文化背景的人进行着频度更高、范围更广、层次更高的跨文化交流。人们逐渐意识到,跨文化交际不是简单的英汉互译,而是需要交际者以深刻理解彼此的文化背景为基础。在越来越多的、越来越深层的跨文化交际出现的同时,越来越严峻的跨文化交际形势也随之出现。

跨文化冲突是伴随着跨文化交际的产生而产生的,在跨文化交际中难以避免这种冲突。我们在认识到文化差异的同时,应该思考如何有效避免跨文化冲突。跨文化冲突包括非暴力性的摩擦性冲突和暴力性的对抗性冲突。摩擦是跨文化交际中由误解与分歧导致的不同文化间的争执。摩擦是普遍的、经常发生的。对抗是不同文化之间的暴力冲突,它可能进一步演变为军事化的暴力冲突,也就是战争。对抗是残酷的,总是伴随着生命伤亡。当摩擦长期存在并不断加剧时,就会恶化为对抗,甚至暴力性的对抗冲突。跨文化交际中的摩擦常常表现为争执、辩论、批评、谩骂等语言表现形式和游行示威与请愿抗议等政治行为表现形式。跨文化交际中的摩擦在长时间的积淀后会形成跨文化冲突。

1. 跨文化冲突的普遍性

其一,跨文化冲突普遍存在于世界各地。古今中外,跨文化冲突无处不在。中国文化的独特性和长期性决定了中国文化和其他文化之间必然发生各种各样的跨文化冲突。近代以来,中国文化与欧洲文化一直处于征服与反征服的冲突状态。除此之外,中国与美国、日本、印度、菲律宾等国家之间也存在跨文化冲突。其中,中国和美国的跨文化冲突表现得最为突出。中国与美国之间的共同性不少,并且有着许多的利益牵连,两国之间的学习、商务往来也非常频繁,但是两国间的跨文化冲突可以说从未停止过。

其二,跨文化冲突普遍存在于各种文化层面,包括价值观、制度、生活方式等。价值观是深层文化因素,是导致产生跨文化冲突的根本原因。因此,制度、生活方式等层面的跨文化冲突就是价值观层面的一种写照。所以,我们可以通过价值观层面的跨文化冲突来理解文化各个层面的跨文化冲突。

2. 跨文化冲突的尖锐性

其一,激化程度不断加强。跨文化冲突如果长期存在,未得到缓解,并且反复进行,就可能不断激化,进而演变为对抗。

其二,爆发性逐渐增强。跨文化冲突的导火索可能是很小的事件,但最后往往酝酿成大的灾难性事件,以对抗收场。当争吵使得矛盾到达爆发的临界点时,异常大规模的跨文化冲突就会爆发。

3. 跨文化冲突的复杂性

文化本身就是一种复杂的现象,跨文化冲突就更应该是一种复杂的现象。有人认为,文化差异是导致跨文化冲突的根本原因。事实上,文化差异可能导致跨文化摩擦,但不一定会引起跨文化对抗。如果文化差异的双方尊重对方的存在价值,就不会产生跨文化冲突。可见,文化差异不一定导致跨文化冲突。导致跨文化冲突的根本原因是试图强制性地消除差异。当一方试图使对方与自己统一从而消除对方时,冲突就出现了。如果文化差异的双方都想将彼此取而代之,跨文化冲突就表现得十分明显。我们要消除的是跨文化冲突,而不是文化差异。因此,我们绝不能抱有消除差异、同化对方的观念。

4. 跨文化冲突的长期性

跨文化冲突是长期普遍存在的,并且跨文化冲突的影响也将长期存在。一些跨文化冲突消失了,另一些跨文化冲突又产生了,甚至原来已经消除的跨文化冲突又死灰复燃。即使一些跨文化冲突本身消失了,但是这些跨文化冲突造成的不良氛围将长期存在。跨文化冲突引起的仇恨情绪难以消除,任何一方的非理性言行都可能导致跨文化冲突的进一步激化,从而引起新的跨文化冲突。因此,我们应该弱化当前的跨文化冲突,避免当前的跨文化冲突成为新的跨文化冲突的催产素。

面对跨文化冲突的严峻形势,人们要从人类文化本身去寻求解决之道。人类要充分发挥文化的创造性,创造出消除跨文化冲突的新文化,以实现更加和谐、丰富的跨文化时代以及更加美好的人类生存形态。对此,联合国等组织大力提倡跨文化对话,联合国教科文组织就提出了"跨文化教育",并在很多区域组织了一些跨文化教育实践,以此实现文化和平的理想。对于从根本上消除跨文化冲突,跨文化教育有着无限的可能和巨大的潜力。

二、跨文化交际与大学英语教学融合的任务

教学任务即教学目的,在跨文化交际背景下,大学英语教学的目的在于提升学生的跨文化交际能力。具体来说,主要体现在以下几个方面。

(一)帮助学生树立多元文化意识

对世界文化多样性有所了解,有助于人们建立多元文化的意识与观念。由于不同文化产生的背景不同,因此其不能相互替代。基于全球化的视角,各个文化群体之间的交流也日益频繁,因此需要对异质文化予以理解与尊重,努力避免在交际过程中出现冲突。

在大学英语跨文化交际教学中,教师应该努力让学生积极理解不同文化,让他们对自身文化有清晰的了解,同时以正确的心态对待他国文化,从而应对世界文化的多元化。

(二)发展学生的批判性思维

在大学英语跨文化交际教学中,教师应该不断培养学生的批判性思维,让学生对本国文化加以反思,然后采用多元文化的有利条件,对文化背后的现象进行假设,发展其批判性思维。

（三）为学生创造学习异质文化的机会

当中西方两种文化进行融合时,不可避免地会遇到碰撞的情况,并且很多时候会让人感到不适应。因此,在大学英语跨文化交际教学中,教师应该帮助学生避免这一点,让他们有更多机会了解异域文化,以提升自身的文化适应力。

第四节 跨文化交际与大学英语教学融合的原则与策略

如前所述,跨文化交际在大学英语教学中有着非常重要的作用。大学英语跨文化交际教学可以使学生在语言学习中理解与接受异域文化,从而为顺利展开跨文化交际做准备。对于我国大学英语教学的对象而言,在英语学习的过程中,不可避免地会有文化的学习。这一过程有助于帮助学生开阔眼界,建立文化身份,形成自身的批判性思维。当然,在大学英语跨文化交际教学中,还需要遵循一定的原则和策略,本节就对这些原则和策略展开分析和探讨。

一、跨文化交际与大学英语教学融合的原则

实施任何一种教学,都有着特定的准则。在跨文化交际教学的实施过程中,教师要根据文化的属性来制定相应的原则。具体来说,英语教学中实施跨文化交际教学应该遵循以下几项原则。

（一）以理解为目标原则

文化理解指的是"学习者以客观、正确的态度看待、理解母语文化和目的语文化,并能以得体的行为方式与非本族语者进行跨文化交际"。只有正确地理解本国文化以及他国文化,才能更好地进行跨文化交际。

因此,英语教学中强化文化性原则应当坚持以理解为目标的原则。在教学过程中,教师可以采取分析或解释目的语文化等手段,帮助学生了解两种文化的差异以及差异的根源。

（二）文化包容性原则

黑格尔和马克思均指出,人类历史的发展必定导致世界历史的形成。

大工业的发展以及对剩余价值最大化的追求,导致人类历史的发展跳出了地域限制,成为利益相关的命运共同体。在文化全球化的大格局之下,引领潮流的世界性文化不再单单由某个国家或民族创造,而是由更多的主体创造。因此,文化全球化是世界文化创造主体和世界文化元素的多元化。如今的时代已经远离了文化霸权,而是你中有我、我中有你,倡导文化包容。文化只有具备包容的品质,世界不同国家和民族的文化才能在共存中达到更多的一致,进而使世界各个国家和民族联系得更加紧密。在人类文化发展史上,封闭的文化会被推到边缘地带,并且阻碍历史的前进脚步;而那些包容性的文化才能主导世界文化,推动着历史的发展。

包容性的文化比较能够接受其他文化中的先进成分,因此能较好地发展,也比较容易被其他文化所接受,因此就能够从地域性文化向世界性文化转变,进而成为推动世界文化进步的强大力量。从根本上讲,一种文化之所以缺乏包容性,是因为文化创造主体的思想狭隘,并且这种封闭的文化也会影响生活在其中的人们的思维方式,使得他们也变得狭隘,缺乏开放精神,难以接受其他文化,从而导致世界在文化上的割裂。过于强调世界上的文化冲突,不利于世界文化的发展。只有包容性的文化,才有利于推动世界文化的车轮滚滚向前。

(三) 文化的多维度互动原则

在英语教学中实施跨文化交际教学时,教师既要实现教师和学生之间的互动,也要实现语言和文化的互动,还要实现中西方文化的互动。就教师和学生之间的互动而言,教师教学影响着学生的学习行为,而学生又反过来影响着教师的教学传播行为。跨文化教育应该紧贴时代的教育脉搏,改变以前单向的传递模式,在互动中求得发展和优化。至于语言和文化的互动,学生应该了解语言和文化的相互联系,用发展的、动态的眼光看待二者之间的关系。在这个全球化的时代,不同文化之间的互动只有表现得越来越突出,互动的频率才能有所提高,互动的范围才能有所扩大,互动的深度才能有所增加。跨文化交流本身就要求进行文化的双向交流,语言本身也是在交流中产生和发展的,因此跨文化外语教育过程应是一个互动的过程。

(四) 整体文化、主流文化输入原则

依据语言教学的整体目标,单纯的语言教学已经慢慢向文化教学倾斜。在英语教学中实施跨文化交际教学时,教师应从宏观入手,帮助学生

掌握文化学习的整体性。整体文化输入原则包括纵向和横向两个维度，从纵向来看，文化的形成是一个源远流长的过程，时间横跨古今，学生应该对文化的生成和发展脉络有一个清晰的把握；从横向来看，文化具有多样性，不同的文化具有不同的特色，所以文化的输入类型也应是兼而有之的。另外，为了提高学生在跨文化交际中的文化自信心，教师应该引导学生尊重母语文化，适度适时地宣扬母语文化中的精华部分。总之，教师不应该将教学孤立起来，应注重引导学生关注文化的整体性，即整体地输入古今中外文化。

二、跨文化交际与大学英语教学融合的策略

有理念，就有方法论。方法形成之后，也不是恒定的，会随着理念的变化而变化。既然大学英语跨文化交际教学的理念在广泛传播，那么它的实施方法就需要被探讨。概括而言，大学英语跨文化交际教学的实施方法主要有以下几种。

（一）文化引入策略

1. 说明策略

在中国，学生一直浸润在母语环境中，周围的英语环境极其缺乏，甚至是空白的，因此学生对其很多文化背景知识可能是不太了解的。当因缺乏相关文化背景知识而影响到学生对学习材料的理解时，教师可以对有影响的文化背景知识做一些说明介绍。教师的说明介绍最好安排在讲解学习材料之前的一段时间进行，以便为学生理解学习材料做铺垫。要将说明介绍的工作做好，教师需要提前在课外时间做好准备工作，搜集一些与教学内容相关的典型文化知识，并通过自己的消化理解将其恰当地应用到课堂中。通常情况下，教学材料中的作者、内容和事件发生的时代可能都蕴含着一定的文化内涵，学生必须广泛学习这些背景知识，否则就难以准确理解所学材料。例如，当学生学到《21世纪大学英语》第一册第十单元 Cloning: Good Science of Bad Idea 中的 "Faster than you can say Frankenstein, these accomplishments, triggered a worldwide debate.（不等你说出弗兰克斯坦，这些成果就已经引发了世界范围的大辩论。）"这句话时，他可能不明白如何理解 Frankenstein，因此也不明白整句话的意义。在这种情况下，教师需要介绍以下三点帮助学生理解与该材料有关的背景知识。

（1）英国女作家 Mary W. Shelley 写了一部科幻小说,并以自己的名字为这部科幻小说命名,而这部小说描写了一位发明了怪物并被它消灭了的年轻医学研究者,名字叫作"Frankenstein"。

（2）在英语中,有个成语为 before you call say Jack Robinson（开口讲话之前）,Faster than you can say Frankenstein 就是根据这个成语创造出来的。

（3）文章中的人物是在一定的社会背景下出现的,当时克隆技术大肆蔓延,作者极度担心克隆技术会对人类社会造成重创,这一担心又得到了世界上已经掀起的大辩论的支持,因此读者就将克隆技术与小说情节联系起来。

2. 比较分析策略

有比较,就有结果。只有在比较中事物的特性才会表现得更加明显。经过了不同的历史轨迹,中国和西方国家在长时间的历史积淀中形成了不同的文化。因此,在大学英语跨文化交际教学中,教师可以通过对母语文化和英语文化不同之处的明显比较,让学生更加深刻地认识母语文化和英语文化。在跨文化交际中,学生也会因此提高文化敏感性,会更加重视文化对于交际的影响,从而减少甚至避免文化差异引起的交际冲突。例如,问别人的行程和年龄在中国是很正常的,但是在西方人眼里是对隐私的侵犯。

在外研社版的《大学英语》第三册第四课 *Darken Your Graying Hair, and Hide Your Fright* 中,主人公这么介绍了自己:"I have a wife, three daughters, a mortgaged home and a 1972 'Beetles' for which I paid cash." 中国学生乍一看,主人公开着德国大众"甲壳虫"汽车,这在当时中国国情下并不是很多人能够担负起的,因此就会认为这位主人公过得比较富裕。但是,他们要从西方背景的角度去审视这个问题,西方国家的汽车当时存在很普遍,"甲壳虫"汽车空间小又省油,是中、低收入家庭的首选车型。了解了这一点后,中国学生才发现自己的认识偏差,原来主人公的介绍是表示家庭成员较多,生活比较紧张。另外,在消费观念上,中国人比较保守,一般不会提前预支,并且还要对未来的生活支出做好准备；但是,英美人倾向于提前消费的方式,如分期付款、抵押贷款等,这就是文化差异在消费观念上的体现。

（二）外教辅助策略

客观条件优越的学校可以适当地聘请一些外籍教师授课。外教的到

第四章 跨文化交际与大学英语教学融合研究

来对大学英语跨文化交际教学具有以下几个作用。

1. 外教对学生的影响

外教不仅可以提升学生的英语学习兴趣,还能真正促进学生跨文化交际能力的提高。外教作为异域文化中的成员,比较能够引起学生的好奇心,这些学生在与外教接触和交流的过程中增强了对英语口语表达的信心,还能收获课堂上学不到的社会文化背景知识,能真正提高英语文化敏感度和英语交际能力。另外,学校可以定期利用外教组织英语角,这样就为学生创造了纯正地道的英语环境和文化环境,有利于学生英语听力和口语能力的提高,从而使他们的跨文化交际能力也有一定的进步。

2. 外教对教师的影响

在中国的大环境下,很多中国的英语教师虽然学的是英语专业,集各种英语等级考试证书于一身,但是由于口语练习机会很少,英语口语表达能力依然比较欠缺。外教来到学校以后,这些中国的英语教师因为教学工作的关系,就获得了许多与外教直接交流的机会,外教可以帮助他们纠正语音上的错误,使中国教师锻炼英语口语表达能力。另外,外教是在另外一种不同的文化氛围中成长和学习的,其教学模式可能与众不同、生动有趣,中国的英语教师就可以发现他们教学模式中的优势并进行学习,从而提高教学水平。

当中国教师的跨文化交际能力和英语教学水平提升以后,直接的受益者就是学生。中国教师的跨文化交际能力提升了,就能在和学生的交际中更有效地提升他们的跨文化交际能力,大学英语跨文化交际教学就能取得更好的效果。

如果外教的学校教学工作让他们获得了良好的感受,他们往往会把国外教育行业的朋友或者机构等介绍给学校,这样学校就可以通过夏令营、冬令营的形式派遣学生与国外的教育机构进行互访、学习和交流,从而提高学生的跨文化交际能力。

(三)师生互动策略

教师要努力尝试通过和学生的互动来实施大学英语跨文化交际教学。教学的本质决定了教学不应该是单向行为,而是双向行为。因此,大学英语跨文化交际教学应该真正回归到教学的本质上来。互动法的完美落实,需要教师做好一些功课。首先,教师要培养学生正确的文化心态,使学生平等看待一切文化。其次,教师要营造平等、自由和开放的互动氛围,鼓励学生倾听和表达,使学生尽情发挥、畅所欲言。在互动过程中,教师和学生可以扮演不同文化中的角色,以便使学生更容易理解外来文化。

(四)附加形式策略

以附加形式实施大学英语跨文化交际教学,就相当于一碟开胃菜,形式可以多样化。例如,在教材中设立文化专栏,在课外组织参观文化展览,举办英语文化主题讲座或组织文化表演等。教师也可以将优秀的但是传播度不高的英语书籍介绍给学生,并以书中的文化知识为主题开展讨论、戏剧表演、知识竞赛等活动。这些活动都需要在教师的指导和监督下进行,以便使活动真正实现大学英语跨文化交际教学的目的。以戏剧表演为例,微型剧包括 3~5 幕,每一幕包含 1~2 个文化事件,学生在参与戏剧排演的过程中,可能会出现一些文化误读的现象,但其通过反思、调查之后,就能找出其中的原因,这便从另一个角度学习了文化知识。

第五章　跨文化交际视角下大学英语词汇与语法教学研究

　　词汇和语法不仅是英语语言系统的重要组成部分,也是英语教学的重要内容,即在大学英语教学中,词汇和语法是不可或缺的部分。随着经济和文化全球化的发展,跨文化交际成为社会交往的重要部分。社会的这种发展趋势也对大学英语词汇和语法教学提出了新的要求,即不仅要提高学生的英语语言能力,还要培养学生的文化素养和跨文化交际能力,使学生具备适应社会发展的能力。具体而言,在跨文化交际视角下,大学英语词汇和语法教学应紧跟社会和教学的发展,更新教学理念,将语言教学与文化教学相融合,切实提高学生的英语综合能力和跨文化交际能力。对此,本章将对跨文化交际视角下大学英语词汇与语法教学展开研究。

第一节　跨文化交际视角下大学英语词汇教学研究

　　要想掌握英语并有效运用这门语言,首先要掌握大量的词汇。但是,仅扩大词汇量是不够的,还要了解词汇的基本含义和其深层内涵,只有这样才能算是掌握了词汇,才能运用词汇进行跨文化交际,也才能算是达到了学习目标。语言与文化密切相关,作为语言基本组成部分的词汇也蕴含着丰富的文化知识,因此大学英语词汇教学应与文化教学相融合,基于跨文化交际视角开展教学,从而切实提高学生的交际能力。

一、大学英语词汇教学简述

(一)词汇的概念

　　词汇是构成语言的重要细胞,是语言系统赖以存在的支柱,"如果把语言结构比作语言的骨架,那么词汇为语言提供了重要的器官和血肉"。① 可见,词汇对于语言以及语言学习的重要性是不言而喻的。那么什么是词汇呢?关于这一问题,不同的学者有着不同的解释,可谓见仁见智,下面就对一些有代表性的观点进行分析:

路易斯(Lewis)将词汇称为"词块"(lexical chunks),并把词块分为四种类型:单词(words)和短语(polywords)、搭配(collocations)、惯用话语(institutionalised utterances)、句子框架和引语(sentence frames and heads)。②

陆国强指出,词是语音、意义和语法特点三者相统一的整体,是语句的基本单位,其总和构成了词汇。

总体而言,词汇是包含词和词组在内的集合概念,能够执行一个给定的句法功能,是基本的言语单位。

关于什么是英语词汇教学,王笃勤认为,英语词汇教学是一项包含教学进程和活动策划在内,将词汇讲解作为教学内容,以学生充分认知和熟悉应用词汇为目标的教学活动。③

简单来讲,词汇教学涵盖的范围十分广泛,而且是教学中最基础、最重要,也是最困难的环节。

(二)大学英语词汇教学中存在的问题

随着大学英语教学改革的不断深入,大学英语词汇教学有了长足的发展,但也不乏一些问题存在,具体体现在以下几个方面。

1. 教师教学中存在的问题

(1)教学方法单一,脱离英语语境。词汇的掌握对英语语言学习的重要性是不言而喻的,但词汇的记忆和掌握的过程又是枯燥的,这就需要教师来缓解这种枯燥,需要教师创新教学方法来创设教学情境,营造教学氛围,激发学生学习的积极性和动力。但是,就目前大学英语词汇教学的现状来看,教师并没有将心思花在教学方法的创新上,而依然采用陈旧的教学方式,即教师领读单词,讲解词汇用法,学生记忆单词。基于这种课堂教学模式,学生的主体地位被忽视,只能被动地学习和记忆,积极性根本无法调动起来,甚至还会产生抵触情绪。此外,教师在教学中对词汇的

---

① Harmer, J. *The Practice of English Language Teaching* (London: Longman, 1990), pp.158.
② Lewis, M. *Second Language Vocabulary Acquisition* (Cambridge: Cambridge University Press, 1997), pp.255.
③ 王笃勤:《小学英语教学策略》,北京师范大学出版社,2010,第15—16页。

整体性认识不足,未能将词汇放到具体的句子或情境中,最终导致学生对一词多义理解不深,限制了学生综合能力的提升。

实际上,任何一种语言都产生于实际应用,要想掌握地道的语言,必须浸润在相应的语境中。我国的英语教育倾向仍十分明显,很多学生学习英语只是为了通过考试,教师也将通过考试作为教学的目标,这样一来,就将英语语境的创设与英语教学割裂开来,只追求语言的外在表达方式,而不深入探究其内在的文化与逻辑,从而使得学生用汉语思维去理解应用。例如,"玫瑰"(rose)这一词语在英汉文化中都象征着爱情和美好,除此之外,在中国常用"带刺的玫瑰"形容那些性格刚烈的女子,而英语中常用 under the rose 表示要保守秘密。英语中 rose 的这一文化含义源自英国旧俗,如果在教学中不对此进行说明,学生就很难理解和掌握其含义。但实际上,很多教师只从词汇处着手,未创设语境,这样很难让学生充分体会英语这门语言的魅力,也难以让学生更好地投入学习。对此,教师在教学中应创设符合英语文化背景的语境,为学生营造一个英语交流环境,从而培养学生的英语思维,锻炼学生的词汇运用能力。

(2)教学效果不佳。词汇的学习和掌握要借助记忆来完成,但记忆是一个漫长的过程,如果学生不能在课后及时地进行复习和巩固,记住的单词往往会在短时间内忘记。在海量的词汇面前,学生常常会表现出畏惧感。由于缺乏高效的学习方式,加之教学方法陈旧,学生的学习热情不高。而且,教师也未能为学生提供应用的机会,这样学生通过死记硬背方式记住的词汇很快就忘记,进而导致教学效果低下,学生的交际能力也受到限制。

(3)忽视跨文化意识培养。很多英语词语意义深刻,蕴含着丰富的文化信息。这些词语称为"文化负载词"。经调查显示,很多学生对这些文化负载词完全不了解。这种情况的出现主要是教师在词汇教学中往往忽视了文化负载词部分,未能有意识地运用跨文化意识来培养学生的词汇能力。具体而言,这其中的问题体现在以下几个方面:

其一,对文化教学不够重视。这具体体现为以下几点:教师在备课环节的教学目标中没有文化意识目标,教师消极地跟随应试教育的脚步,学校很少组织与英语文化相关的活动。

其二,教师自身的文化素养不够。大学英语教师虽然具备了扎实的英语专业知识,但英语文化素养还有所欠缺。作为学生的榜样,如果教师的文化素养不高,自然也就无法提高学生的文化素养。

其三,文化教学方法不当。教师文化教学的方法比较单一,基本上是讲授法、多媒体展示法等,大部分教师只是在课堂教学中偶尔提到一些特殊词的文化背景,而很少有意识地渗透讲解文化知识。这种教学方式就造成了学生只理解词汇的表面意义,而不理解词汇的深层文化内涵这一现象。

事实上,跨文化意识和词汇教学是相辅相成的,教师在词汇教学中融入文化知识,能够提升学生的词汇能力和跨文化意识,而词汇量的增加又能进一步帮助学生更好地理解西方文化,培养自身的跨文化意识。

2. 学生学习中存在的问题

(1)重知识记忆,轻思维锻炼。在词汇学习中,很多学生都是通过死记硬背的方式来记忆和学习词汇的,效果往往不佳。学生虽然采用死记硬背的方式一时记住了单词,但一时背下来的单词是很难深刻记忆的,而且容易遗忘。实际上,每个词语只有在实际的语境中才具有准确、清楚的含义,因而学生在理解和记忆词汇时应结合具体语境,这样才能增强学习的效果。

忽视英语思维的培养是在长久的汉语语境熏陶下产生的惯性思维,很多学生都习惯运用汉语的语言逻辑去理解、解释和使用英语。由于英语和汉语二者背后的文化与逻辑存在差异和冲突,因此必然会影响学生对英语的有效运用。实际上,无论是英语还是其他语言,只有深入了解语言的内在逻辑,才能做到运用自如。英语思维的培养并不是仅仅通过记忆单词或背诵句子就能做到的,还需要学生充分理解英汉语言背后的文化历史,这样才能真正掌握英语这门语言。

(2)语义内涵的理解程度差。我国学生是在汉语环境下学习英语的,因而在理解英语词汇的语义内涵时,会不同程度地受到汉语文化的影响,而英汉词汇之间的语义不对等现象也会给学生的词汇理解带来困难。具体而言,一方面,学生在本民族文化传统的影响下会形成思维定式,在理解英语词汇时会出现文化语义的偏差;另一方面,中西方文化观念冲突会让学生思维混乱,对英语感到束手无策。如果教师忽视词汇文化背景知识的输入,学生在理解英语词汇时就会出现偏差,甚至会在使用中产生误用现象。

(3)缺乏探究意识。正常情况下,在大学阶段,学生应该主动探究和学习词汇知识,也就是积极自主地学习词汇。但在实际的词汇学习过程中,很多学生词汇知识的获取基本都源自教师的告知,很少主动探究词汇知识,这就导致虽然他们的词汇量在增加,却不会主动解决相关问题。具体而言,学生缺乏对英语词汇构词规则的主动探索,缺乏对词汇文化背景的探究,也缺乏对词汇之间联系的主动探究。因为缺乏好奇心和探究意识,学生很少在课后独立学习。一旦没有教师的督促,学生就会感到束手无策,这对他们自主学习和创造能力的提升十分不利。

二、文化差异对大学英语词汇教学的影响

语言是文化的载体,文化影响着语言,二者密切相关。不同民族的文化有着区别于其他民族文化的特色,而这种差异也会在语言中表现出来,并对语言起着重要的影响作用。就英汉民族而言,二者有着不同的历史文化、生活环境等,由此产生的文化差异对语言习得会产生一定的影响,进而对大学英语词汇学习产生一定的影响。了解英汉文化差异以及对大学英语词汇教学产生的影响,可使教师和学生充分了解其中文化因素的重要性,进而有意识地进行文化教学和文化学习。以下就从文化负载词的三种类型出发,分析文化差异对大学英语词汇教学的影响。

(一)词义交汇词

中西方文化并非完全不同,也存在着部分共性,因此英汉两种语言中就必然存在一些意义交汇或者叠盖的词语,这些词语就是词义交汇词。这类词包含两种形式:一种是同义异形词,另一种是同形异义词。

同义异形词是指意义相同或相似的词语在英汉语言中有着不同的表达方式。在大学英语词汇中,文化负载词几乎大部分都是这类词,同时也存在不少英语习语与汉语词汇出现同义异形的交汇现象。来看表5-1所示的例子。

表5-1 大学英语词汇中常见的同义异形词

同义异形词	汉语	英语
1	如鱼得水	like a duck to water
2	像蠢猪一样	as stupid as a goose
3	雨后春笋般涌现	spring up like mushrooms
4	狼吞虎咽	eat like a horse
5	拦路虎	lion in the way
6	害群之马	a black sheep
7	爱屋及乌	Love me, love my dog.
8	水中捞月	fishing in the air
9	未雨绸缪	While it is weather, mend your sail.
10	挥金如土	spend money like water

资料来源:张晨霞,2016

此外,在大学英语词汇中,同形异义词也占据着很大比重,表 5-2 就从不同方面来列举英汉语言中所具有的不同文化含义的相同词汇,即同形异义词。

表 5-2 大学英语词汇中的同形异义词在英汉文化中的含义对比

类别		汉语中的文化含义	英语中的文化含义
动植物	dragon	怀有至高无上的尊重,是中华民族的象征	是一种喷烟吐火、凶残可怕的怪物,是灾难的象征
	bat	是幸福吉祥的象征,大吉大利的前兆	是一种邪恶的动物
	owl	与凶兆有关,象征倒霉的事情。"夜猫子进宅"更意味着厄运将要到来	是智慧的象征
	dog	仗势欺人、令人讨厌的人	忠诚的动物,可以用来比喻人
	rose	美丽却带刺的女人	神秘而静默的爱情
颜色	red	热情似火或喜庆之事	潜在的风险和极端主义
	blue	严肃、纯洁、静穆	沮丧、消沉、下流之事
	green	春天、绿色、希望	没有经验的人
	white	恐怖、死亡、葬礼	纯洁、天真、无瑕
数字	four	顺畅、四通八达	不吉利
	six	顺利无阻、百事顺心	不吉利
	eight	财源滚滚	不吉利
	ten	美不可言	不吉利

资料来源:张晨霞,2016

对此,在大学英语词汇教学中,教师应详细讲解词汇交叉词,让学生清楚英汉词汇文化的异同,进而掌握它们的具体应用情况。

(二)词义空缺词

所谓词义空缺,是指一种语言中具有的特定文化含义在另一种语言中并不存在的现象。中西方由于生活环境、风俗习惯、人们世界观和思维方式等方面的差异所引起的词汇空缺,在大学英语词汇教学中是十分常见的现象,如表 5-3 所示。

表 5-3　英语词汇在汉语文化中出现空缺含义的类型

音译词汇		直译词汇		音译和直译结合词汇	
英语	汉语	英语	汉语	英语	汉语
marathon	马拉松	cold war	冷战	Buckingham Palace	白金汉宫
golf	高尔夫	honeymoon	蜜月	Domino Effect	多米诺效应
salon	沙龙	soft landing	软着陆	Cambridge	剑桥
pudding	布丁	millennium bug	千年虫	Internet	因特网
pizza	比萨	dark horse	黑马	beer	啤酒
chocolate	巧克力	white collar	白领	jazz	爵士
lemon	柠檬	generation gap	代沟	Benz	奔驰
whisky	威士忌	spacecraft	航天器	vitamin	维生素
disco	迪斯科	Xerox	复印机	club	俱乐部
clone	克隆	communism	共产主义	jeans	牛仔裤

资料来源：张晨霞，2016

当其他文化背景下的人在看到这种空缺的词汇时，往往很难理解。表 5-3 中的英语词汇虽然可以用汉语表达，但基本都是音译和假借而来的。再如，中国的"阴阳""乾坤"等概念在英语中也并不存在。学生在学习英语词汇时一般都习惯寻找对应词义，那么词汇空缺现象必然会影响学生的英语词汇学习过程，进而会影响词汇教学效果，因此这种现象应引起教师和学生的注意。针对这种情况，教师在大学英语词汇教学中可以采用释义法来解释空缺的词汇，详细阐述它们的含义及使用情况，让学生对其有一个清晰的认识，进而为学生的交际打好基础。

（三）词义冲突词

在英汉语言中词义完全相反或者相互矛盾的词汇即词义冲突词。由于英汉语言中很多词汇源自神话、寓言故事，涉及不同的风俗习惯、历史文化等背景，因此有很多词汇的含义通过字面完全无法理解。在大学英语词汇教学中，教师应引导学生在了解词语字面意思的同时理解其深层文化含义，不能望文生义。例如，在大学英语听力课本中有这样一句话："Well, I guess I'll have to face the music." 就字面意思而言，好像是主人公不得不去听音乐会，但实际并非如此。face the music 这一表达在西方文化中实际上是"面对困难和惩罚"的意思。但在汉语文化中，面对音乐，听着只会感到惬意和轻松，完全没有英语中的那种意思。

通过上述几个方面可以看出,文化因素对英语词汇以及英语词汇教学有重要影响。因此,在大学英语词汇教学中,教师应重视文化因素的影响作用,并有意识地导入相应的文化知识,丰富学生的文化储备,提高学生的文化意识。当学生的文化知识得到丰富后,会反过来促进其更好地进行词汇学习。

三、跨文化交际视角下大学英语词汇教学的原则

大学英语词汇教学的开展应遵循一定的原则,这样既可以使教学更加有效地进行,又可以更好地培养学生词汇能力和跨文化交际能力。具体而言,跨文化交际视角下大学英语词汇教学应遵循以下几项原则。

(一)循序渐进原则

任何教学都应循序渐进地进行,也就是遵循循序渐进原则,大学英语词汇教学也不例外。具体而言,在大学词汇教学中遵循这一原则是指在教学中在数量和质量平衡的基础上对所教内容逐层加深。基于循序渐进原则,大学英语词汇教学不能仅仅重视学生对词汇数量的掌握,也应重视学生对词汇质量的把握,要做到在增加学生词汇数量的基础上,提升学生对词汇使用的熟练程度。逐层加深是指大学英语词汇教学应由浅入深、层层递进,因为课堂教学不可能一次性教授词汇的所有语义,学生也不可能一次性掌握全部知识。总体而言,在大学英语词汇教学中,教师要避免急于求成,应由浅入深地推进教学,让学生逐步加深对单词意义的了解和对单词用法的掌握,进而提升学生的学习效率和英语词汇水平。

(二)联系文化原则

语言与文化密切相关,很多词汇都蕴含着丰富的文化,而且词汇学习的最终目的也是进行跨文化交际,因此联系文化原则也应是大学英语词汇教学遵循的一个重要原则。遵循联系文化原则是指在大学英语词汇教学的过程中,词义的讲解、结构的分析都应与文化相联系。充分理解语言文化,有助于加深对词汇的理解,全面掌握词汇的演变规律,有效地运用词汇。

(三)回顾拓展原则

遗忘是伴随着记忆而行的,在学生的词汇学习中,不可避免地会产生

遗忘问题，如果每天不能进行复习和巩固，将很难掌握词汇。对此，大学英语词汇教学应遵循回顾拓展原则。这一原则是指在教学中将新旧词汇结合起来，联系已教授过的词汇来教授新的词汇，以便让学生对旧的词汇加以巩固，同时有效拓展和掌握新的词汇。

（四）词汇运用原则

学习词汇并非为了单纯记忆词汇，而是为了在交际过程中有效运用，因此在大学英语词汇教学中，教师应遵循词汇运用原则。这一原则是指教学中教师不仅要讲授词汇知识，还要引导学生对词汇加以运用。具体而言，教师在教学中要设计符合学生学习特点的教学活动，让学生积极参与教学互动，进而锻炼词汇运用能力。

（五）新潮性原则

在科技迅速发展的大数据时代，大学生有着开放的思想、新潮的想法，而且无论是学习还是生活，都与信息异常密切。对此，大学英语词汇教学应顺应社会的发展趋势和学生的需求，与时俱进，具有新潮性。例如，教师除了教授教材中的词语，还可以适时传授一些热门新词，如 selfie（自拍）、bestie（闺蜜）等，这样学生就会切实感受到语言的鲜活性和发展性，学习词汇的积极性与兴趣也会随之提高。

四、跨文化交际视角下大学英语词汇教学的优化方法

由上文可以了解，在跨文化交际视角下，大学英语词汇教学存在着诸多问题，教学现状并不佳。对此，为了切实提高教学效果，提升学生的词汇水平，培养学生的跨文化交际能力，就需要在遵循基本教学原则的基础上，对教学方法进行优化，即选用新颖有效的方法开展教学。

（一）开展文化教学

在跨文化交际视角下，英语教师应重视文化教学，要有意识地在大学英语词汇教学中融入文化知识教育，从而培养学生的文化素养，提高学生运用词汇进行跨文化交际的能力。具体而言，教师可采用以下几种方法开展文化教学。

1. 讲授文化知识

在词汇教学中，教师可以采用教授法开展文化教学，即教师直接向学生展示文化承载词的分类及内涵等,同时通过图像与声音结合的方式列举生动的例子加以说明,直观地培养学生对文化的兴趣。只有熟悉了英语文化,才能让学生透彻地了解英语词汇。学生在学习语言时不能只单纯地学习语音、词汇和语法,还要接触和探索这种语言背后的文化,在语言和文化的双重作用下真正掌握英语这门语言。采用直接讲授法讲授文化,既省事又有效率,而且这些文化不受时空的限制,方便学生查找和自学。

例如,"山羊"(goat),在汉语环境中,"山羊"一般扮演的是老实巴交的角色,由"替罪羊"这一词就可以了解到;在英语环境中,goat 则表示"好色之徒""色鬼"。这类词语还有很多,如 landlord(褒义)/"地主"(贬义)、capitalism(褒义)/"资本主义"(贬义)、poor peasant(贬义)/"贫农"(褒义)等,这些词语代表了人们不同的态度。在词汇学习过程中,学生要深入了解和尊重中西方文化,这样才能更好地将词汇运用于交际。

再如,根据当下流行的垃圾分类方法,教师可以让学生翻译这四类垃圾:干垃圾、湿垃圾、有害垃圾、可回收垃圾。大部分学生都会将"垃圾"一词翻译为 garbage,实际上正确的翻译应是 waste。由这两个词就可以看出中西方文化的差异。在英语中,garbage 主要指食物或者纸张,waste 主要是指人不再需要的物质,可以看出 waste 的范围更广,其意思是"废物"。当翻译"干垃圾"和"湿垃圾"时,学生又会翻译得五花八门,实际上"干垃圾"是 residual waste,"湿垃圾"是 household food waste。所以,学生有必要深入了解中西方文化的异同,这样才能学好词汇,才会形成英语思维,进而形成跨文化交际能力。

2. 进行文化对比

根据心理学原理,人们对相同的事物比较容易接受,但对不同的事物更容易产生兴趣,也容易记忆深刻。因此,采用英汉对比法有着显著的优势,即可使学生对英汉词汇文化差异一目了然,加深对词汇的理解。语言不能独立于文化之外,由于英汉习俗传统不同,价值观和思维方式等也都有着显著的差异,会出现词汇语义与文化内涵不对等的情况。如果不加以学习和研究,在使用这些词汇进行交际时,难免会出现交际障碍。通过对比分析,学生就会发现其中的奥秘,词汇问题也就迎刃而解。来看下面表 5-4 中的例子。

表 5-4　英语表达的英汉意义对比

英文表达	英语意义	汉语意义
as strong as a horse	力气大	力大如牛
work as a horse	任劳任怨、温顺	老黄牛
eat like a horse	有胃口、能吃	牛一般的胃口

资料来源：李海雁,2019

通过表 5-4 可以看出,汉语中与英语中 horse 所表达的意思相对应的不是"马"而是"牛"。在英语文化中,马同时用于耕作和战争,但在汉语文化中,马用于战争,牛用于耕作。

再来看表 5-5 所列举的例子。

表 5-5　实际意义与字面意义不同的词汇

词汇	实际意义	字面意义
lover	情人	爱人
peasant	教育缺乏、举止粗鲁的人	农民
black tea	红茶	黑茶
drugstore	既出售药品又出售日用品的商店	药店
intellectual	致力于研究、思考、推论的人	知识分子

资料来源：李海雁,2019

在具体的教学中,教师可以通过上述形式来进行英汉文化比较,让学生清晰了解英汉词汇的文化差异,进而帮助学生正确、灵活地运用词汇。

3. 创设情境,体验文化

语言只有在语境中才能焕发生机与活力,单独去看某个词语很难在其中发现个中韵味,但是一经组合和运用,语言便有了生命力。因此,教师应创设信息丰富的环境,为学生提供真实的语言环境和大量的语言输入,使学生在逼真的语境中学习英语,给学生提供学习和运用词汇的机会。教师可以设计一些活动,如组织学生观看电影,然后指导学生进行角色扮演,让学生经历真实的跨文化交际情境,培养学生的跨文化交际能力。

除组织跨文化交际活动外,教师还可以组织一些课外活动,让学生切实感受英语文化,扩大学生的词汇文化接触面,培养学生的跨文化交际能力。例如,《疯狂动物城》这部动画片深受学生的喜爱,但大部分学生并没有注意这部影片的名字 Zootopia,也没有对其进行探究,觉得这是电影中虚构的一个地方。如果学生知道乌托邦的英文是 Utopia,可能会想到这个复合词 Zootopia 是由 zoo（动物）和 Utopia（乌托邦）结合而来。实际上，很多学生连汉语文化中的"乌托邦"都不了解，更不用说英语文化了。其实，"乌托邦"就是理想国，Zootopia 就是动物理想国，是一个动物之间没有相互杀戮的地方。如果学生在观看电影前能对其中的义文化进行探索，或者教师稍微引导，那么观影的效果就会更好，而且在欣赏影片的同时也能掌握相关文化知识。

（二）讲授词汇记忆策略

在英语学习过程中，词汇学习是一个十分重要的环节，但由于英语词汇数量众多，再加上缺少一定的语言环境，很多学生都认为记忆单词是一件困难的事情，"难记住，易忘记"成了学生词汇学习中无法逾越的门槛。对此，在大学英语词汇教学中，教师有必要向学生讲授记忆词汇的方法和策略，从而帮助学生更加高效地记忆和学习单词。

1. 归类记忆

（1）按词根、词缀归类。词汇记忆是非常枯燥的，但通过词根、前缀和后缀来记忆可有效提高记忆效率，使学生逐渐扩大词汇量，而且也能降低词汇记忆的枯燥感。

（2）按题材归类。教师可以根据话题来引导学生进行词汇归类。日常的交际中常会涉及不同的话题，将与某一话题相关的词汇进行归类，可使学生的词汇学习形成一种"系统"，从而拥有一种系统的记忆，如图 5-1 所示。

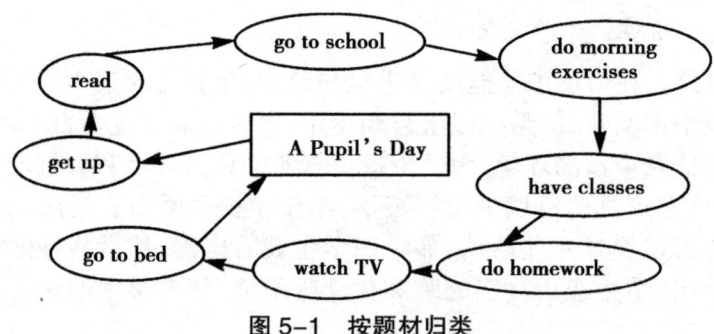

图 5-1 按题材归类

资料来源：林新事，2008

通过图 5-1 可以看出，与 A Pupil's Day 这一话题相关的词汇有很多，通过归类可使记忆更加系统，而且更加有效。

2. 联想记忆

联想记忆就是以某一词为中心，联想出与之相关的尽量多的词汇，这样不仅可以有效记忆词汇，而且可以培养发散思维，如图 5-2 所示。

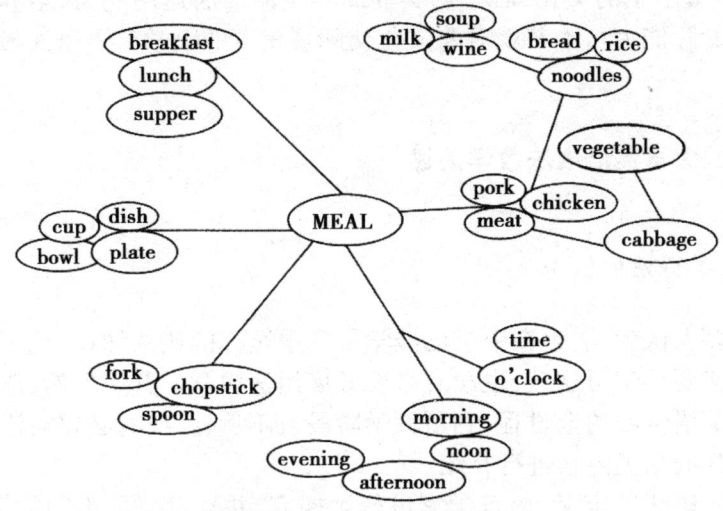

图 5-2　meal 的词汇联想

资料来源：何少庆，2010

通过图 5-2 可以看出，通过单词 meal 可以联想到与之相关的众多词汇，这不仅能提高记忆的效率，扩大词汇量，还能拓展发散思维能力。

3. 阅读记忆

词汇与其他语言技能有着密切的联系，如词汇与阅读关系就非常密切，因此可以通过阅读来记忆词汇。具体可以通过精读和泛读来进行，通过精读可以深入了解词汇的含义，通过泛读可以进行无意识记忆，加深对精读所学词汇的记忆。可以看出，经常进行阅读，不仅可以有效记忆词汇，还能加深对词汇的认识，了解词汇在特定语境中的运用情况。

第二节　跨文化交际视角下大学英语语法教学研究

语法是语言的框架，是语言中的词、词组、短语及分句的排列规则、规律和方式，对语法学习有着重要的影响作用。要想掌握一门语言，就必须要掌握这门语言的语法规则，所以即使是在大学阶段，语法仍然是大学英语教学的重要内容。只不过，随着社会和教学的发展，以及文化影响的扩大,大学英语语法教学的要求不再只是掌握语法知识,而是有效运用语法知识,即进行有效的跨文化交际。对此,现在的大学英语教学要着眼于跨文化交际视角,在教授学生语法知识的同时,让学生了解英汉语法之间的差异,丰富学生的文化知识,切实提高学生的语法运用能力,培养学生的跨文化交际能力。本节就对跨文化交际视角下的大学英语语法教学进行研究。

一、大学英语语法教学简述

(一) 语法的概念

很多人认为,学生在中学已经学了几乎全部的语法知识,到了大学阶段没有必要再学习这些,也没有必要开展语法教学。其实不然,语法学习贯穿于英语学习的全过程,到了大学阶段也不例外,极有必要对语法以及语法教学的相关内容进行介绍。

关于语法的定义,语言学家进行了探究,并且发表了不同的观点,以下就对一些代表性的观点进行说明。

威多森(Widdowson,1992)认为,词汇的变化规则和用词造句规则系统的总称构成了语法。

我国学者许国璋先生(1986)指出,语法是制约句子中词与词之间关系的准则,某一语言的语法是该语言中所有准则的总和,在语法的制约下,词组成能够被语言社团接受的句子。

文秋芳(2013)指出,语法是以词素、词、习语、词类范畴等构式为单位的组合。

对上述观点进行总结可知,语法就是语言的组织规律,是人们据以组词成句、赋予语言意义并使用语言进行交际的一套规则。

(二) 大学英语语法教学中存在的问题

在大学英语教学中,语法教学是颇受争议的一门课程,而且普遍不被重视,因此存在的问题较多。下面就对大学英语语法教学中存在的问题进行具体说明。

1. 教师教学中存在的问题

(1) 语法教学弃而不教或边缘化。大学英语教学一直都在不断变革,教学内容随之不断改变,而随着 2004 年教育部《大学英语课程教学要求

(试行)》的颁布,大学英语语法教学内容退出了大学英语教材,标志着语法教学从大学英语教学中退出,最终导致大学英语语法弃而不教或边缘化。这具体体现在两个方面:首先,教材中没有了语法内容,教师便失去了教授语法的依据和大纲,学生也将无法系统地获取语法知识;其次,教学安排不合理,大学英语教学中多是精读课与泛读课,没有相应的语法课,即使教师讲解语法知识,也是零星的和碎片化的。实际上,语法对于英语语言的学习是至关重要的,语法贯穿于学生英语学习的始终,对英语综合能力的提升起着重要作用,所以教师不应忽视语法教学,而应积极开展语法教学,丰富学生的语法知识,提高学生的语法能力,从而为培养学生的英语综合应用能力打好基础。

(2)教学方式单一。英语语法知识繁多,学习起来十分枯燥,因此很多学生都对语法学习缺乏兴趣。想要改善这种现状,就需要教师创新教学方法,增添语法教学的乐趣,激发学生学习的积极性。但是目前来看,大学英语语法教学现状并不乐观,教师依然采用传统、陈旧的教学方法开展语法教学。教师占据着课堂的主体地位,学生只能被动地记笔记。这不仅不符合现代的教育理念,也不利于激发学生学习语法的主观能动性。

(3)忽视语言情境。学生学习语法不仅是为了掌握语法知识,而是为了运用所学的语法知识进行交际,所以学生的语法学习需要具体的语言情境。但目前我国的大学英语语法教学常将语法知识的意义、理解同运用、语境分割开来,这就使得学生无法准确理解语法知识适用于哪种情境,不利于学生有效运用语法。

(4)忽视文化教学。语法对于我国学生而言是一种比较难掌握的英语知识,而经调查表明,学生不能有效掌握语法的一个很重要的原因是学生不了解英汉语法之间的差异。这就需要教师结合文化因素开展语法教学。但在实际的教学中,教师并没有在语法教学中融入文化教学,仍然只是孤立地讲授语法知识,这样无法使学生透彻理解因文化差异而造成的语法差异,更不利于学生对语法知识的深入了解和有效运用。

2. 学生学习中存在的问题

(1)语法意识薄弱。大学生在中学阶段已经进行了很长时间的语法学习,普遍对其感到枯燥乏味,因此他们认为到了大学阶段就没有必要重点学习语法了。实际上,语法依然是大学阶段英语学习的重要内容,因为不掌握丰富和准确的语法,是不可能准确、流利地进行交际的。

(2)缺乏有效的学习方法。很多学生语法学习效率低下,其中一部分原因是学生没有掌握有效的学习方法,所学的语法知识零散、不系统。在语法学习过程中,学生往往十分被动,通常是遇到新的语法问题时才会去学习。而且,学生在学完一篇文章之后,就将文章中的语法知识抛在脑后,这是难以提高自身的语法能力的。

二、文化差异对大学英语语法教学的影响

语言与文化密切相关,文化差异在语言中有着集中的体现,一方面体现在词汇上,另一方面则体现在语法上。因此,文化差异对大学英语语法教学也有着显著的影响。了解这种影响,对明确大学英语语法教学目标、改善大学英语语法教学现状具有重要意义。

(一)思维模式的影响

不同的民族,其思维模式不相同,这种差异也会在语言中有所体现。英汉民族的思维方式在语法上的体现是英汉语法差异,具体表现是英语是形合语言,汉语是意合语言。

形合又称"显性",是指借助语言形式,主要包括词汇手段和形态手段,实现词语或句子的连接。意合又称"隐性",是指不借助语言形式,而借助词语或句子所含意义的逻辑联系来实现语篇内部的连接。形合注重语言形式上的对应,意合注重行为意义上的连贯。英语属于形合语言,有着丰富的形态变化,语法规则众多,力求用内涵比较丰富的语法范畴来概括一定的语法意义,对句法形式要求严格。

英语句子多使用外显的组合手段,因此句子中的语法关系清晰有序。但汉语句子多用隐性的手段,语法关系并不那么清晰,而是十分模糊,如"知己知彼,百战不殆;不知己而知彼,一胜一负;不知己不知彼,每战必殆",这句古汉语就足以体现汉语意合的特点。汉语属于语义型语言,受传统哲学和美学思想的影响,形成了注重隐含关系、内在关系、模糊关系的语言结构特点。所以,汉语主要靠词序和语义关系来表现句法关系,并不刻意强求语法形式的完整,只求达意即可。

具体而言,受思维模式的影响,英汉语法之间的差异体现在以下几个方面:

第一,汉语句子注重达意,英语句子注重形式上的联系。例如,"已经晚了,我们回去吧。"这句话用英语表达是"Let's go home, as it is late."为符合英语的表达习惯,添加了连接词 as。

第二,英语主要借助词形的变化来组句,汉语则主要借助词序和词在句中的作用及句子的意思来组句。

第三,英语倒装句多,汉语相对较少。为了表示强调,英语句子常将

助动词放在主语前面,或者是没有助动词的情况下,在主语前面加 do, does 或 did,形成倒装句。汉语表示强调就相对简单,有时将宾语提前,一般是不改变词序而增加某些具有强调意义的词。

总体来讲,受思维模式的差异导致了汉文化综合整体与英文化分析细节的思维方式的不同。在具体的大学英语语法教学中,教师应引导学生充分了解文化差异对语法的影响,同时向学生输入相关的文化因素,使学生切实了解英汉语法的异同,进而提高学生的语法能力。

（二）语序因素的影响

语序指的就是词在短语或者句子中线性的排列顺序。语法语序就是表现语法关系的语序。例如,英汉都有并列式的合成词,尽管都是由同等成分构成的,但是仍然存在较大差别。例如,汉语的"东南西北"和"东西南北"的意思基本相同,但是仔细地观察就会发现有很多的组合方式在汉语中是不使用的,如"南西""北东""北西""南东"等。英语的方位词有很多和汉语恰恰相反,如 northeast, southeast, northwest, southwest。另外,英语叙述、说明事物时,习惯于从小到大,从特殊到一般,从个体到整体,先低级再高级；汉语的顺序则是从大到小,从一般到特殊,从整体到个体。此外,英汉语言中出现多个定语和状语时,定语和状语的排列顺序也是有差别的,这些实际上都源于文化的差异。因此,在大学英语语法教学中,教师应注重培养学生的文化素养,进而促进学生语法能力的提升。

三、跨文化交际视角下大学英语语法教学的原则

在跨文化交际视角下,大学英语语法教学应遵循一定的原则,以确保教学的有效性,切实提高学生的语法能力。具体而言,在大学英语语法教学中,教师应遵循以下几项原则。

（一）以学生为中心原则

新课程教学理念提倡以学生为中心开展教学,即教学活动要以学生为主体,紧紧围绕学生来开展。这一教学理念也适用于大学英语语法教学。在大学英语语法教学中,教师应更新教学理念,认识到学生的主体地位,将学生放在教学的中心位置,有效激发学生的学习兴趣,鼓励学生积极参与教学活动,引导学生自主发展、学习和掌握语法规律,从而培养学生的语法能力。

（二）交际性原则

在大学英语语法教学中,教师应遵循交际性原则,即恰当地运用多媒体设计课堂教学,创设合理的语言交际环境,从而帮助学生更好地掌握语法知识,提升交际能力。提高学生成绩并不是语法教学的最终目的,对语法知识的使用才是语法教学的本质,所以语法教学应结合实际生活,重点培养学生的语法思维,提升学生的听、说、读、写能力,提高学生的语言交际能力。

（三）文化关联原则

语法作为语言的内部规律,与文化有着密切的联系,即蕴含和反映着丰富的文化信息。对此,在大学英语语法教学中,教师应重视文化因素对学生语法学习的影响,并有意识地进行文化教学,创设英语语言环境,从而丰富学生的文化知识,切实提高学生的语法能力和语言交际能力。

四、跨文化交际视角下大学英语语法教学的优化方法

文化因素对大学英语语法教学影响巨大,因此在大学英语语法教学中,教师应重视文化因素,在教学中有意识地导入与语法相关的文化知识,从而培养学生的文化意识,提高学生的语法应用能力。具体而言,在跨文化交际视角下,大学英语语法教学的优化方法包含以下几种。

（一）创设语法情境

在大学英语语法教学中,教师可采用情境教学法开展教学,情境教学法中包含语法规则和知识的真实环境,可以充分调动学生不同的感觉器官,激发学生的学习兴趣,可以让学生在接近真实的情境中切实参与到学习中,使学生系统地掌握语法知识。语法教学通过情境化实现了认知与情感的联合,颠覆了过去只讲述语法规则的陈旧方法,使学生有了使用语言的空间。通过情境化教学,课堂氛围更加活跃,师生关系更加和谐,学生的语法能力和交际能力会得到显著提升。

具体而言,情境教学的教学途径包含以下几种。

1. 融入音乐,创设情境

青少年通常对音乐有着强烈的兴趣,因此在语法教学中,教师可将音

乐与语法教学相融合,营造轻松愉悦的气氛,让学生在聆听中学,在欢唱中学。例如,在讲授现在进行时这一语法时,教师可以让学生先欣赏歌曲,并让学生持有该曲的歌词,然后找出歌词中含有现在进行时的句子。这样既能激发学生的学习兴趣,分散学习的难点,又能使学生在不知不觉中学到知识。

2.角色扮演,感受情境

在大学英语语法教学中,教师还可以组织学生进行角色扮演,让学生身临其境地学习语法知识。学生可以通过自己扮演的角色,体验相应情境下人物的言行举止、思想情感,深化所学知识,提高自身的人文素养。

3.运用媒体,展示情境

在语法教学中,有些教学情境因条件的限制无法创设,但随着多媒体技术的发展及其在教学中的运用,这一缺陷被弥补了。多媒体教学素材丰富多样,包含图像、图形、文本、动画以及声音等,将对话的时空体现得生动和形象,图像和文字都得到了充分的展现,课堂氛围不再沉闷死板,学生的感官得到了调动,加深了学生的印象,提高了学生参与课堂教学的积极性,学习效率也得到了显著的提升。

4.设计游戏,领悟情境

设置符合学生心理和生理特征的语法教学游戏,可以激发学生的学习积极性,让学生积极参与其中。生动活泼的游戏可以调动学生的多种感官,使学生觉得原本觉得困难的语法结构也变得简单许多,从而在潜移默化中掌握语法知识。

(二)进行文化对比

文化对语法教学的影响十分显著,对此教师可采用对比分析法让学生了解英汉语法的差异,培养学生的文化意识和跨文化交际能力。

我国学生一直都是在母语环境下学习英语的,因此形成了汉语的思维模式,这必定会对英语语言的组织有所影响,其中主要是文化背景和生活习惯的影响。在这种情况下,英语教师的语法教学就会受到一定程度的阻碍。

对此,教师应根据学生的学习规律和教学实际情况进行对比分析教学。教师应该使学生意识到文化差异对语言形成产生的重要影响作用,从而了解英汉语言之间的差异性。这样便能在发挥汉语学习正迁移的前提下,使学生掌握具体的英语语法知识。

（三）开展翻转课堂教学

翻转课堂是随着信息技术的发展而产生的一种新型教学模式,将该教学模式运用于大学英语语法教学,可有效调动学生学习语法的兴趣,促进学生的自主学习能力,提高学生的独立思考能力,进而培养学生的语法能力。翻转课堂这种教学模式不再以教师为中心,而是以学生为中心,教师只是起到辅助作用,学生是教学环节的重点,师生之间处于互动的状态。翻转课堂语法教学模式的流程如图 5-3 所示。

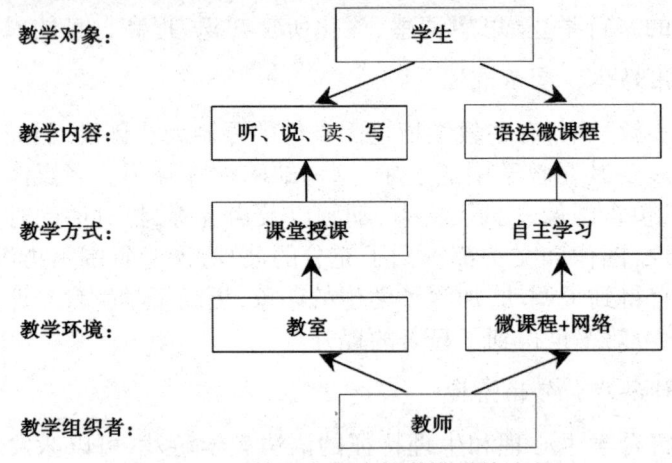

图 5-3 翻转课堂语法教学模式的流程

资料来源：马慧丽,2019

1. 提升微课制作水平,借鉴网络教育资源

相较于传统的语法教学模式,翻转课堂最大的特点在于以视频微课代替了"黑板 + 粉笔"的教学方式。但对于已经习惯了传统教学模式的英语教师来说,很难在短时间内适应视频微课这种新的教学方式。因此对于教师而言,首先,要熟练掌握微课的制作技术,灵活运用各种制作软件；其次,要重视视频微课内容的整合与加工,在内容选择上要符合微课课本语法知识,并借鉴网络上优质的教育资源,制作短小精致、内容丰富的数字化课程资源。

2. 拓宽师生互动渠道,确保语法教学效果

制作视频微课是翻转课堂语法教学的前提,后期的检查、实施和监督是更加重要的部分,因此师生之间应保持多维互动。首先,教师要指导学生观看视频微课,并对学生的学习内容和时间进行规划,把握学生的学习

进度；其次，教师要利用社交软件建立 QQ 群和微信群等，加强与学生线上线下的互动，对学生在自主学习中遇到的问题进行解答，促进师生和生生之间的讨论，实现英语语法知识的消化和吸收。

3. 关注语法难点，提升教师答疑解惑的能力

基于翻转课堂，教师将制作好的微课视频上传到网络平台，学生可自行下载，并在固定时间内完成自主学习，而对于遇到的语法知识难点，除了课堂学习小组讨论外，应更多由教师在课堂上统一解答或个别辅导。对此，英语教师应不断充实自身的语法知识储备，提升自己的语法能力，从而更好地解答学生的疑难问题。

4. 开展差异化教学辅导，促进学生自主学习

在翻转课堂教学模式下，教师要更新教学理念，改变传统的教学模式，主动融入和参与学生学习的各个环节，成为学生学习的指导者和监督者。由于不同学生之间存在着巨大的差异，有着不同的基础水平和认知结构，因此教师需要采用不同的辅导方式来对不同层次的学生加以辅导，特别是对那些自律性不强的学生，更要采取有效方式来加以辅导，促进他们进行自主学习。

5. 重视教学评价，建立激励机制

翻转课堂语法教学重在强调学生的自主学习。为了掌握学生自主学习的频率以及参与程度，确保翻转课堂教学的效果，对学生进行考核评价就显得十分必要，而且要贯穿于课堂教学的全过程，同时评价形式要多样化，包括学生自我评价、小组评价、教师评价等多种考核评价形式。这种全方位的考核评价机制有利于教师掌握学生对语法教学的参与度和配合度，便于了解学生对语法知识的掌握程度，而且对学生有着正向的激励作用。

总体而言，在跨文化交际视角下，大学英语词汇和语法教学应紧跟社会和教学改革发展的趋势，结合文化开展教学，即在教授词汇和语法知识的同时，融入英语文化知识教学，进而培养学生的文化素养，提高学生的综合能力以及运用词汇和语法知识进行跨文化交际的能力。与此同时，教师要持有客观的态度，不能一味地导入英语文化，还应传授汉语文化知识，从而树立学生的文化自信，使学生运用所学知识传播中国文化。

第六章　跨文化交际视角下大学英语听说教学研究

随着社会的发展,英语听力和口语在社会交际中的作用越来越明显,越来越需要具备英语听力能力和口语表达能力的人与其他国家和民族进行交流和沟通。这也引起了教师和学生的主意,并且被大学英语教学作为重点教学内容来讲授。尽管如此,在目前的大学英语教学中,听力教学和口语教学效果并不佳,学生依然是阅读能力尚佳,但听说能力较差。实际上,影响学生听说能力提升的因素有很多,但是非常重要的一个因素就是缺乏文化素养,对西方文化知识了解较少。在实际的交际过程中,必然会涉及各种文化因素,如果不了解语言所承载的文化信息,就很难理解其意思,也难以表达自己的思想,交际也就无法顺利进行。对此,大学英语教学应顺应教学改革的发展趋势和社会的要求,基于跨文化交际视角来开展大学英语听说教学,也就是在大学英语听说教学中恰当地融入文化知识,培养学生的文化素养,进而提升学生听说能力和跨文化交际能力。本章将对跨文化交际视角下大学英语听说教学进行研究。

第一节　跨文化交际视角下大学英语听力教学研究

听力不仅是重要的语言输入技能,也是交际的重要方式,更是大学英语教学中不可或缺的一部分。提高学生的听力能力是大学英语听力教学的重要目标,但其最终目标是培养学生的跨文化交际能力,即运用听力技能进行交际活动。因此,大学英语听力教学应基于跨文化交际视角,将语言教学与文化教学相融合,向学生讲授文化知识,扩大学生的文化视野,进而切实提高学生的听力能力,培养学生的跨文化交际能力。本节将对跨文化交际视角下大学英语听力教学进行研究。

第六章 跨文化交际视角下大学英语听说教学研究

一、大学英语听力教学简述

（一）听力的概念

随着听力的作用逐渐凸显，很多应用语言学家提出听力是学习语言的重要手段，并且开始了对听力的研究。

罗宾（Rubin,1995）认为："听是一个包含主观能动性的过程，它涉及听者信号的主动选择，然后对信息进行编码加工，从而确定正在发生的事情以及发话人想要表达的意图。"[①]

听力理解就是利用大脑中的已有知识，对听力材料进行正确的理解，是一个从语音信号识别到语义构建的极复杂过程。安德森（Anderson,1988）指出，在听力理解过程中，听者起着十分关键的作用，其并非单纯地接收信息，他们会激活和运用大脑中的各类知识储备来理解说话者想要表达的真正意图。可见，听力理解是听者为了达到理解语言的目的，积极运用各种背景知识对声音信号进行识别、筛选和重构的复杂心理过程。

肯尼思（Kenneth,1976）对听力理解的过程进行了研究，认为其包含五个阶段，即辨音阶段、信息感知阶段、听觉记忆阶段、信息译码阶段、语言运用和存储阶段。在经历了前面四个阶段之后，听者就可以获取新的语言知识，进而对它们进行运用与存储了。

理查德（Richards,1983）认为，听力理解的过程要经历三个阶段：确定语句的命题、理解说话人的意图、激活相关的知识。听者要通过说话者的字面意思，激活大脑中与说话者所说内容相关的文化背景知识，来理解说话人的真实意图。可以看出，听力理解包含两层含义：一是将接收者的语音、语法等信号组成可理解的句子；二是透过字面意思理解谈话者的真正意图，即谈话的交际功能。

樵秋春、李诗和（2007）认为，英语听力理解是有目的地运用储存在大脑中的英语语言知识对耳朵接收到的新信息进行选择、整理和加工，最终获得新的英语语言认知的过程。黄旭琳、黄清贵（2016）指出，英语听力的本质是人们利用听觉器官对英语语言信号进行接收、分辨、归类、整合、内化、理解的过程。

基于英语听力理解，英语听力教学绝不只是单纯地听清某一个音，听

[①] Rubin, J. "An Overview to 'A Guide for the Teaching of Second Language Listening'," in *A Guide for the Teaching of Second Language Listening*[C]. D. Mendelsohn & J. Rubin. (San Diego, CA: Dominie Press, 1995) p.7.

懂某一个单词或句子,而应该培养学生的语言技能,要求准确理解说话者的意图并进行无障碍的交流。李泽锋(2012)认为,英语听力教学是教师引导学生领会知识技能,从而建立认知的过程。这一过程与学生的知觉、思维和记忆等因素密切相关。总体而言,英语听力教学的主要目的是培养学生的英语听力能力和综合能力,并且以此为中心来开展各种教学活动。

(二)大学英语听力教学中存在的问题

尽管大学英语教学深受重视,并且随着教学改革的深入有所发展,但是在教学中学生"听不懂,说不出"的问题依然存在。因此,有必要对大学英语听力教学中存在的问题进行分析,以便有针对性地解决这些问题,从而促进大学英语听力教学的发展。

1.教师教学中存在的问题

(1)课程设置处于弱势地位。在整个大学英语课程设置中,听力教学处于弱势地位,受关注的程度并不高。在多数院校中,大学英语课程的周学时为4小节,但教师常常将教学重心放在精读课上,部分院校甚至将听力课与口语课相结合,变成听说课,从而稀释了听力课的学时,这使得听力教学的课时难以得到保障,学生听力能力的培养也难以保障。

(2)教学目标有所偏离。大学英语教学中设置了大学英语四、六级考试,这本是为了激发学生的学习兴趣,培养学生的英语能力而设置的,但有些教师将通过考试作为教学的指向标,忽略了学生听力能力和跨文化交际能力的培养。基于这样的目标,在时间有限的课堂中,教师常会将听力教学改为题海战术,这样不仅学生感到枯燥乏味,而且很难真正提高学生的听力能力。

(3)教学模式僵化。受课程设置不合理、教学目标偏离、受重视程度不高等影响,现在的大学英语听力教学存在教学模式僵化的问题。很多教师将主要精力放在教学任务的完成上,忽视对教材的整体把握,缺乏对学生的有效指导,甚至目标不明确,只是机械地、一遍遍地播放录音,学生只能被动地、盲目地听,这使得听力教学拘泥于"听听录音、对对答案、教师解释"的单一模式。在这种教学模式下,不仅课堂氛围沉闷,而且学生的学习积极性也不高,其听力能力更是难以得到锻炼。

2. 学生学习中存在的问题

（1）基础知识积累不足。现在，尽管听力教学受到了学生的重视，但是很多学生的听力水平不高，这很大程度上源于学生基础知识积累不足。一方面，学生缺乏必要的语音知识，对音节、连读等掌握不牢固，加之词汇量积累有限，欠缺语法知识等，这些都会对学生的听力理解造成影响。另一方面，学生缺乏良好的英语学习环境，因而很难对英语音调、韵律等具有敏感性。由于基础知识积累不足，学生的听力能力很难得到提高。

（2）对听力缺乏兴趣。基于教学方式的单一性和听力本身的复杂性，很多学生对听力学习缺乏兴趣，甚至从心理上对听力有抵触情绪。这种抵触情绪会进一步降低学生参与听力活动的积极性，甚至是应付听力学习，使得听力学习收效甚微。

（3）学习形式单一。受传统教学模式的影响，学生在学习英语听力时，十分依赖教师的教学，依赖学校规划和课程安排，进而导致自身自主学习听力的能力较低，在英语听力上获取不到成就感，学习兴趣降低，最终整体学习效果不佳。此外，学生跟随教师的课堂讲解，不利于学生建立个性化的英语知识框架和体系，不利于自主学习能力的提升。

（4）缺乏英语文化知识。语言与文化密切相关，很多听力材料中都渗透着文化知识。很多学生无法准确理解听力内容，部分原因就在于缺乏必要的文化背景知识。对此，学生在听力学习中不仅要学习听力技能，还要学习文化知识，了解英语国家的历史文化、思维方式等，掌握中西方文化间的差异，这样才能为听力学习扫清障碍，提高听力水平。

（5）缺乏英语听力环境。我国学生是在汉语环境下学习英语听力的，而且主要通过教材和课堂来学习英语听力。学生在课本上学到的英语都是规范英语，教师在教学中为了便于学生理解，常会放慢语速，使语流失去了正常的节奏。但在英美国家，人们在实际交际过程中使用的语言具有很强的口语化特征，常使用口语化表达。在课堂教学中，这种口语化的语言很少出现，学生接触不到地道的英语口语，也就很难切实提高英语听力能力。

（6）不善于利用课余时间。课堂教学的时间是有限的，因此对课堂教学起着补充作用的课余时间的利用率直接影响着学生的听力水平。但是，在实际学习中，学生并没有充分利用课余时间。很多学生没有制订自己的学习计划，只是依靠课堂教学，但课堂是面向全体学生的，是针对学生的平均水平制订的，并不能满足学生的个性化需求。如果学生能够制订适合自己的学习计划，并充分利用课余的零散时间，将英语听力学习与日常生活相结合，对提高英语听力水平将起到事半功倍的作用。

二、文化差异对大学英语听力教学的影响

大学生已经学习了多年英语,对语音、词汇、语法和句型等都有了一定程度的掌握,因此很多学生认为,掌握了这些内容就足以提高听力水平了。但是事实并非如此,因为即便掌握了大量的语音、词汇、语法、句型等方面的知识,也未必能听懂所听内容。这是因为听力理解的好坏一方面在于学生的语言基础的是否深厚,另外还与其对话题是否熟悉、文化背景知识的多寡、学生心理素质的高低等有关。其中文化背景知识的积累是一个重要方面。学生只有掌握了一定的文化背景知识,才能在听的过程中充满自信。英汉民族文化存在较大的差异,这给语言交流造成了很大的困难,对听力的有效进行以及大学英语听力教学的开展都造成了一定的影响。因此,要想切实提高英语听力能力,并能够运用这一技能进行跨文化交际,就要加深对西方文化的了解和认识,从深层次上提高英语听力能力。

(一)词语文化内涵差异的影响

在听力学习过程中,很多学生都反映有的听力材料看上去并不复杂,也没有生词,语言结构也不复杂,但在听的过程中总觉得晦涩难懂,无法理解其内涵。这种情况主要是由于对词语的深层文化内涵不理解造成的。心理语言学认为,听者在大脑中储备的文化背景知识与听力材料互相作用的动态过程,是实现有效地听的重要前提。例如:

Wendy: What do you think of Vicky?
Chad: She is a cat.
Question: Does Chad like Vicky?

对于学生而言,上述对话没有任何陌生单词,听起来并不难,但是在回答的过程中往往会答错,这主要源于中西方文化的差异。在中国,猫是可爱温顺、讨人喜爱的动物,但在西方国家,猫有着另外一层文化含义,指心存险恶的女人。上述对话中的"She is a cat."实际上是说 Vicky 是一个狠毒、心怀叵测的女人。由此可见,很多理解障碍并不是由语言本身引起的,而是由对西方文化的不了解引起的。因此,在大学英语听力教学中,教师应注意教授学生一些相关的文化知识,培养学生的文化素养,从而切实提升学生的听力能力。

（二）社交差异的影响

学生学习英语听力是用来社交的,如果不了解中西方社交差异,将会对其交际过程产生不利的影响。中西方社交差异表现在多个方面,其中在俚语的表达方面就有明显体现。英语的俚语相当于汉语中的歇后语,蕴含着发人深思的内涵。例如,fill someone in 的真正含义是"告诉某人,让他了解一些状况"。由于我国大学生对英国的社交文化不了解,很容易逐词逐句地理解这一短语,将其理解为"把某人填进去",这必然会对听力产生影响。对此,在大学英语听力教学中,教师应引导学生了解中西方社交文化的差异,培养学生的文化差异意识,切实提高学生的听力能力。

除了上述两个方面,英汉民族的思维模式差异、历史背景差异、地理环境差异等都对听力有着重要的影响,在具体的教学中,教师应尽量全面地丰富学生的文化知识,提高学生的文化素养,为学生听力能力的提升排除文化障碍。

三、跨文化交际视角下大学英语听力教学的原则

基于跨文化交际视角,大学英语听力教学应遵循科学的教学原则,确保学生的听力能力得到锻炼,促使学生能够有效进行跨文化交际。具体而言,大学英语听力教学应遵循以下几项原则。

（一）循序渐进原则

大学英语听力教学应层层有序开展,从简单到复杂逐步进行,即要遵循循序渐进原则。具体而言,在大学英语听力教学中,教师应充分了解学生的学习情况,选择符合学生学习阶段和水平的听力材料,而且听力材料要由易到难安排,同时兼顾多样性和真实性。在听力教学初期,教师要选择语速适中、吐字清晰的材料,并随着教学进度逐步增加难度。听力材料也要贴近生活,最好选择社会热点话题、故事以及日常会话等,以激发学生学习的兴趣。

（二）注重情感原则

在教学中,教师除了要注重学生学习本身外,还要重视学生的情感体验。情感是学生智力与非智力发展的原动力,学生只有具有了一定的情感体验,才会有相应的智力及非智力活动,也才能对所学知识产生感情,

从而达到事半功倍的学习效果。在大学英语听力教学中,教师也要充分重视情感因素,在教学各个环节都要予以充分考虑,有效降低情感过滤作用,使学生积极参与课堂上的各种活动,从而达到获得信息、吸收语言的目的。具体而言,教师要为学生创造一个轻松、愉快的课堂环境。例如,教师在听的过程中可以穿插一些幽默小故事、笑话、英文小诗、英文卡通或英文歌曲等,也可以根据实际情况改变听的形式或更换听的内容等,努力消除学生因焦虑、害怕等产生的心理障碍,创造和谐的学习氛围,使学生获得良好的学习体验,进而提升听力水平。

(三)强化文化背景知识原则

语言与文化密切相关,很多英语词汇、短语、句子等都蕴含着丰富的文化信息,如果不了解这些,将很难理解其内在含义,更无法有效进行交流。可以说,很多听力材料背后都蕴含一定的文化知识,学生如果没有掌握这些必要的背景知识,即使听懂了个别甚至全部语句,也不一定能完全理解材料所隐含的深层文化含义,进而无法对材料进行准确理解。因此,在大学英语听力教学中,教师必须重视强化学生的英美文化背景知识培养,提高学生对文化知识的敏感度。教师可以通过组织一些活动,如播放优秀的英美影片、引导学生阅读一些文学名著、组织具有鲜明特色的文化交流活动等来培养学生的文化素养,进而提高学生的听力能力。

四、跨文化交际视角下大学英语听力教学的优化方法

在跨文化交际视角下,要想切实提升教学效率,提高学生的听力能力,就要在遵循基本教学原则的基础上优化教学方法,采用恰当有效的教学方法实施教学。具体而言,教师可采用以下几种方法开展听力教学。

(一)基于认知策略理论的教学方法

根据认知理论,听力理解是一个需要听者积极构建意义的过程,也是一个复杂的认知过程。在学习中运用认知策略对学生建构意义、提高获取信息的能力大有裨益。将基于认知策略的听力教学模式(图6-1)运用于大学英语听力教学实践,对提高学生的听力水平和教学效率十分有利。

第六章 跨文化交际视角下大学英语听说教学研究

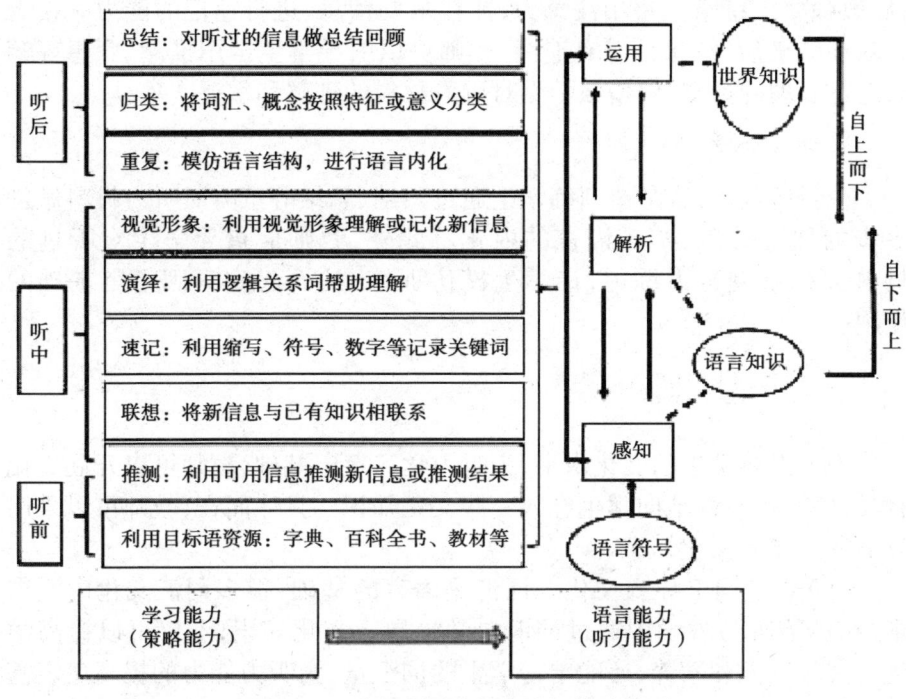

图 6-1 听力理解过程中认知策略模型

资料来源：杨照,2019

基于认知策略理论的大学英语听力教学模式的实施步骤具体如下。

1. 听前阶段

在听前阶段,教师的主要任务是让学生对听力材料的背景知识有所了解,教会学生使用目标语资源和推测策略,通过各种途径,如查阅词典、百科全书等扫除词汇障碍,同时激活学生已有的知识储备,为即将进行的听力活动做好准备。

2. 听中阶段

在听中阶段,教师要培养学生掌握联想、推测、演绎、速记等方法,从而来帮助学生完成听力活动。以《新视野大学英语视听说教程》第三版 Book 1, Unit 7 *Weird, wild and wonderful* 为例,本单元涉及的话题是自然与环境问题。在听力教学中,教师首先要充分激活学生头脑中储存的有关环境问题的知识,如水源污染、大气污染、森林破坏等,让学生合理推断文章内容。在第一遍听录音时,教师一般会要求学生概括文章大意,这就要求学生在听的过程中,结合自己的储备知识,运用联想策略,归纳篇章大意。在这个过程中,学生需要把握细节信息,虚拟填写表格中的空缺信息,教师要训练学生集中注意力、抓住重要信息、进行速记的能力。在听力活动结束后,如果信息有遗漏,教师可以引导学生运用推测、联想等策略进行合理的推测,以增强学生对听力材料的理解和掌握。

3. 听后阶段

在听后阶段,教师要训练学生通过归纳、总结等策略对听力材料做进一步的加工处理,实现语言的内化。此外,教师应指导学生对听过的材料进行重复听力练习,让学生模仿训练,从而起到巩固语言基础的作用。

（二）文化教学法

为了提高学生的文化水平,为听力学习奠定基础,教师可以开展文化教学,即有针对性地向学生导入一些文化知识。具体而言,教师可以采用以下方式导入文化知识。

（1）通过词汇导入文化。词汇是语言的基础,很多词汇文化内涵丰富,在英语听力教学中通过词汇向学生导入文化知识,不仅可以提高学生的文化意识和素养,还能丰富学生的词汇量,为听力能力的提高奠定基础。例如,"狗"这一动物在中国文化中多具有贬义色彩,从"狗腿子""狗拿耗子"等表达中就能看出,而在西方文化中,dog深受人们的喜爱,被人们当作好朋友。可见,英汉语言中相对应的词语所蕴含的文化内涵差异很大。在听力教学中,有意识地扩大学生的词汇量,丰富学生的词汇文化知识,将对学生听力能力的提升大有裨益。

（2）通过习语导入文化。习语是语言的核心与精华,常出现于人们的日常生活与交流中。如果不了解习语所蕴含的文化含义,将很难理解话语的意思。例如,当听到"I'd like Scotch on the rocks"这句话时,如果不了解其文化含义,只会将其按照字面意思理解为"我喜欢在岩石上的苏格兰人"。实际上,on the rocks这一习语的含义是"触到暗礁,有灾祸",其引申义为"穷困、破产"。因此,在听力教学中教师很有必要向学生介绍一些习语文化知识,从而提升学生的文化素养,为学生听力水平的提高奠定基础。

（3）通过习俗导入文化。交际中必然会涉及习俗文化,如打招呼、称呼、感谢等,了解这些习俗文化对听力能力的提高具有重要意义。在具体的听力教学中,教师可以设计情境对话,或者安排学生进行角色扮演,让学生置身于英语环境中感受英汉习俗文化的差异,锻炼学生的英语听力能力。

(4)通过课外活动导入文化。学生多通过课堂教学学习英语听力,但课堂时间是有限的,教师不可能在课堂中教授学生所有的听力知识,更不用说教授文化知识了。针对这种情况,教师可以有针对性地开展一些选修课与讲座,向学生系统地介绍一些西方文化,同时兼顾听力能力的训练,使学生的听力学习与文化导入相结合。此外,教师可以鼓励学生在课外阅读一些英语书籍或报刊,使学生通过阅读来感受和学习英语国家的文化风俗。教师也可以为学生列出一些书单,同时要求学生在读完之后撰写读书笔记,这样做的目的是扩大学生的知识面,加深学生的印象。

(三)电影辅助法

英语电影不仅能够营造真实、生动的听力环境,而且能够帮助学生更好地了解西方文化,从中体会中西方文化差异,进而提高跨文化交际能力。因此,将英语电影运用于大学英语听力教学,可有效激发学生的学习兴趣,提高教学的效率和学生的听力水平。具体而言,可采用以下步骤开展教学。

1. 观赏影片前

在观赏影片之前,教师和学生需要做一些准备工作。这些准备工作是指在选定影片之后,教师要为学生布置好与电影主题相关的作业,鼓励学生在课下通过网络搜集一些与电影背景相关的信息,通过此方式加深学生对影片的了解。在临近观看前,教师要对影片的相关内容进行介绍,并提出拓展学生思维的问题,如影片中有哪些俚语以及主角爱好等,这样能够引导学生带着问题和好奇心去观看影片。在准备工作完成之后,学生在了解影片的基础上,边观看影片边解决问题,从而达到更好的学习效果。

2. 观赏影片中

在观看影片的过程中,教师可选择和运用影片中某个经典片段的放映来指导学生进行精听。精听要求学生听清每一个词、短语和句子,清楚每一个情节。通过精听,教师可以更好地引导学生学习影片中的语言。在精听的同时,教师还可以采取泛听的方法,让学生了解影片的故事梗概。此外,在播放影片的过程中,教师可以根据学生的英语水平和影片中的相关内容适时暂停影片,提醒学生影片中的一些关键对话,辅助讲解一些俗语、委婉语、禁忌语等,同时分析其中所涉及的中西方文化差异,帮助学生掌握语言精华,培养跨文化交际意识。

3. 观赏影片后

在影片结束之后,教师可以有针对性地进行拓展活动,即选择影片中的经典情节,组织学生进行角色扮演,从而巩固学生的听力水平,锻炼学生的表达能力,提高学生发音的准确性,培养学生的语感,同时树立学生的信心,促使学生合作学习。另外,教师可以鼓励学生谈论影片的主题及意义,引导学生撰写影评,这样可以巩固学生对影片所学的词汇、语法等知识的运用,进而提高学生的写作水平。

总体来说,英语电影语言丰富,情节生动,深受学生的喜爱,将其运用于大学英语听力教学中,将能够为学生营造一个真实的语言环境,锻炼学生的听力能力。但需要注意的是,采用电影辅助法开展大学英语听力教学,在选材上要多加留意,要选择那些语音纯正、用词规范、内容健康的经典影片,这样才能让学生学到地道的英语表达,从而提高学生的听力水平。

(四)游戏教学法

大学生"说不出,听不懂"的问题依然是大学英语听力教学中的重要问题,而基于信息技术的发展,游戏教学法成了听力教学的突破口。游戏教学法寓教于乐,能有效激发学生参与听力教学的积极性,促使学生实现知识能力的自我构建。游戏教学法是在"互联网+"的时空场域下,充分发挥"互联网+教育"的价值和功能,通过设计和应用网络游戏来提高学生的听力水平。具体而言,游戏教学法在大学英语听力教学中的运用包含以下几个环节。

1. 设计学习目标

在大学英语听力教学中,学生学习的目标是"听得懂、听得清、听得牢",进而提升跨文化交际能力。在大学英语听力教学中实施游戏教学法,就是运用网络技术,打造"互联网+"的交互课堂,通过交互性游戏来提升听力教学效果。具体而言,学习目标的设计还涉及以下三个问题:一是交互式游戏教学环境的构建问题;二是学生参与交互式游戏教学的积极性和主动性问题;三是交互式游戏教学的效果问题。

2. 分析教学对象

在开展游戏教学时,还要对教学对象即学生进行分析,了解学生的学习需求、感兴趣的内容等,进而实施因材施教,确保教学效果。

3. 游戏教学的设计和应用

《王者荣耀》这款游戏深受广大学生的喜爱,对此教师可以依据这款游戏的英文版本来开展大学英语听力教学。具体而言,教师可根据游戏中玩家协作和竞争的模式,设计角色扮演的游戏教学程序,将《王者荣耀》游戏模式导入大学英语听力教学中来,让学生以小组形式与其他小组竞争,最终获得成绩与能力的提升。学生可以通过学号登录游戏系统,选择一个虚拟角色,然后与其他同学组队协作,进行虚拟场景对抗,教师将对抗结果纳入教学评价,并计入综合成绩。

总之,在"互联网+"时代,教师应顺应社会的发展,积极围绕社会了解大学生英语综合能力的需求,对接这种需求,充分利用网络优势,通过游戏教学模式来开展大学英语听力教学,在激发学生学习兴趣的同时,提高学生的听力水平。

第二节 跨文化交际视角下大学英语口语教学研究

近年来,世界各民族的人民无论在经济还是在生活方面联系得越来越紧密。英语作为一门世界性语言,在国际交往中发挥着重要的作用。由于中西方文化不同,人们在交际过程中经常会出现失误现象。基于不同的文化背景,人们要想顺利地交流,就要具备口语表达能力和对西方文化的理解力。对此,要想培养学生的口语表达能力和跨文化交际能力,使学生符合社会的发展要求,大学英语口语教学就应基于跨文化交际视角培养学生的口语表达能力。本节将对跨文化交际视角下大学英语口语教学进行研究。

一、大学英语口语教学简述

(一)口语的概念

口语对于人们而言并不陌生,口语简单而言就是口头语言,即人们日常生活口头交谈所使用的语言。口语表达的过程也就是说的过程,是一个传递信息、表达思想的过程,这一过程蕴含着复杂的心理机制,是一项复杂的心理活动。美国学者海姆斯指出,交际能力既包含对某种语言形式的认知和掌握,也包含人通过语言手段来实现具体交际目的的能力。口语交际是指人们在任何时间和地点,以目的语语言沟通方式将所指的含义表达准确并得体。

就表达能力来说,口语表达能力指的是发话人在一定的交际情境中,恰当地运用语言知识和交际策略,有效地完成交际任务的能力。口语表达能力的提高是一个漫长的过程,需要大量的口语实践才能完成。

（二）大学英语口语教学中存在的问题

口语作为一项重要的英语技能,具有显著的实践性特征。对于现代的大学生来说,口语是他们交际能力培养的重要途径。但是目前来看,我国大学英语口语教学的现状并不佳,口语障碍和口语教学中的问题普遍存在。对这些问题进行分析,可以有针对性地予以解决,进而改善大学英语口语教学的现状,消除学生的口语障碍,提高学生的口语表达能力。具体而言,大学英语口语教学中的问题体现在以下几个方面。

1. 教师教学中存在的问题

（1）教学模式缺乏创新。相较于其他英语技能教学,口语教学的实践性更强,需要通过交流和沟通来实现教学目的。这就需要教师根据教学目的创新教学模式,培养学生的口语实践能力。但是,就目前的大学英语口语教学来看,教师依然采用传统的教学模式,即先讲解、后练习、再运用。这种教学模式虽然符合教学规律,却制约了学生的学习积极性。在这种教学模式下,学生只能被动地接受知识,机械地进行练习,根本没有独立思考和自主学习的空间。现在的学生都习惯接受新鲜事物,根本无法适应单调且缺乏创新的教学模式,这种枯燥的教学模式只会影响学生构建语言的创造力,也会将学生的学习热情消磨殆尽。

（2）课堂缺乏互动。在大学英语口语教学中,师生和生生之间的交流和互动是教学的重要内容,也是口语教学的核心,对培养学生口语表达能力、实现教学计划起着关键作用。但是,在现在的大学英语口语教学中,教师依然在课堂教学中处于中心地位,占据着绝对的主导权,课堂教学缺乏与学生的互动与合作,学生没有开口的机会,更没有开口说的积极性,自主能力得不到培养,最终使口语教学陷入僵局。

（3）忽视口语实践训练。尽管当前的大学英语口语教学受到了教师的重视,教师也尝试探索相应的口语训练措施来提升学生的口语能力。但是,教师对学生的口语训练往往仅局限于课堂教学,忽视了课后的强化训练,也很少向学生推荐相关的口语训练平台,最终导致学生的口语训练效果不佳。

2. 学生学习中存在的问题

（1）思路不明确。思路不明确是学生在口语学习过程中常遇到的一个问题。在英语口语练习过程中,学生会存储一定量的信息,并组织信息

第六章 跨文化交际视角下大学英语听说教学研究

进行表达。但在实际表达过程中,学生的思维常会受到限制,尤其是遇到一些生词的时候,就无法说出要说的词汇和内容,在短时间内不能有效找到合适的句式来表达自己的思想。所以,思路不明确也会影响学生的口语技能。

(2)存在心理障碍。具有心理障碍是当前学生在大学英语口语教学中存在的重要问题。这种心理障碍具体表现为自信心不足,存在焦虑情绪,这些必然会对学生的口语学习造成影响。

(3)口语练习手段单一。现在学生练习口语的手段依然十分单一,学生通常是在课堂上按部就班地学习英语口语,或者是找外教练习口语,这对学生口语水平的提高并不利。实际上,随着社会的发展和知识的更新,大量的口语 App 诞生并广泛运用,各大高校也纷纷建立了自己的英语自主学习平台,这为学生的口语锻炼创造了条件。学生可以充分利用这些资源来练习口语能力,而不必拘泥于传统的学习方式。

二、文化差异对大学英语口语教学的影响

文化差异对口语交际有着重要的影响,对大学英语口语教学的影响也是显而易见的,因此教师在开展教学时要让学生了解文化差异所产生的影响,培养学生的文化差异意识。

(一)词汇内涵差异的影响

词汇是人们撰写文章、用口语表达思想的基础,要想准确地传递信息和情感,首先要掌握大量的词汇,并且要了解词汇的含义,包括基本含义和内在文化含义。词汇蕴含着丰富的文化内涵,这对口语表达也有着至关重要的影响作用。英汉文化差异在词汇上有着鲜明的体现,所以了解和掌握这些词汇的文化内涵,并将其准确地应用到口语表达中,将能有效提高语言表达的水平。例如,在交际中当对方说"Paul was in blue mood"这句话时,如果不理解 blue 的文化含义,将很难顺利进行交际。在这里,blue 并不指其基本含义"蓝色",与 mood 搭配表示的是"沮丧的,忧郁的"。了解了这一文化含义,交际自然就能顺利进行了。这样的例子还有很多,如在汉语文化中,"马"(horse)被人们视为朋友,是积极进取、奋发图强、吃苦耐劳、勇往直前的正能量代表,如"马到成功""龙马精神"等都表达了这一象征意义。但在英语文化中,horse 常用来作为普通的喻体,和马毫无关系,如 white horse(泡沫翻腾的浪峰),horse of another color(完全不同的另一回事)等。

对此,在大学英语口语教学中,教师应尽力提高学生的词汇量,同时让学生掌握词汇所蕴含的文化含义,并了解英汉词汇含义所体现出的文化差异,从而培养学生的词汇对比意识,提高学生的口语表达能力。

(二)语用规则差异的影响

语言交际有一定的规则,即语用规则。如果不了解英汉语用规则,就会对交际造成影响。例如,在寒暄方面,中国人见面习惯说"吃过了吗?"表示关心。这样的表达并不在于"吃饭"本身,而是一种招呼用语,有着类似于"你好"的问候语义,相当于英语中的 hello。但是,在西方国家,如果听到"Have you eaten yet?"时,会理解为对方想请他吃饭,然后会做出回应:"Thank you, it is very kind of you."

对此,在大学英语口语教学中,教师应向学生介绍英汉语中的语用规则以及相关差异,以免学生在交际实践中出现误解而影响交际。

(三)地理环境和气候条件差异的影响

地理位置不同,其气候条件也不同,这会对文化产生一定的影响,进而在语言中有所体现。例如,英国是个岛国,多面环海,处于温带海洋性气候带,气候四季温暖。受地理环境和气候条件的影响,英国降雨频繁,随时都有可能下雨,因此人们常随身带伞。基于这一背景,在日常生活中就不宜跟英国人开关于天气的玩笑,否则会引起交际失败或者冲突。

三、跨文化交际视角下大学英语口语教学的原则

在大学英语口语教学中,教师应遵循科学的教学原则,以有效提高学生的口语水平,提升教学的效率。具体而言,可遵循以下几项原则。

(一)先听后说原则

在英语语言技能中,听和说是相辅相成的。听是说的基础,俗话说"耳熟能详",只有认真听、反复听、坚持听,才能最终说出一口流利的英语。因此,大学英语口语教学应当坚持先听后说原则,即教师应注意加强学生听的能力,然后才是说的能力。只有坚持先听后说原则,才能帮助学生掌握正确的发音,为训练口语能力打下良好基础。

（二）循序渐进原则

口语能力的提升需要一个很长的过程，不可能一蹴而就，因此在大学英语口语教学中，教师应遵循循序渐进原则，即由易到难、由理论到实践，层层深入，逐步提升学生的口语能力。我国的大学生来自全国各地，不仅英语水平参差不齐，发音也会受方言的影响，因此教师在口语教学的过程中应该解决学生语音、发音层面上的问题与困难，纠正他们的错误发音，让学生根据从简单到复杂的步骤，从语音、语调、句子、语段等层面逐步进行锻炼。另外，教师在安排与设计教学步骤时也要遵循科学原则，充分把握难易程度：如果教学目标定得太高，学生学习起来会有压力；如果目标定得太低，学生学习起来会缺乏挑战性和乐趣。因此教学目标的设计要适度，符合学生的实际水平。

（三）目的性原则

所谓目的性原则，是指明确口语教学的最终目的。在口语学习过程中，学生往往十分在意自己在语言交流中是否犯了语法错误，发音是否标准等。实际上，英语口语教学中的交流沟通并不拘泥于形式上的格式要求，在语言交流过程中产生语法错误是不可避免的，即使本国人用母语交流，也会出现用词不当、语法不符合标准等问题。所以，学生口语学习和口语教学的重点不在于如何纠错，而在于如何有效地进行交流。交际中的一些小错误可以被忽略，相较于追求语言形式的准确，流利地进行沟通才更重要。因此，大学英语口语教学应明确目的性原则，教师在教学中应认真聆听学生的交谈，不要因为某个错误而打断学生讲话，中断学生思路。教师可以在学生交流结束后，针对交流中存在的一些细节问题加以指导，并且给予鼓励，这样才能激发学生大胆说英语的积极性，也才能引导学生在日常生活中学会自我纠正。

（四）主体性原则

所谓主体性原则，是指在明确教学主体的前提下开展教学。大学英语口语课堂需要主动开口交流，学生无疑是课堂的主体，应该是教学中最积极、活跃的主动参与者。与此同时，教师在教学中处于辅助地位，是学生学习的引导者，为学生提供必要的帮助。在大学英语口语教学中，无论是教学计划还是教材内容，这些都是口语教学的辅助性内容，学生能否积极参与教学活动才是关键。英语口语相较于其他学科有其本质上的特殊性,因此教师应遵循主体化原则来指导学生学习,根据学生的实际情况和需求设计具有吸引力和价值的口语课堂教学方式,从而激发学生的积极性,提高学生的口语能力。

(五)实用性原则

在大学英语口语教学中遵循实用性原则是指在教学中要明确口语练习与口语教学的基本目的。口语的作用在于完成交际,在于传递信息,因此大学英语口语教学的最终目的在于培养学生的社会交流能力,而非单纯的书面表达能力。无论语言多么漂亮,如果不能在合适的场合发挥作用,不仅不会达到交流目的,还会影响跨文化交际。语言与文化密切相关,人们在日常的交流过程中培养的是语言习惯,而不是单纯地进行"内容联系"。语法瑕疵并不影响正常的交流,但语言使用规则则是无法逾越的雷区。也就是说,大学英语口语教学应有计划地进行文化教学,渗透社会文化背景知识的讲解,让学生明白在什么场合使用什么样的交流方式。具体而言,教师可以充分利用多媒体技术,通过电影、视频等营造语言环境,创造交流空间。教师还可以引导学生阅读英语剧本,让学生了解剧本中所隐含的社会文化背景,然后指导学生进行角色扮演,锻炼学生的口语能力。

(六)内外兼顾原则

所谓内外兼顾原则,是指考虑问题时要顾及内、外两个方面。在这一原则的指导下,教师在大学英语口语教学的过程中不仅要重视课堂教学,而且还需要引导学生合理利用课外活动来练习口语。事实上,学生的口语学习应该以课堂教学为主,同时将课外活动中的口语学习作为课堂学习的一种补充,二者相互促进、相互配合。在课堂教学练习的基础上,学生应开展相应的课外活动,可以将课堂上所学习的知识在课外活动中进行充分实践,从而达到复习、巩固知识的目的。此外,学生在课外活动中还可以运用课堂上所学习的理论知识,将知识内容转化为技能。与课堂活动相比较而言,课外活动的氛围比较轻松,学生的心情也会十分愉悦,在这种放松的心情下练习口语将会取得令人意想不到的效果。在课程结束之后,在教师为学生安排作业与练习之前,可以将学生分组,让学生以小组为单位完成作业,通过相互讨论小组任务,可以帮助学生提升自身的口语能力,也可适度加强学生的团结协作能力。

四、跨文化交际视角下大学英语口语教学的优化方法

基于跨文化交际视角,大学英语口语教学应优化教学方法,将目光投向文化教学,实现口语教学与文化教学的融合,从而丰富学生的文化知识,扩大学生的文化视野,进而提高学生的口语表达能力和跨文化交际能力。具体而言,在跨文化交际视角下的大学英语口语教学中,教师可采用以下方法开展教学。

(一)文化教学法

随着大学英语教学的改革,教师很有必要将语言教学与文化教学相融合,适时地开展文化教学,向学生讲授与语言知识有密切联系的文化背景知识,从而提高学生的人文素养,培养学生的跨文化交际能力。教师可采用以下几种方法来开展文化教学。

1. 直接讲解法

教师可以在大学英语口语教学中采用直接讲解法,向学生讲授文化知识,即以学生的实际情况为基础,选择具有代表性的文化知识,尤其是那些中国学生在跨文化交际过程中容易出现问题的内容。例如,在练习表示"感谢与答谢"之前,教师可以直接为学生讲解中国人与英美人在表达方式上的差异。在中国文化中,如果一个人得到了另一个人的帮助,那么这个人通常会对另一个人说:"谢谢你,真不好意思浪费了你那么长时间。"认为这是表示感谢最好的方式。但英美人并不认为帮助他人是浪费时间,所以如果这样对英美人表示感谢,他们会觉得无法理解,甚至造成一定的误解。因此,当要向英美人表示感谢时,只需表示一下感谢然后找一个理由离开即可,如"Thank you very much for your help. I'm afraid I must be leaving now because I have to finish my paper tonight."类似的例子还有很多,因此教师应有意识地丰富学生的文化知识,培养学生的文化素养,为学生的口语能力和跨文化交际能力的提高做好铺垫。

2. 文化对比法

英汉文化差异对口语交际有着很大的影响,因此在大学英语口语教学中,教师应加入中国文化元素与西方文化元素的对比,呈现中西方文化之间的差异。以饮食文化为例,西方人宴请客人时多考虑客人的口味、爱好,菜肴通常经济实惠。中国人为了表示热情好客,在请客时通常准备多道菜肴,而且讲究菜色搭配。引导学生进行文化对比,不仅能提高学生的

文化适应性,也能减少汉语思维的潜在影响,进而提高学生的跨文化交际能力。

3. 课外教学法

课外教学是课堂教学的延伸,对学生口语能力的提高有着很大的促进作用。具体而言,教师可以组织学生进行英语知识竞赛、英语演讲等活动,以促使学生将平时所学的语言知识运用于实践。此外,教师可以组织社会实践活动。常见的社会实践活动有为外国游客做导游,在活动中做志愿者接待外宾等。这些社会实践活动不仅可以有效弥补课堂英语教学的不足,而且可以培养学生学习口语的成就感,提高学生的自信。

(二) 美剧辅助法

在大学校园中,美剧十分流行,深受学生的喜爱。实际上,美剧并不仅仅是一种消遣方式,还是帮助学生认识西方文化、提高学生口语表达能力和交际能力的重要途径。对此,教师可以通过美剧来开展口语教学,以改善口语教学环境,激发学生的学习兴趣,锻炼学生的口语表达能力。

1. 选择合适的美剧

美剧通常语言地道,故事情节生动,富有吸引力,是一种有利于激发学生兴趣的学习资料。美剧类型丰富,题材各异,不同类型的美剧对学生的口语能力所发挥的作用也不相同,因此在运用美剧开展口语教学时,教师要对美剧进行筛选,选择有利于发展学生口语水平的美剧。此外,教师还要提醒学生不要只沉浸在对美剧情节的欣赏中而忽视对美剧中语言知识和文化背景的学习,要鼓励学生带着学习动机来观赏美剧。

2. 开展层次性的反复训练

在运用美剧进行口语教学时,教师应遵循循序渐进原则,开展反复性的练习,逐步提升学生的口语能力。例如,在首次观看的时候,教师要引导学生将精力放在剧情上;在第二次观看时,教师可以引导学生对剧中的表达和语法等进行推敲;在第三次观看时,教师可引导学生重点对人物说话的语气以及台词所隐含的内容进行挖掘和分析。分层逐步开展,可以有效加深理解和记忆,对提高学生的口语能力十分有利。

3. 关闭字幕自主理解

在看美剧时,很多学生习惯看字幕,脱离字幕就无法正常观看影片,实际上这样观看美剧对提高口语表达能力不利。在观看美剧时,学生应对台词形成自己的理解,在不偏离剧情中心思想的情况下抛开字幕自主理解,这样才可以有效锻炼自身的英语交际思维。

4. 勇于开口模仿

学生要想通过美剧切实提高口语交际能力,就要在听懂台词、了解剧情的基础上开口说,即对剧中人物的台词进行模仿。只有不断地开口练习,才能培养英语语感,增加知识储备,进而提高口语交际能力。

总体而言,采用美剧来辅助大学英语口语教学,能有效提升学生的听说能力,还能提升学生的写作能力,进而达到培养学生跨文化交际能力的目的。

第七章 跨文化交际视角下大学英语读写译教学研究

作为英语语言的重要技能,阅读与写作是书面语言中重要的输入与输出方式,在语言和文化交流中发挥着重要的作用。翻译是不同语言之间的转换过程,是语言和交流中的重要渠道和桥梁。由此可见,阅读、写作与翻译不仅是语言的重要组成部分,也是交际的重要技能。随着经济全球化和文化全球化的发展,社会需要更多的优秀英语人才来进行文化沟通,促进文化交流,这就对大学英语阅读、写作和翻译教学提出了更高的要求,即要求教师立足于跨文化交际视角,不仅要提高学生的英语语言能力,更要培养学生的跨文化交际能力,使学生成为具有综合人文素质的英语人才。换句话说,就是不仅要传授学生英语语言知识,更要教授学生文化知识,将语言教学与文化教学相结合,切实培养学生的跨文化交际能力。本章将对跨文化交际视角下大学英语读写译教学进行详细研究。

第一节 跨文化交际视角下大学英语阅读教学研究

阅读是英语中的一项基本技能,是一种常用的学习方式,也是读者和作者之间进行思想交流的方式。通过阅读,读者可以获取丰富的信息,可以拥有不一样的体验,感受不同的文化魅力。然而,阅读并非简单地接受信息的过程,而是一项复杂的思维和交际活动,它不仅受语言能力的制约,也受民族文化的影响。随着教学改革的深入发展,越来越多的学校开始注重培养学生的人文素养。作为大学英语教学的重要组成部分,大学英语阅读教学应基于跨文化交际视角,融合文化教学,在提高学生阅读能力的同时,培养学生的文化素质和跨文化交际能力,从而使学生成为符合社会发展需要的综合型英语人才。本节将对跨文化交际视角下大学英语阅读教学进行研究。

第七章　跨文化交际视角下大学英语读写译教学研究

一、大学英语阅读教学简述

（一）阅读的概念与模式

在语言学习过程中，阅读能力一直都发挥着重要的作用，因此很多国家都十分重视阅读。例如，美国做过"美国阅读动员报告"，英国启动了"阅读是基础"运动，两国还投入了大量人力和财力来推动国民阅读能力的培养。在中国教育教学中，阅读能力也深受重视。关于阅读的定义，不同的学者发表了不同的看法。

纳托尔（Christine Nuttall，2002）对阅读的理解总结为以下三组词：

（1）解码，破译，识别。

（2）发声，说话，读。

（3）理解，反应，意义。[1]

"解码，破译，识别"这组词重点关注阅读理解的第一步，也是十分关键的一步，能否迅速识别词汇，对读者有着重要的影响。"发声，说话，读"是对"朗读"这种基本阅读技能的诠释，属于阅读的初级阶段。朗读是将书面语言有声化，在各种感官的共同作用下加快对阅读内容的理解，这有助于语感的培养。通常随着阶段的提升，读的要求会从有声变为无声。"理解，反应，意义"强调在阅读过程中对图书内涵意义的理解与交流。在这一过程中，读者不再被动接受阅读材料中的信息，而是带着一定的目的，积极地运用阅读技巧去理解阅读材料的主要信息。

埃伯索尔德（Aebersold，2003）认为，读者和阅读文本是构成阅读的两个物质实体，而真正的阅读是二者之间的互动。

王笃勤（2003）指出，阅读是一项复杂的认知活动，是读者提取文本中的信息并与大脑中已有的知识结合，从而建构意义的过程。读者理解阅读文本的过程中主要涉及三种信息加工活动，分别是对句子层面、段落或命题层面、整体语篇结构的分析活动。

由上述定义可以看出，很多学者都认为阅读涉及读者和阅读文本，并且认为阅读是这二者之间的交流互动。简单而言，阅读就是读者积极运用已经掌握的语言知识和背景知识等对语言材料进行处理，同时获取信息的过程。

关于阅读的模式，不同的学者有不同的理解，并基于对阅读不同的理

---

[1] 孟银连：《高中英语阅读教学中文化知识教学调查研究》，硕士学位论文，重庆师范大学，2018，第10页。

解,提出了以下四种阅读模式:

其一,自下而上模式(Bottom-up model),又称"文本驱动模式"。在这种模式中,阅读是读者由低层到高层、自下而上、被动地对文本进行解码的过程。这种解码过程具有一定的次序,是读者从简单的认读字母、单词出发,继而对句子、段落进行分析,最后达到对语篇的整体理解。受这种阅读模式的影响,传统的英语阅读教学侧重语言基础知识的学习,注重对教学中词汇和长难句的分析,而忽视了对文章整体性的把握,最终导致学生无法准确理解文章的含义。这种教学方式不利于学生对文化的学习,也会对学生的阅读理解造成障碍,无法激发学生的学习兴趣。

其二,自上而下模式(Top-down model)。该模式认为,阅读是基于已有知识不断进行预测、验证或修正的过程,是读者与作者相互交流的过程。基于该模式,阅读不再是从低层次的词句出发,而是从较高层次的语境出发,来推测整个语篇意义。读者在阅读过程中会积极调动已有的经验和知识,结合文章内容来推断作者意图,继而在阅读中不断对自己的推断加以验证和修正。受这种教学模式的影响,阅读教学侧重于对学生阅读速度和推测能力的培养,主张提高学生的阅读效率。但该模式下的阅读教学过于强调学生已有的知识,而忽视了教学中语言知识的积累,进而会造成学生阅读理解上的障碍。

其三,图式驱动模式。该模式认为阅读是一种心理猜测过程,整个过程都在围绕猜测进行。与文本驱动模式的区别是,该模式认为阅读过程涉及两个方面,即文本和读者。在文本阅读过程中,读者运用已有的话题知识、语篇知识、文化知识等来理解正在阅读的材料和猜测接下来将要阅读的材料。

其四,交互阅读模式。该模式认为阅读是一种交互过程,这种交互包含两个方面:一方面是读者与文本的交互,另一方面是文本驱动与图式驱动的交互。该模式既注重语言基础知识,也注重背景知识在阅读中的作用。并且认为,只有将解码技能与图式相互作用,才能完成文本的理解。该模式要求教师在阅读教学中既要重视基础语言知识的传授,又要引导学生激发脑海中的已有图式,从而促进学生建构与新知识的联系,提高阅读效率。

(二)大学英语阅读教学中存在的问题

阅读教学一直都是大学英语教学的重要部分,备受重视,而且随着大学英语教学的改革有了长足的发展。但是,目前的大学英语阅读教学依然存在一些问题,而了解并解决这些问题对大学英语阅读教学的未来发展具有重要意义。具体而言,大学英语阅读教学中的问题体现在以下几个方面。

1. 教师教学中存在的问题

(1) 教学方式单一。随着大学英语教学改革的深入,一些先进的教学理念不断被倡导,但是要将这些理念真正落到实处,还存在一定的困难,因此在现在的大学英语阅读教学中,传统教学的模式依然存在。在大学英语阅读教学中时常会看到这样的情景:教师在上面讲得津津乐道,学生在下面认真聆听,并且还做着笔记;教师逐句讲解阅读文章里的新词汇、句型、语法等,然后分析文章里的问题,这样的英语阅读课其实变成了一堂语法课。在这样的教学模式中,学生处于被动的学习状态,缺乏主动学习的积极性,丧失了主动思考和实践的能力。在这种缺乏互动、毫无活力的教学中,学生的阅读能力是很难得到培养和提高的。

(2) 课外缺乏监督。课堂教学时间毕竟有限,在课堂上教师不可能教授所有的阅读知识,学生也不可能在课堂上完成所有的阅读任务,所以学生的阅读任务主要是在课外完成的。虽然教师布置了课外作业,但是由于学生形成了依赖教师的思想,因此如果教师不抽时间检查,学生很可能就不会认真对待课外作业。本身的课外阅读量较少,再加上阅读不认真,教师课外缺乏监督,这就容易导致学生的阅读学习效果不佳,阅读水平也无法得到提高。

(3) 文化意识薄弱。语言与文化密切相关,因此在大学英语阅读教学中,教师也应重视对学生文化素养的培养,进而促进学生阅读能力的培养。但实际上,大学英语阅读教学中的文化教学很难开展,因为教师本身文化意识比较薄弱,对文化渗透的概念理解得不够深刻,而且对文化渗透的方法缺乏一定的认识,这些易诱发大学英语阅读教学中文化渗透的缺失。同时,教师对教材中的文化素材挖掘不深,缺乏文化素养方面的培训,这也导致教师文化意识不强、文化素养不高,从而影响阅读教学中文化知识的导入。

2. 学生学习中存在的问题

(1) 词汇量和阅读量小。要想顺利阅读语篇,首先要具备一定的词汇量。如果学生词汇量储备不足,将无法有效进行阅读。可以说,要想提高英语阅读能力,词汇量是基础,足够的阅读量是前提。在词汇量薄弱的情况下,扎实的阅读技巧是没有用武之地的,是无效的。英语阅读所要求的词汇量很大,并且同义词、近义词繁多,词义之间的区别和差异比较模糊、难以辨认,这给学生的学习增加了难度,对学生的目标要求也不一样。

英语阅读综合能力要有所提高,需要学生在掌握充足词汇量的前提下进行大量的阅读。当然,词汇量和阅读也是相辅相成的,词汇量是通过阅读加以积累的,而词汇量增加又进一步推动了阅读的进行。目前,很多大学生词汇的储备有所欠缺,而且阅读量较小,这对他们阅读能力的提升将非常不利。

(2)不爱阅读,不会阅读。很多大学生不想阅读,也不爱阅读,这主要是因为其对英语阅读缺乏兴趣,即使要阅读的英语文章并不难,但他们仍然对阅读提不起兴趣。此外,很多大学生也不会阅读,如单词不会读,句子不会拆分、不会翻译等。即使学生想要阅读,但不会阅读,也将难以有效提升阅读水平。因此,学生应培养阅读的兴趣,学习阅读的方法,这样才能有效提升阅读的水平。

(3)文化背景知识缺乏。现在的英语文章都隐含着一定的西方文化背景,如果学生不具备一定的西方文化知识储备,那么在阅读过程中遇到一些具有特定文化内涵的词汇时就难以理解其真实含义,阅读也就无法顺利进行。

二、文化差异对大学英语阅读教学的影响

阅读过程常会涉及文化问题,如果不具备一定的文化知识,不了解英汉文化的差异,将很难有效进行阅读。可见,文化差异对英语阅读有着重要的影响,而对大学英语阅读教学也有着一定的影响,以下就对此进行具体说明。

(一)思维模式差异的影响

不同的民族有着不同的思维模式,这种思维模式在语言中有着显著的体现,即表现为英汉语篇有着显著的差异。英语语篇属于演绎型语篇,往往开门见山,在文章一开头就表明作者态度,随后再进行验证说明。汉语语篇属于归纳型语篇,往往是先摆事实、讲理由,最后得出结论,而且作者的主题思想隐蔽,需要学生边阅读边体会。这就使得学生养成了精读的阅读习惯,在面对英语文章时如果不善于运用略读等技巧,就会影响阅读效率。

对此,教师在阅读教学中应引导学生了解英汉思维的差异以及这种差异对语篇阅读的影响,注意培养学生的英语思维,锻炼学生运用英语思维理解文章的能力。

（二）历史文化差异的影响

每一个国家和民族在漫长的演变和发展中形成了有着民族特色的历史文化，蕴含着丰富的文化底蕴。在阅读英语文章时，学生时常会因为不了解相关的历史文化而产生阅读障碍。

例如，meet one's Waterloo 这一成语来自著名历史事件滑铁卢战役。Waterloo（滑铁卢）是比利时中部的城镇，1815年拿破仑在这个地方大败，从此一蹶不振。Waterloo 这个小镇也因此次著名战役而出名。从字面意思上来看，meet one's Waterloo 是"遭遇滑铁卢战役之类的事"，可以进一步引申为"惨败"。

对此，在大学英语阅读教学中，教师应丰富学生的历史文化知识，扩大学生的知识面，为学生阅读能力的提升奠定基础。

（三）社会文化差异的影响

由群众创造的具有民族特征的并对社会群体发挥作用的文化现象就是社会文化。社会文化的不同也对学生的英语阅读造成了一定的影响。例如，bread and butter 这一短语，bread 的意思是"面包"，butter 的意思是"黄油"。在西方，面包和黄油都是日常食物，是人们日常生活中不可缺少的，因此 bread and butter 在英语中就常被引申为"生计，主要收入来源"。如果学生不了解这一文化背景，在阅读中就会影响正确理解。

三、跨文化交际视角下大学英语阅读教学的原则

阅读这一认知过程本身具有复杂性，跨文化交际视角下的大学英语阅读教学更是一个复杂过程。因而，大学英语阅读教学的开展不能无章可循，而应遵循相应的教学原则。

（一）循序渐进原则

阅读的过程是一个复杂的认知过程，阅读能力的培养过程也是十分复杂的。阅读能力的提高需要学生增加自己的词汇量、语法知识、句法知识、文化知识等，因此不是一蹴而就的。这就要求在大学英语阅读教学中，教师应坚持循序渐进的原则。具体而言，教师需要有一个合理并且长远的规划。在阅读教材的选择、方法的确定、内容的明确、结果的反馈等层面都要进行规划，层层展开，帮助学生不断培养自身的阅读技巧，提升自

身的阅读水平。

（二）层层设问原则

提问是教学过程中常用的一种方式,在大学英语阅读教学中也是如此。提问有助于激发学生的学习兴趣,激发学生的阅读动机,同时能让学生集中注意力听教师讲授。但是,提问并不是盲目进行的,需要讲究一定的原则和策略。此时,就要坚持层层设问原则,即教师在提问题时要注意体现一定的层次性,所提问题应由易到难、由浅入深,使学生通过回答简单的问题获得自信,在回答较难的问题时就更愿意开动脑筋、积极思考、挑战自我,努力获得成功。这样学生就可以在教师的引导下逐步提升阅读水平。

（三）真实性原则

在大学英语阅读教学中,教师还要遵循真实性原则,即确保阅读材料的真实性和阅读目的的真实性。阅读材料的真实性是指教师所选择的阅读材料最好是和学生的日常生活相关的,最好是学生喜闻乐见的文本材料。阅读目的的真实性是指教师应根据教学目的设计阅读教学活动,选择合适的教学方法,设计有针对性的练习。

四、跨文化交际视角下大学英语阅读教学的优化方法

在跨文化交际理论下,教师需要采用多种方法来丰富学生的文化知识,培养学生的文化意识,提高学生的阅读能力。具体来讲,教师可采用以下几种方法。

（一）"阅读圈"教学法

"阅读圈"是指一种由学生自主阅读、自主讨论与分享的阅读活动。[①]在大学英语"阅读圈"中常常会采用分组学习方式,小组中每位学生自愿承担一个角色,负责一项工作,并进行读后反思。在阅读体裁的选择上,学生可以选择自己喜欢和感兴趣的文章开展有目的性的阅读。同时,每个人都有自己的任务需要完成,每个人在阅读完成以后都要和他人分享

---

① 刘卉:《大学英语文化教学中阅读圈教学模式的构建与探索》,《教育现代化》2018年第45期。

并讨论相关问题。"阅读圈"模式的目的是鼓励学生阅读和思考,其活动效果在很大程度上取决于小组成员在前期是否做好了充分的准备工作。采用"阅读圈"教学法开展阅读教学,对于提高学生的阅读兴趣和教学效果具有重要意义。在大学英语阅读教学中,"阅读圈"教学法主要包含以下几个实施步骤。

1. 设计任务

教师以某个文化专题为教学内容,明确教学目标,选定学生在课堂以及课外需要阅读的材料,设计好相应的需要学生进行讨论和分析的问题,并规划好学生完成这些任务的学习模式。

2. 布置任务

在这一环节,教师安排学生组成"阅读圈",每个小圈子为6～7人。之后,教师向学生讲解"阅读圈"教学模式的理念、要求和规则,告知学生学习重点和内容。此外,教师可以鼓励学生在自己的"阅读圈"内承担一定的角色,具体角色示例如表7-1所示。

表7-1 "阅读圈"各成员的角色分配示例

角色	具体任务
讨论组织者	主持整个讨论过程,并准备相关问题供圈内成员讨论
词汇总结者	摘出阅读材料中的与文化专题相关的重点词汇和好词、好句,引导圈内成员一起学习
总结概括者	对所有阅读材料的文化元素和内容进行总结,与组员分享,并总结、评价小组活动的内容和成果
语篇分析者	提炼阅读材料的重要语篇信息,并与圈内成员分享
联想者	将所读阅读材料与文化专题相对应的中国文化的内容建立联系,结合最新的社会文化发展动态进行思考
文化研究者	从阅读材料中找到与自己相同、相近或者不同的文化元素和内容,并引导圈内成员进行比较

资料来源:刘卉,2018

3. 准备任务

在布置完任务之后,教师应引导学生进行独立思考,并让学生将需要讨论的问题及自身的思考结果形成文字。此外,由于"阅读圈"内各成员承担着不同角色,教师应鼓励学生完成各自任务,自由表达自己对文化的不同看法。

4. 完成任务

当学生通过自己的努力和教师的引导完成相应的任务时,各个小组就可以按照各自负责的内容进行汇报,对所读内容进行信息加工、思维拓展,确定小组汇报的内容,最终形成 PPT,在课堂上展示核心成果。这一阶段是学生汇报并自由讨论的阶段,有助于启发学生的多元思维,深化文化内容的探讨,因此教师要引起足够的重视。教师作为活动的组织者和指导者,要掌控整个讨论过程,对讨论过程中可能出现的争论不休或偏离主题等的问题进行及时解决。

5. 评价任务

当学生各自汇报完自己的学习成果时,就可以进入评价阶段了。评价可以是学生自评,也可以是同学互评,还可以是学生和教师共同评价。在互评时,可以根据每个"阅读圈"展示的阅读成果以及成员讨论表现进行打分。学生互评完成后,教师可以进行总结,对各"阅读圈"及学生自身的表现进行点评。需要注意的是,教师在点评时要注意尊重学生对文化的不同观点,重点关注学生思想的深度和广度,同时对那些积极参与讨论的学生提出表扬,以此带动全班同学积极参加此类活动。

(二)文化导入法

在阅读教学中导入相应的文化知识,不仅能切实提高学生的阅读水平,而且能培养学生的文化素养。

1. 介绍文化差异,激发学生阅读兴趣

在大学英语阅读教学中,教师可采用适当的方式方法来激发学生的阅读兴趣和热情,调动学生的积极性,使学生获得文化知识,提高阅读水平。其中,在阅读教学中进行英汉文化差异的介绍和分析,就是一种调动和培养学生学习兴趣的有效方法。此外,在教授英国文化知识的过程中不断地向学生渗透历史地理、风土人情、日常生活等中国文化知识,也可以有效调动和培养学生的学习兴趣。

2. 培养学生的文化意识

为了切实提高学生的英语阅读水平,提高学生的阅读兴趣,教师有必要培养学生的文化意识。具体而言,限于课堂时间有限,教师可以充分利用课外时间,向学生推荐一些英语文学作品让学生在课下阅读。通过阅读英语文学作品,学生能切实感受西方文学和文化,从中掌握词汇,习得语法,积累大量素材,养成良好的阅读习惯。

第二节　跨文化交际视角下大学英语写作教学研究

作为英语语言的一项基本技能,写作也是人们交流思想、传递信息,进行跨文化交际的重要方式,所以写作教学一直都是大学英语教学中的重要组成部分。随着大学英语教学改革的深入,文化素养和跨文化交际能力成为教学培养的重要方向,因此大学英语写作教学也应向文化教学转变,在教授学生语言知识的同时培养学生的跨文化交际能力,从而切实提高学生的写作能力。本节将对跨文化交际视角下大学英语写作教学进行研究。

一、大学英语写作教学简述

（一）写作的概念

在人们的日常生活中,经常会用到写作这一技能。关于写作的定义,中外学者从不同的角度出发给出了不同的解释。

瑞密斯(Raimes,1983)认为,写作包含两大功能:一是为了学习语言而进行写作,通过写作,学习者能够对自己所学的语言知识进行巩固,如词汇知识、词组知识以及语法结构知识等;二是为了写作而进行写作。

王俊菊(2006)认为,写作不仅仅是视觉上的编写行为和书写过程,而且是一些包含复杂活动的解决问题的信息加工过程。

尽管不同的学者对写作有着不同的解释,但本质认识是一致的,都认为写作是写作者运用书面语言来传达思想、交流信息的过程与结果的集合,涉及写作者多方面的知识和技能以及对其意义的传达和信息的加工。[①]

（二）大学英语写作教学中存在的问题

写作教学一直都是大学英语教学的重要部分,但随着教学改革的深入以及社会需求的提高,大学英语写作教学也呈现出一定的问题,具体体现在以下几个方面。

---

① 何广铿:《英语教学法教程:理论与实践》,暨南大学出版社,2011,第225—226页。

1. 教学方法缺乏创新性

尽管目前的教学都倡导人文教育、素质教育,但应试教育现象依然存在,受此影响,在现在的英语写作教学中,教师仍然采用传统的结果教学法实施教学,即在课上向学生提供不同类型的范文,稍加讲解之后要求学生参照范文模仿,并要求学生在规定的时间内利用课外时间完成写作任务,最后由教师进行批改和讲评。这种教学模式的重心是写作的结果,忽视了师生、生生之间的交流以及写作过程中对学生写作兴趣的激发和培养。久而久之,学生就会对写作产生厌倦情绪,其写作水平也就很难得到提高了。

2. 教学割裂情况严重

英语教学是个整体工程,英语写作整体教学也不是孤立存在的,它与阅读教学、听力教学、口语教学之间有着密切的关系。但在实际的教学过程中,教师并没有将这些联系在一起,而是孤立地进行写作教学,这样是很难提高写作教学的效率的。

此外,写作涉及的内容十分广泛,会涉及经济、历史、地理、文化等各个方面,因此英语写作与其他学科有着密切的联系。但在实际教学中,教师未能认识到写作与其他学科的联系,也未能发挥各个学科之间的互促作用。这样会减少学生写作素材的来源,限制学生视野的开阔,也会影响学生写作能力的培养。

3. 学生定位存在偏差

"以学生为中心"和尊重学生的主体地位是现在教学改革所大力提倡的观点。但在实际的写作教学中,教师对学生角色的定位并没有准确把握。在写作教学中,教师通常会先确定写作主题,然后向学生提供范文并加以分析,最后布置课外作业。可以看出,无论是主题的选择、课堂讲解还是任务的布置,基本都是由教师来决定的,学生在整个过程中都处于被动地位。教师忽视学生的主观能动性,将很难激发学生的写作兴趣和积极性,也很难培养学生积极的写作态度,这对学生写作能力的培养十分不利。

二、文化差异对大学英语写作教学的影响

写作不仅是语言传递的过程,也是文化交际的过程,所以文化差异也会对写作以及写作教学产生一定的影响。只有了解这种影响,才能更好地开展写作教学,培养学生的文化差异意识和文化素养,为学生写作能力的培养奠定基础。

（一）词汇差异的影响

词汇最能反映文化差异，表达相同概念的词汇在不同的文化中会具有不同的联想意义和文化内涵。我国学生在学习英语单词时，往往只记忆其基本含义，而不了解其内在的文化含义，因此在写作中时常会发生误用。针对这种情况，在大学英语写作教学中，教师应首先从词汇入手，让学生了解英汉词汇的差异，理解词汇的深层文化含义，从而改变中式英语，提升写作水平。

（二）话语表述差异的影响

英汉思维有着显著的差异，而这种差异对英汉话语表述以及写作也产生着重要的影响作用。具体而言，英语话语表述属于"主语—谓语"结构，汉语话语表述是"话题—说明"结构。由于话语表述方式的不同，很多学生常采用汉语话语表述方式来进行英语写作，也就形成了中式英语。针对这种情况，教师在写作教学中应引导学生了解英汉话语表述的差异，锻炼学生的英语思维，避免学生受母语迁移的负面影响，从而使学生写出地道的英语文章。

（三）语篇差异的影响

在语篇方面，英汉语言也有着显著的差异，具体表现为英语语篇结构严谨，注重句子以及段落之间的衔接与连贯；汉语语篇结构则较为松散，句子和段落之间主要靠意义来衔接。由于缺乏对英汉语篇结构差异的了解，很多学生在英语写作过程中常会出现表达跳跃、逻辑不严谨、缺乏连贯性等问题。对此，教师在写作教学中应重点向学生介绍英汉语篇的差异，提高学生的英语写作能力。

三、跨文化交际视角下大学英语写作教学的原则

基于跨文化交际视角，大学英语写作教学应遵循一定的教学原则，以确保教学的有效开展。具体而言，应遵循以下几项原则。

（一）以学生为主体原则

为了解决学生地位偏差的问题，在大学英语写作教学中，教师应遵循以学生为主体原则,即明确学生的主体地位,尊重学生的主体性,围绕学生展开教学。只有激发了学生的兴趣,提高了学生的主动性,才能使学生成为学习的主体。总体而言,就是要学生积极参与教学活动,发挥学习的自主性,积极自主学习,从而提高自身的写作能力。

(二)真实性原则

写作并不是为了应付考试,而是运用写作进行实际交际。对此,大学英语写作教学应遵循真实性原则,即联系学生的实际生活,让学生在写作过程中有话想说,而且言之有物、言之有理。如果写作缺乏真实性,就不能激发学生的写作兴趣。对此,教师可将写作与学生的实际需求联系在一起,不仅能激发学生的积极性,也能令学生感受到写作的实用性。例如,教师可让学生用英文写求职信、个人简历等,这些实用性文体的写作可将写作与学生的现实生活联系在一起,更能激发学生写作的积极性,从而切实提高学生的写作水平。

(三)交际性原则

大学英语写作教学应遵循交际性原则,这是由写作的最终目的决定的。交际性原则要求写作教学活动应满足学生的即时需求,以提高学生的实际交际能力;写作活动必须给学生交际的机会,并且使学生从写作交际中获得乐趣;在写前活动和修改活动中尽可能采用小组活动和同伴活动,增加学生之间的交流,通过这种方式获得大量素材,从而为文章增添内容,锻炼学生的思维。

四、跨文化交际视角下大学英语写作教学的优化方法

在跨文化交际视角下,教师在开展大学英语写作教学时除了要了解文化差异对教学的影响、遵循科学的教学原则,还要优化教学方法,选用有效的教学方法来培养学生的写作能力,提高教学效率。

(一)自由写作法

自由写作(free writing)就像是一扇开启思维情感的闸门,是一种思维激发活动(brainstorming)。其主要目的是克服写作的心理压力,激发思维活动,探索主题内容。

1. 寻找写作范围

在进行自由写作时,首先要确定写作范围。将头脑中能想到的内容都写下来,这些内容看似无用,但经过仔细品读就会发现,这些杂乱甚至毫无联系的句子隐含着自己最为关心的情绪,只是隐藏在思想深处,无法注意到。这样不仅可以确定一个代表着自己真情实感的写作范围,而且可以找到最为闪亮的句子或词语,为接下来的写作奠定基础。

2. 寻找写作的材料

在确定写作范围后,就要寻找写作素材。在特定的范围内开展自由写作——尽管这是有所约束的写作,但还是要放松地进行。在停笔之后,通读所写的文字,整理一下,提炼出文章的基本线索和层次结构。

3. 成文

前两个阶段的自由写作实际上把构思过程通过文字语言给外化了,是对构思过程的一种自由解放,在无束缚中发挥出写作主体的创造性和能动性。在这两次自由写作的基础上,构建真正属于自己的完整的文章。

(二)文化导入法

文化知识的丰富对学生的写作而言是非常重要的,所以在英语写作教学中,教师应适时导入文化知识,为学生写好文章奠定基础。

1. 在语言教学中融入文化教学

在大学英语写作教学中,教师可以融入文化教学,在培养学生语言知识的同时,丰富学生的文化知识,培养学生的文化意识。具体而言,教师在写作教学中可以向学生介绍一些相关的西方风土民情、思维模式、价值观念等背景知识,培养学生的文化敏感性,提高学生的文化素养,从而为提高学生的写作水平奠定基础。

2. 培养学生的英语思维模式

中国学生的英语写作体现着明显的汉语思维,语言表达也是中式英语,而且重点不突出、结构不严谨等问题十分常见。为了改善这一状况,教师在写作教学中可以有针对性地锻炼学生的英语思维,并引导他们将这种思维运用于写作中,从而解决学生写作中出现的问题,改善学生的写作状态,提高学生的写作水平。

3. 开设文化选修课

教师还可以组织与开设文化选修课,并鼓励学生积极参加,以扩大学生的视野,丰富学生的文化知识。具体而言,教师可以开展"语言与文化""跨文化交际"等文化选修课,这都能增加学生接触西方文化的途径,培养学生的英语思维和文化意识,而且对学生的英语写作十分有帮助。

第三节 跨文化交际视角下大学英语翻译教学研究

翻译是世界各国之间相互沟通的桥梁,不仅涉及语言之间的转换,而且涉及文化之间的交流。可以说,翻译是基于不同语言之间转换的跨文化交流活动,其与文化之间的关系自然不必多说。因此,在大学英语翻译教学中,教师应基于跨文化交际视角来培养学生的翻译能力,使学生成为能够运用翻译技能流利进行跨文化交际的英语人才。本节将对跨文化交际视角下大学英语翻译教学进行研究。

一、大学英语翻译教学简述

(一)翻译的概念

就翻译的概念而言,人们通常认为,翻译是把一种语言转换成另一种语言的活动。

《现代汉语词典》给翻译下的定义是:把一种语言文字的意义用另一种语言文字表达出来,把代表语言文字的符号或数码用语言文字表达出来。

奈达认为:"所谓翻译,是在译语中用最切近而又最自然的对等语再现源语的信息,首先是意义,其次是文体。"

总体而言,翻译就是将一种语言转化为另一种语言的过程,这一过程不仅涉及语言,还涉及文化,不仅涉及知识,还涉及技能。

(二)大学英语翻译教学中存在的问题

大学英语翻译教学存在的问题主要体现在以下几个方面。

第七章　跨文化交际视角下大学英语读写译教学研究

1. 教师教学中存在的问题

（1）理论与实践脱节。翻译是具有实践性特征的一项语言技能，需要理论与实践的有机结合。对此，在大学英语翻译教学中，教师除了传授学生基本的翻译知识与技巧外，还需要不断带领学生参与到翻译实践中，在实践中验证学生对课堂知识的掌握情况。但是，就目前来看，我国很多学校在翻译教学中都存在理论与实践的脱节，仅传授理论，导致学生虽然学习了大量理论知识，但无法有效运用于实践。

（2）教师素质有待提升。教师要教书育人，首先自身素质要高，这样才能起到榜样的作用。但目前，翻译教师的整体水平较差，功底不足。在翻译教学中，很多教师也没有足够的经验，并未形成科学、规范的教学习惯，这对于翻译人才的培养是十分不利的。另外，很多教师也并非翻译专业出身，对翻译基础知识掌握得并不透彻，因此很难有效地开展翻译教学，更不能有效培养学生的翻译能力。

2. 学生学习中存在的问题

（1）双语能力薄弱。翻译涉及两种语言的转换，所以要想有效进行翻译，就要具备双语能力。所谓双语能力，就是两种语言沟通所需要的程序知识，包括两种语言的语用、社会语言学、语篇、语法和词汇知识。在翻译文本中，双语能力主要体现为在一定语境下的翻译能力，如连贯与衔接、语法差异等方面。由于学生普遍缺乏语境知识，双语能力薄弱，译文常会出现连贯性不强、语法错误较多等问题。

（2）语言外能力不足。翻译涉及的内容和主题十分广泛，除了要具备翻译技能外，还要具备语言外能力，即关于特定领域的陈述性知识。具体而言，语言外能力包括源语文化知识和目的语文化知识，也包括百科全书知识，还包括其他领域的学科知识等。但大部分学生在语言外能力上有所欠缺，文化知识的翻译表现不佳。例如：

我小的时候特别盼望过年，往往是一过了腊月呀，就开始掰着指头数日子，好像春节是一个遥远的、很难到达的目的地……

I felt particularly expected to celebrate the New Year when I was a child. After the end of Lunar December, ...

源于文化知识的欠缺，学生在翻译"腊月"一词时，误译成了 the end of Lunar December，其中 Lunar 一词的确有"阴历"的意思，但不是中文"腊月"的意思。

二、文化差异对大学英语翻译教学的影响

文化与翻译之间的密切关系是不言而喻的,翻译深受文化差异的影响,大学英语翻译教学也受文化差异的影响。对此,在大学英语翻译教学中要注意这个影响。

(一)思维方式差异的影响

不同的民族有着不同的思维方式,具体表现为英语民族擅长抽象思维,习惯用抽象的概念来表达具体的事物,但汉民族则习惯具体思维,常用具体的事物来表达抽象的概念。因此,在翻译实践中就要根据目的语的思维习惯对原文进行改动。例如:

Is this emigration of intelligence to become an issue as absorbing as the immigration of strong muscle?

知识分子移居国外是不是会和体力劳动者迁居国外同样构成问题呢?

上述原文中,intelligence 的基本含义为"智力,理解力",muscle 的基本含义为"肌肉,体力"。如果直接译为其基本含义必然会造成言语不通,所以译文并没有进行死译,而是灵活地将它们译为了"脑力劳动者"和"体力劳动者"。

(二)风俗习惯差异的影响

中西方文化差异在风俗习惯上有着显著的体现,而风俗习惯的差异对翻译也有着很大的影响。例如,在饮食方面,中西方就有着显著的差异。中国人对饮食向来十分注重。俗话说"民以食为天",中国人不仅讲究吃,而且追求美味,将美味作为评价食物的最高标准。西方人在饮食上非常注重营养,往往以营养作为饮食的最高标准。在西方人的饮食观念中,维系生命,保持身体健康,是饮食的主要目的。在饮食对象方面,西方人主要以面包为主,而中国则通常以米饭或面食为主,这种差异在翻译中体现得很明显。例如,英文中有 a piece of cake 这一短语,如果直译为"一块蛋糕",会让读者感到莫名其妙,不知其意,这是因为蛋糕在中国人的主食中并不常见。但是,如果将其译为"小菜一碟",那就很容易为中国读者所理解。同理,在汉语中有"画饼充饥"这一成语,译者在翻译时最好译为 draw a cake and call it a dinner,这样会更容易为西方读者所理解。

三、跨文化交际视角下大学英语翻译教学的原则

基于跨文化交际视角,在大学英语翻译教学中,教师要想取得良好的教学效果,必须遵循一定的原则,在此基础上灵活采取各种教学方法。具体而言,应遵循以下几项原则。

(一)循序渐进原则

翻译能力的提高是不可能一蹴而就的,而是要经历一个过程。相应地,翻译教学也不能操之过急,应遵循由浅入深、循序渐进的规律,所选的语篇练习也应该是先易后难,逐步帮助学生提高翻译能力。从篇章的内容来看,应该是从学生最熟悉的开始;从题材来看,应该从学生最了解的入手;从原文语言本身来看,应该是从浅显一点的渐渐到难一些的。这样由浅入深的发展,学生对翻译会越来越有信心,兴趣会逐渐增强,翻译技能也会相应得到提高。

(二)授业育人原则

现在的教学改革提倡德育,即不仅要培养有一定专业技能的人,而且要培养道德高尚、具有一定审美情趣、有学习能力的人。因此,就翻译教学来说,翻译技能课不能只传授技能,还要融入丰富的人文和科技知识教育,使翻译训练真正变成一个有趣的过程。在翻译教学过程中,教师应该了解学生的心理、喜好和需要,不仅要满足他们对知识的渴望,还要满足他们精神上的需求,将知识技能的传授融入他们自身的发展中,让学生在寓教于乐中学习翻译技能。

(三)学以致用原则

学习翻译是为了将来进行交际,所以在翻译教学中教师要遵循学以致用原则,尽可能地为学生创造实践机会,如安排学生到翻译公司参与实际的翻译工作。翻译的好坏最终取决于译文读者的反馈,译作能否被接受要看是否符合客户的需求。这就决定了翻译教学不是封闭的,是一门实践性很强的课程。因此,学生在正式从事翻译工作之前进行一定的社会实践锻炼是非常有必要的,这有利于他们在毕业之后快速融入社会环境并更好地投入工作。

四、跨文化交际视角下大学英语翻译教学的优化方法

基于跨文化交际视角,大学英语翻译教学在遵循科学教学原则的基础上,应优化教学方法,采用创新的教学方法来提高教学效率,提升学生的翻译能力。

(一)文化导入法

在大学英语翻译教学中导入文化是很有必要的,教师可以采用以下方法来丰富学生的文化知识,培养学生的文化意识,为学生翻译水平的提高奠定基础。

1. 比较法

在英语翻译教学中,教师可以采用比较法来进行文化教学。具体而言,就是教师在翻译教学中向学生解析英汉民族的文化差异,将英语运用能力与跨文化能力结合起来进行培养,使学生同时掌握语言知识和文化知识,进而培养学生的跨文化意识和翻译实践能力。例如,在教授关于动物的翻译时,教师可以引导学生对比英汉动物的文化内涵差异,进而在丰富学生文化知识的同时避免学生造成误译。

2. 课外补充法

课堂教学是学生接受知识的主要场所和途径,但课堂时间毕竟有限,加上翻译课时较少,因此学生很难通过课堂教学全面掌握翻译知识并进行翻译实践。但学生的课外时间相当充足,教师可以对此加以充分利用,引导学生在课外进行自主学习。具体而言,教师可以鼓励学生在课外阅读英美书籍,观看英美原声电影,或通过网络查阅与学习相关的资料等。这样不仅能培养学生的自主探究精神,还能提高学生的文化意识,培养学生的翻译能力。

(二)翻译策略讲解法

翻译的进行需要相应的技巧来依托,所以教师在教学中应向学生传授各种翻译策略,帮助学生更好地处理翻译中遇到的各种问题,避免产生错译或误译,确保翻译的有效进行。通常,翻译策略包括直译、意译、增减译等,这些翻译策略相对简单,因此这里不对此多做介绍,下面重点介绍文化翻译策略。具体包含以下几种。

第七章　跨文化交际视角下大学英语读写译教学研究

1. 归化策略

归化策略是以目的语为中心，主张用目的语来代替原文中相异于目的语的要素，从而确保译文通俗易懂。在采用归化策略时，译者会以目的语读者为中心，常采用自然流畅的本族语言来进行翻译。这种翻译策略可使译文更加生动地道。例如，"The man is the black sheep of family."如果直译为"那人是全家的黑羊"，会使人非常迷惑，但译为"害群之马"，其意思便十分明了。

采用归化策略进行翻译，可有效消除不同文化之间的隔阂，尤其是在目的语中找不到与原文相对应的表达时。例如：

You seem almost like a coquette, upon my life you do—They blow hot and cold, just as you do.

你几乎就像一个卖弄风情的女人，说真的，你就像——他们也正像你一样，朝三暮四。

原文中 blow hot and cold 其字面意思是"吹热吹冷"，但这样翻译显然是不正确的。实际上，这一表达源自《伊索寓言》，是指一个人对爱人不忠实。采用归化策略将其译为"朝三暮四"，更能清晰表达其含义。

2. 异化策略

异化策略是指译者不打扰作者，而是让读者向作者靠拢，即译者对源语文化进行保留，并尽量向作者的表达贴近。受不同思维方式与文化背景的影响，不同民族对同一事物的认知存在明显的差异。译者在对具有丰富历史色彩的信息进行翻译时，应尽量保留其文化背景知识，而采用异化法有助于传递源语文化，保留异国情调。例如：

As the last straw breaks the laden camel's back, this piece of underground information crushed the sinking spirits of Mr. Dombey.

正如压垮负重骆驼脊梁的最后一根稻草，这则秘密的信息把董贝先生低沉的情绪压到了最低点。

上例将原文中的习语 the last straw breaks the laden camel's back 进行了文化异化翻译，汉语读者不仅完全能够理解，还可以了解英语中原来还有这样的表达方式。

3. 归化与异化互补策略

归化策略与异化策略相互对应，二者均有自己使用的范围。但有时在翻译文本时只采用一种翻译策略很难译好文本，需要将二者互补并用，才能更好地进行翻译。

归化策略和异化策略二者并不矛盾,而是各具优势、相辅相成。这就需要译者在翻译过程中,根据具体语境综合运用这两种翻译策略,从而使译文既保留本民族文化特色,又便于读者理解。例如:

I gave my youth to the sea and I came home and gave her (my wife) my old age.

我把青春献给了海洋,等我回到家中见到妻子的时候,已经是白发苍苍。

上述译文同时采用了归化策略和异化策略,将原文含义准确、恰当地表达了出来。

总体而言,随着大学英语教学改革的发展,文化教学开始融入英语教学,成为大学英语教学的一种发展趋势。对此,大学英语阅读、写作和翻译教学都应更新观念、转变视角,站在跨文化交际的视角来丰富教学内容,优化教学方法,从而培养学生的文化素养,提高学生的语言能力,促使学生成为优秀的跨文化交际者。

第八章　网络视角下的大学英语跨文化交际教学研究

当今时代是科技信息快速发展的时代,目前社会处于第五次技术改革时期,即从"+互联网"向"互联网+"转变的时期,而且随着信息技术的快速发展,"互联网+"的领域也在不断拓展,从而实现对信息资源的开发,实现互联互通。互联网的发展和在各个领域的融入,使得人们的交流变得更加便利,人们的生活也因此产生了巨大变化。不仅如此,在教学领域,网络技术也发挥着重要的作用。对于大学英语跨文化交际教学而言,网络技术改变了传统教学的"满堂灌"模式,活跃和优化了教学环境,使知识的呈现更加形象具体,对教学质量和效率的提高具有重要意义。本章将对网络视角下的大学英语跨文化交际教学进行全面研究。

第一节　网络技术与大学英语教学的结合

随着信息技术的发展,网络技术开始广泛运用于教学领域。将网络技术与大学英语教学相结合,对大学英语教学将起到积极的促进作用。本节就对网络技术与大学英语教学的结合进行具体分析。

一、网络及网络技术

(一)网络

网络是由节点与连线构成的,用来表现不同对象及其相互之间的联系。在计算机领域,网络被认为是一种虚拟平台,主要用于信息传输、信息接收以及信息共享。通过网络,人们可以将各个点、面、体等联系起来,实现资源、信息的共享。因此,对于人类的发展来说,网络是极其重要的,它促进了科技及人类社会的发展。

(二)网络技术

网络技术是人类体力、脑力的扩展与延伸,可促进人类发展新的生存方式,对人们固有的生活方式、思想观念等产生了很大冲击与改变。

网络技术这一术语最早源于美国军事领域的 APPANET,是一种对人类器官功能进行扩展与延伸的技术。1970 年早期,美国政府发现了网络具有巨大的潜能,因此将网络从军事领域扩大到民用领域,主要用于商业贸易与交流。因此,APPANET 与其他网络进行联合,形成了现如今我们所说的 Internet。

现如今,网络技术一般被定义为将两台或者多台计算机进行连接而实现信息资源共享的技术。当计算机借助铜芯电话线、光纤或卫星中继等电信媒介进行联通之后,网络就形成了。当然,为了更好地发挥其效用,还需要借助专用接线器和路由器等设备。

网络技术将分布在世界各地的计算机进行连接,在网络管理软件、操作系统等的辅助和协调下,实现各个计算机的通信,从而实现资源共享与信息传递。

二、网络技术与大学英语教学结合的意义

网络技术与大学英语教学相结合,意义十分显著,具体体现在以下几个方面。

(一)更新教学观念

将网络技术应用于大学英语教学,可使教师对教学过程与教学资源利用有新的思考,进而促进教学观念的更新。

基于传统的教学观念,英语教学以教师为中心,教师作为传授知识的主体,在教学过程中发挥着十分重要的作用,而且这种作用会被放大化,整个教学都围绕教师来进行,学生只是被动地参与学习。教师是教学技术(黑板、教学教具模型)的绝对使用者,学生只是被动地观看。但是,网络技术的应用为英语教学的发展提供了新思路、新思想、新办法,促进了现代教育观、现代学校观、现代人才观的形成。

将网络技术运用于大学英语教学过程中,不仅增加了师生之间的交流与沟通,而且实现了师生之间交互的双向教学。教师从单纯地讲授书本知识转变为利用多媒体技术进行教学设计,学习者从被动地接受知识

第八章 网络视角下的大学英语跨文化交际教学研究

转变为利用网络技术进行自主学习。学生能更加主动地获取知识,教师也在英语教学过程中逐渐树立起以学生为中心的观念,从而实现了"应试教育"向"素质教育"的转变。

(二)提供海量学习资源

语法翻译法在我国英语教学实践中一直都占据着重要的地位,受这一影响,英语文学著作成为大学英语教材的重要内容,也成为学生主要的学习资源。学生虽然由此学到了规范、地道的语言知识,但日常交际能力却无法得到提高。现在通过网络,学生不仅可以接触到大量的文学语言资料,还能接触很多日常生活用语,其数量之大、语言之生动都远远超过了传统的英语教科书。

此外,网络资源的更新速度很快,有利于学生及时了解一些新出现的词汇与表达方式,从而提高自身语言的实用性。可见,网络能够帮助学生一边掌握语言技能,一边补充文化背景知识,进而深化对语言内涵的理解,提高文化素养。

(三)提高教学效率

教学效率是指在一定时间内完成更多的教学任务,或者完成相同教学任务而使用更少的教学时间。网络技术的发展和大学英语教学的结合可以缩短英语教学时间,能更加高效地实现教师和学生在英语教学过程中的知识输出与输入。在网络技术与大学英语教学结合的过程中,丰富而先进的网络技术可使学生综合利用多种感官进行学习,使学生充分获取知识。有实验证实,在学习过程中,学生利用的感官越多,越有利于对知识进行记忆、理解,就越能获得好的学习效果,进而提高英语学习的效率。

(四)提高教学质量

将网络技术与大学英语教学相结合,可有效提高大学英语教学的质量。网络技术在大学英语教学过程中的应用对于学生多方面素质的发展均有较高要求,在这个过程中,学生的各项知识与技能不断得到提高,手、眼、耳、鼻、口各个感官共同应用到英语学习过程中,可促进自身大脑思维的发展,进而实现自身全面发展。具体而言,网络技术对大学英语教学质量提高的促进意义体现在以下几个方面:

第一,网络技术能为教学提供技术支持,能为现代大学英语教学提供一个良好的交互环境,给学生提供更多自主学习的机会,使学生能够更加主动地投入到学习中去,更加积极地去收集、处理、加工、反馈各种学习信息,有助于增强学习效果,促进学生主动发展、个性化发展,从而提高英语教学的品质。

第二,网络技术与大学英语教学的结合无时间、空间的限制,有利于创建英语教学的大格局,能更加高效地调动各种英语教学资源,使优质的英语教学资源得到有效整合,扩大优质英语教学资源的受益面,进而促进英语教学质量的整体提高。

第三,网络技术的发展有利于增强现代化大学英语教学。现代化的大学英语教学强调高素质全面发展人才的培养,强调学生的发展应与社会发展相适应。现代英语教学应提高教学质量和促进英语教学现代化发展服务,同时将催生新的英语教学质量评估体系和评价方式,并有助于建立信息全面的大数据跟踪与检测,促进每一名学生的真正发展。

（五）创造新型师生关系

传统英语课堂是教师—课本—学生的线性模式,如图8-1所示。

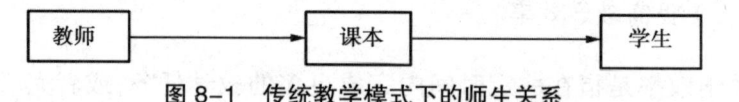

图8-1 传统教学模式下的师生关系

资料来源:陈坚林,2010

在该教学模式下,教师是课堂的主体,而学生处于被动接受知识的地位,课本只是师生之间的媒介。教师通过对课本进行分析与讲解,将知识传授给学生。

科技的发展使计算机逐渐参与到英语教学中,并成为英语教学的有益补充。计算机在教学中的应用使得师生关系发生了新的改变,如图8-2所示。

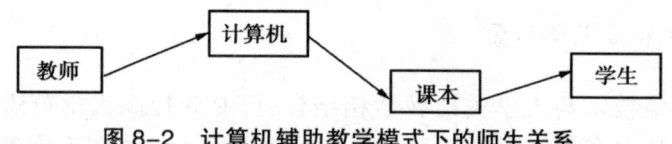

图8-2 计算机辅助教学模式下的师生关系

资料来源:陈坚林,2010

由图8-2看出,计算机的辅助并未对师生关系带来实质上的改变,只是为教师提供了一种新型的讲解或演示手段,使教学效果得到一定程度的增强。但是,网络与英语教学的结合,即计算机网络与教学内容的结合使师生关系发生了根本性的变化,如图8-3所示。

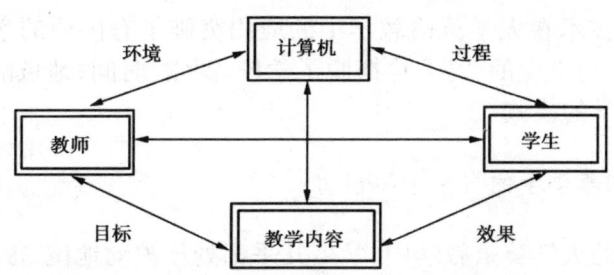

图8-3　基于网络的英语教学模式下的师生关系

资料来源：陈坚林，2010

在基于网络的大学英语教学模式下，教师、学生、计算机与教学内容是四项基本要素，它们之间存在着相互依存、相互作用、相互关联的内在关系，而且这种关系并不是单向的。教师不再是课堂的主宰者，学生则由被动的接受者转变为知识的积极构建者，由此构建了一种合理、和谐的新的师生关系。

（六）促进教学改革

网络技术的发展是大学英语教学改革与发展的制高点和突破口，引发了大学英语教学领域的多方面变革。

1. 教学组织形式的变革

在传统的大学英语教学中，英语教学组织形式以学校、班级和课堂为主场所。虽然在英语教学过程中，也重视学生的个体化发展，提倡个别答疑、分组学习。但是，受多种条件限制，学生的统一化教学仍是主要教学形式，个性化教学难以实现。

随着网络技术在大学英语教学中的应用，学生的小组学习、个别化学习成为可能。例如，网络化的传输功能能在各种学科之间实现实时交互学习。

2. 教学手段与方法的变革

网络技术与大学英语教学的结合，为教师教学手段的多样化提供了更多的技术支持，也能丰富学生的感官体验，有助于提高教师和学生的教与学的积极性与主动性。通过选择多样化的教学手段和方法，教师能为学生提供不同的英语教学方式，提供最佳的教学环境与教学体验。

3. 教学模式的变革

传统的大学英语教学模式限于教室、教师、黑板和教科书。现代教学媒体改变了原有英语教学过程的结构，形成了多种人—机结合的教育新模式。网络技术在大学英语教学中的应用突破了有围墙的学校模式,使教师的"教"与学生的"学"均摆脱了学校、课堂、时间、地域的限制,上线了远距离教学的模式。

（七）培养学生的自主学习能力

在传统的大学英语教学中,学生几乎都处于被动地位,很少有积极参与的机会。教师在课堂上利用大部分时间来灌输语言知识,很难调动学生的积极性,学生语言能力的发展也会遇到很多困难。但是,如果由学生来掌握学习的主动权,并按照自己的意愿来查找学习资料,也有很大的弊端,这既会使他们离正确的学习方向渐行渐远,也会带来费时低效的结果,因而也不现实。

现在英语教学改革的核心就在于如何充分发挥学生的自主性、创造性和积极性,使学生成为信息加工的主体和知识意义的主动建构者,而不是知识的灌输对象和被动的接受者。利用网络技术的强大功能,学生可以通过操控网络学习平台,不受时间和空间的限制进行自主式的学习,自主选择课程,自主安排学习进度,通过人机交流的方式进行语言练习,并依据网络的评判修正自身的错误,进而实现真正意义上的个性化学习。在互联网教学中,学生不再只依靠教师和教材,而是可以通过互联网在学习过程中自主建构自己的知识体系,实现英语自主学习,提高自身的英语水平。

（八）营造良好的教学环境

良好的教学环境对于学生的学习和教师的教学都有着重要的意义。具体来说,标准的语音、语调输入,开放、丰富的语言知识,必要的对话与练习机会以及教师的帮助与指导等都属于语言环境的范畴。将网络技术与大学英语教学相结合,有利于营造良好的教学环境,主要表现在以下几个方面：

（1）有利于调动学生的听觉、视觉等多种感官,使他们更加投入地参与到英语学习中来,并逐渐培养他们的英语思维模式,摆脱先将英语翻译成汉语再进行理解的不良习惯。

（2）可使学生接触到大量真实、地道的有声资料,有利于帮助他们增加语言积累、了解文化背景、熟悉交际技巧、提升听说能力,进而提高他们对语言进行综合运用的能力。

（3）可以创设与真实场景十分接近的语言情境,为学生进行知识同化创造了条件。

第二节 网络视角下大学英语跨文化交际教学的原则

如果缺乏相应原则的指导,网络技术将无法在大学英语教学发挥自身的优势与特征。因此,网络视角下的大学英语跨文化交际教学应遵循一定的原则,具体包含以下几项。

一、以学生为中心原则

基于网络视角,大学英语跨文化交际教学首先要遵循以学生为中心的原则。这一原则要求教师在教学实践中意识到学生的主体地位,有意识地引导学生对语言与文化进行感受与领悟,体验文化,同时注意对学生自主学习能力的培养,使学生完成知识与意义的内在建构。此外,在设计教学活动时要注意这些活动对学生可能产生的影响,不仅要关注学生对英语语言知识的学习,还要关注学生对本族语言和本族文化的理解和体验、对英语文化的态度以及学生的综合素质培养等。

二、文化包容性原则

在文化全球化的大格局下,引领潮流的世界性文化不再单单由某个国家或民族来创造,而是由更多主体来创造。因此,文化全球化是世界文化创造主体和世界文化元素的多元化。

基于网络视角,当下的时代文化倡导包容性,只有具备了包容品质,世界不同国家和民族的文化才能在共存中达到更多的一致,进而使得世界各个国家和民族联系得更加紧密。在人类文化发展史上,封闭的文化会被推到边缘地带,并且阻碍历史前进的脚步;而那些包容性的文化才能主导世界文化,推动历史的发展。包容性的文化既能接受其他先进文化成分,也更易被其他文化接受,是推动世界文化进步的强大动力。因此,在大学英语跨文化交际教学中,教师要遵循文化包容性原则,引导学生全面透彻地学习世界文化。

三、文化多元性与情境性相结合原则

在网络环境下,大学英语跨文化交际教学要改变以往的教学模式,将

先进的科学信息、教学理念等运用于课堂教学,运用网络资源对教学进行优化和改良。例如,在讲授新课之前,教师可以为学生布置预习任务,让学生提前上网查阅下节课将要讲述的内容,这样不仅有助于激发学生的学习积极性,也有助于学生增进对相关背景知识的了解与把握,加深他们对文化的理解,扩充自身的知识面。

此外,教师要重视课外教学对学生文化素养的培养,要充分利用课外教学实践,创造文化感知氛围,使课外教学成为课内教学的有效补充。教师可以让学生在"真实"的情境中对自己学过的文化知识进行体验与运用,如定期举办角色扮演等活动,这样学生就可以对西方文化有深刻的理解,从而真正地做到学以致用。

四、整体文化、主流文化输入原则

随着教育的不断发展,单纯的语言教学已经开始逐渐向文化教学倾斜。在大学英语跨文化交际教学中,教师应从宏观入手,帮助学生掌握文化学习的整体性。整体文化输入包括纵向和横向两个维度,从纵向来看,文化的形成是一个源远流长的过程,时间横跨古今,学生应该对文化的生成和发展脉络有一种清晰的把握;从横向来看,文化具有多样性,不同的文化具有不同的特色,所以文化的输入类型也应是兼而有之的。

文化分主流文化和非主流文化,其中主流文化是当前社会提倡的文化,是被广大人民接受的文化。在大学英语跨文化交际教学中,教师应选择具有代表性的主流文化向学生进行输入,从而引导学生更加适应当下的社会生活。

五、传授式与体验式相结合的原则

在网络环境下,传授式教学和体验式教学是大学英语跨文化交际教学的常见方式。传授式教学模式主要是讲授知识技能,多采取讨论、讲座等方法,旨在提升学生的认知理解能力,掌握语言知识与文化知识。它也存在不足之处,即学生一般是被动地接受知识,很少有机会进行实践。体验式教学模式是以学生为中心的一种教学模式,通过创设真实的跨文化交际情境,使学生真实地感受、体验、认知和实践文化知识。这一模式能很好地弥补传授式教学模式的不足。在具体的教学过程中,教师应根据具体情况,将两种教学模式结合起来使用,确保教学中既有语言与文化知识的讲解,又有促进认知、培养能力的各种活动等。

第三节　网络视角下大学英语跨文化交际教学的优化方法

在网络视角下,大学英语跨文化交际教学不仅要更新观念,遵循科学的原则,更要优化教学方法,这样才能有效提高教学的效率,切实培养学生的跨文化交际能力。本节将对网络视角下大学英语跨文化交际教学的优化方法进行具体说明。

一、务实手段,创设跨文化交际基础

随着网络技术的发展和广泛应用,网络技术在大学英语跨文化交际教学中发挥着重要的作用。因此,教师应该充分利用网络技术,将现代化网络和多媒体作为教学手段,完善教学过程,优化教学资源,达成教学效果。通过网络技术,教师可以为学生创设真实的教学环境,多种感官的结合有助于强化教学的直观性,增加学习内容的形象性。此外,网络环境更利于对学生进行技能训练,可以有效提高学生分析问题的能力,培养学生的判断能力,有效提高学生的语言水平和综合应用能力。

具体而言,在大学英语跨文化交际教学中,教师可以采用类似实时播放式的英语教学形式,即"课堂示教模式",通过计算机和各种多媒体课件设备等向学生传输语言文化知识,培养学生的英语能力。

二、深化大纲,加强大纲理解

教学大纲对于教学而言至关重要,它是教学所遵循的根本大法,对基础知识教学和基本技能教学起着重要的指导作用。但是,教学大纲对英语跨文化交际教学的目标、内容、方法等并没有明确地描述,而且也未对跨文化交际教学予以足够的重视。单纯进行语言教学而不讲文化,会使教学内容单调,缺少色彩,而单独进行文化教学又缺乏大纲的指导。对此,教师只能深入理解大纲,透彻领悟大纲精神,依据大纲原则,结合学校情况以及学生专业特点,制定出与本校情况相符的文化教学原则,进而确定教学内容、目标和具体要求,增加文化教学,增加语言教学的趣味性和深度,同时培养学生的人文素养。

三、理解材料,开发优质教材

教材是教学开展的依据,教师只有深入理解教材,才能在课堂上做到张弛有度,才能有效开展教学。教师对教材的深刻品读,一个词语、一个语言点、一个文化现象,均能结合个人的积累在课堂上做深入的拓展。教材中不可能涉及所有的语言知识和文化知识,这需要教师结合班级的实际情况,有针对性地对学生感兴趣的问题予以拓展、补充。此外,教师还可以开发一些与文化学习有关的补充材料,尽可能地满足学生的文化学习需求。

四、组织协作,倡导交互学习

在网络环境下,对大学英语跨文化交际教学进行有效的组织和安排十分关键和重要。根据建构主义理论,英语学习的关键在于教师如何进行分组,如何组织学生共同完成学习任务。通过学生之间的协作学习,教师和学生之间能够建立一个学习共同体,实现学生与其他学生之间、学生与教师之间、学生与媒体之间的交互。在交互协作的过程中,学生大脑中的图式可以被激活,建构更为准确、全面的语言意义。通过这种协作学习,可以调动学生的学习积极性,激发学生学习的智慧与思维,使整个团队完成意义的建构。在大学英语跨文化交际教学中,教师应基于文化主题和交际内容,为学生安排与创设一些操作性强、任务重的教学任务,并对任务的内容给予具体的要求与建议。然后对学生进行分组,分组的原则是成员之间差异互补,确保小组成员之间可以深入交流和互动,最后引导学生对任务进行归纳和总结,从而确保学生切实掌握文化知识,提高跨文化交际能力。

五、组织会话,展示学习成果

交流和会话是课堂教学必不可少的部分,在大学英语跨文化交际教学中也是如此,学习小组之间需要通过会话与协作来完成教师布置的任务。通过小组会话,小组中每位成员都能发散自己的思维,并与组内成员进行分享,最终达成学习目标。

在学生完成讨论之后,教师可以根据学生的讨论情况进行成果展示。展示的形式有很多种,如演讲、角色扮演、案例分析、情境模仿等。在展示的时候,学生可以用PPT课件,也可以使用录音材料等。通过对学习成果的展示,教师可以了解学生是否掌握了文化知识,从而为下一步骤的教学做准备。例如,在做演讲时,教师可以让小组内所有成员都参与其中,共同配合完成演讲。小组根据教师提出的问题,对任务完成情况进行汇报。其他小组在听取演讲的过程中,对其中存在的问题进行记录,等到小组演讲完成之后,可以提出问题并要求解答。在这一过程中,所有学生都会丰富知识,扩大知识面,也会对西方文化有一定的了解和掌握。

六、塑造角色,提升教师素质

要想提高学生的语言水平和文化素养,教师首先要提高自身的文化素质。具体而言,教师可以通过以下方式来提高自身的文化素质。

(一)尊重文化差异,建立平等的文化观

文化不分优劣,每个民族都有其独特的文化魅力。文化差异是客观存在的,教师应承认、尊重、欣赏异域文化,同时注意将异域文化与本民族文化进行比较,进而取长补短,使本民族文化得以丰富,在与不同文化交流的过程中促进本民族文化的发展。

(二)重视与文化相关的教研、科研活动

教学研究与教学实践是相辅相成的,文化方面的教学研究可以解释教学规律,对文化教学实践有着重要的指导作用。反过来,教学实践又能为教研、科研提供及时的反馈。开展教研和科研活动,可以形成以科研和教研促进教学、教学为科研提供支持的良性循环。

七、创设情境,营造文化氛围

语言的使用离不开一定的社会环境,根据建构主义理论,人是知识的探索者与建构者,知识的建构需要人与社会环境进行交互。在建构意义的过程中,创设情境是必然的前提,尤其是对真实情境的创设。教师应该创设信息丰富的环境,为学生提供真实的语言输入与语言情境,让学生自然、真实地学习到语言。网络技术能够为建构主义学习理论的推行提供良好的途径和环境。

网络蕴含着海量的信息,而且能够创造真实的情境,所以将网络运用于大学英语跨文化交际教学,可以使教学的展示更具模态化,能够使学生

在单位时间内接触和学习更大容量的资源。这是目的语文化输入的有效途径与重要方式。同时,当学生置身于真实的情境中,能够亲身体验目的语文化的美,体验学习目的语文化的新奇和快乐,在这种体验中增强对目的语文化的理解和认知,激发学习目的语文化的积极性和主动性。

此外,为了创设良好的环境,教师可以让学生参与一些"暑假英语夏令营""语言学习示范中心"等活动,这是英语学习的第二平台,可以使学生将课堂上学习的知识运用到具体的实践中,提升学生的跨文化交际能力。

八、总结归纳,完成意义建构

学习并不是被动接受的过程,而是一个积极参与、主动建构的过程。学习是学生以自己的认知结构为出发点,积极主动地、有选择地进行学习的过程。根据这一原理,学生应该以自身固有的知识为基础,主动地对新知识进行理解和建构。固有的知识会因为新知识的加入而不断得以调整和改变,新知识会因为旧知识的存在而得以不断内化。可以看出,学习过程不仅是信息直接输入与存储的过程,而且是新旧信息之间的交互过程,最终目的是实现意义的构建。其中,小组讨论是一种有效的学习方式,在讨论过程中,学生可以调动各种语言、非语言资源来建构意义,激发对两种语言文化的浓厚兴趣,体会目的语文化的魅力,逐渐构建跨文化交际能力和意识。

总体而言,在大学英语跨文化交际教学中,教师要充分利用网络资源,以丰富学生的文化知识,提高学生的语言运用能力,进而培养学生的跨文化交际能力。但是,在运用网络技术开展大学英语跨文化交际教学时,也要遵循科学的指导原则,同时选用恰当的方法,这样才能使教学更加有效。

第九章 跨文化交际视角下大学英语教学的其他要素研究

众所周知,大学英语教学作为一个完整的体系,其中包括多种要素,除了前面章节中所介绍的几种要素之外,还有其他一些要素的研究也是很重要的,其对跨文化交际同样会产生深刻影响。其中,教师、教材、评估这三个要素尤其重要。为此,本章就针对跨文化交际视角下大学英语教师、教材、评估这三个要素展开分析,以便从更加全面的角度来探索大学英语教学。

第一节 跨文化交际视角下大学英语教师的转型发展

教师的素养不仅关系到高素质教师队伍的建设,而且关系到高素质人才的培养。随着大学英语教学改革的深入和大学英语文化教学的逐步开展,培养具备跨文化素质的综合型英语人才成为大学英语教学的重要目标,这就对教师的专业素质和能力提出了新的要求。作为教学的主导因素,大学英语教师自身文化素养的高低直接影响着其所培养出的人才质量的高低,因此大学英语教师应不断发展发展自己的专业能力,提高文化素养和能力,以便更好地进行文化教学。

一、跨文化交际视角下大学英语教师转型发展的基础分析

(一)大学英语教师的教学实施能力分析

教师的教学实施能力指教师为保证教学成功,达到预期目的,对整个教学活动进行计划、控制、检查、评价、反馈和调节的能力。这种能力包括以下三部分内容:

第一,教师对自己的教学活动进行事先计划和安排。

第二，对教学活动进行有意识的监察、评价和反馈。

第三，对教学活动进行调节、校正和有意识的自我控制。

教学活动包括的内容和涉及的因素多种多样。因此，教师的教学实施能力也具有多方面的内容和多样化的表现。教师的教学若想走在新课程改革的前沿，则需要通过课堂实践，这既符合新课程精神，又符合教师自身实际的教学方式，从而不断提高各方面的能力。

1. 教师教学实施能力研究的目标

通过对提升教师教学实施能力的专题实践研究，我们期望在学校的课堂教学中切实实现以下方面的转变：

（1）由以知识传授为中心转向以学生发展为本。

（2）由过去"依教案教学"转向"以学定教"。

（3）由过去只关注教学结果转向兼顾结果与过程，特别是关注学习过程中学生获得的自信、养成的科学态度和习惯以及培养出来的人文精神等，这比单纯追求拥有知识的多少更有价值。

只有实现这三点，才能最终使广大教师基于新课程标准理念下的教学设计，在现实的课堂情境中尽可能高质量地达成课堂教学的目标。作为一项研究专题，其确立的研究目标如下：

（1）理清影响教师教学实施能力提升的因素。教师教学实施能力的提升受到多方面因素的影响，通过实践研究与反思发现，影响教师教学实施能力的因素主要包括以下几个方面：

第一，教师的教学基本功。教师的基本功，除了传统的板书、班级管理外，还包括对专业知识的理解，对课程标准和教材的整体把握，对学生心理的了解，沟通与合作的能力，搜集、整理、运用信息的能力，主动学习并积极反思的能力等。

第二，教师的主观因素。通过调查问卷发现，教师的主观因素对教学实施能力及效果会产生明显的影响。

第三，教学的经验主义。关于课堂设问，超过 1/3 的教师选择"心里知道是哪几个问题，但谈不上精心"等。这表明在现实中，教师的思想相对滞后。不少教师习惯运用传统教学模式，存在思想守旧、满足于现有的办法与成绩，改革创新意识不强，有畏难情绪，缺乏实施新课程的主动性。关于"板书设计"，只有不到 1/4 的教师选择"每节认真设计"，更多的教师已开始习惯以班班通代替板书。关于"操作现代教学技术的能力"，2/3 的教师自我评价是一般或较差，这表明旧的教学方式在被放弃，新的方式却没掌握好。教师工作负担过重，这也是其参与课改积极性不高的重要原因。大部分教师实际周任课时数有 14~16 节之多，每天除了上课之外，

第九章 跨文化交际视角下大学英语教学的其他要素研究

繁重的备课、作业批改、各种活动组织与开展都使他们累得喘不过气来,几乎没有时间参与课改的研究。没有学习,没有理论的指导,实践自然是困难的。

第四,自觉反思的习惯。绝大多数的教师缺乏系统、深入的反思。超过一半的教师只在脑子里回顾一下或是在教案后稍做记录,多数教师会"和同事就某一方面展开讨论"。问卷还反映出多数教师"不知如何表述"反思或是苦于没人能指导,这也从侧面反映出培训的不到位。虽然课改伊始即进行了大规模的培训,但无论是全员培训还是学科培训,基本属于通识培训。不少专家阐释的有关课改的理论材料,形式上的东西还较为明显。

第五,追求卓越的意识。问卷显示,绝大多数教师认为"态度决定高度,专业发展的高低跟自身的努力追求成正比";3/4 的教师反映平时很注意"想出各种方法使自己的课生动有趣",并意识到对教育科研应积极了解、参与,对自己的专业发展会有帮助;42%的教师将"提高自身素质"作为未来发展的第一需要,这显示了教师非常关注学科教学的"软实力"——关注自身的学科教学素养、学科的内在价值和学科教学的实施过程,这种内驱力与教师的专业发展紧密相伴且更易长久保持。

第六,情绪波动的情况。超过四成的教师承认"前一节课上得不愉快,会影响自己下一班级的教学";超过 90%的教师认为"学生的当堂表现会对自己的教学情绪产生影响",并且情绪产生的时间与进行教学的时间间隔越短,对教学的影响越大。这就向我们提出一个问题——课间时间短暂,教师应如何调节自身的情绪,以达到最佳教学状态?也许我们可以通过系统的心理知识讲座、特聘心理专家专设网络信箱等为教师提供心理疏导,以提升教师自我心理调节能力。

第七,自身的沟通需求。调查显示,近四成的教师自认"与学生的沟通能力一般",两成多教师认为自己最擅长与学生进行"全班整体交流",而这样的交流相对而言是缺乏个体针对性的,效果较差。当前教育强调"以人为本",但更多的时候,人们停留在关注"共性"的"人",而忽略了"个性"的"人"。学生若像工厂流水线上的产品一样整齐划一,就算是优质品,也未必是可喜的。只有关注"个性"、以人为本,才能真正促进学生个性的发展和潜力的挖掘。

第八,职业的归属认同。调查显示,绝大多数教师认同教师这门职业,喜欢任教的学科,自己工作的热情自然就高。近七成的教师明确表示以学科为单位常态的教学研讨对于促进职业的认同感和提升自己的教学实施能力帮助很大。这说明教研组的建设是较成功的,得到了大多数教师的认可,成功地为教师营造了集体归属感;同时,教师队伍的师德建设、职业成就感的培养也是成功的。

第九,教师的经验。一是教学经验。在实际教学活动中,教师的教学方法多种多样。究竟哪种方法最适合于某一特点的教学过程,则需要教师去探索、尝试。经过具体实践,汲取成功因素,放弃失败的做法,然后上升到一定的理论高度,这就形成了指导教学活动的有效经验。有很多老教师能很好地驾驭课堂,有效地组织教学,其主要原因就是他们有丰富的教学经验。二是其他社会生活方面的经验。因为社会生活方面的经验来自生活实际,和学生比较接近,用学生经常耳闻目睹的现象打比方、讲道理,能给学生一种亲切、朴实的感觉,因而能成功地吸引学生的注意力,并使抽象的道理具体化,从而更理想地实现自己的教学目标。

(2)确立提升教师教学实施能力的原则。具体如下所述:

第一,管理上——制度规约与人文关怀并重。现代管理提出了文化管理的概念,追求把核心管理理念细化成教师可操作的规章制度和行为规范。制度规范的是外显行为,文化是一种自觉的内省行为,是制度管理追求的最终目标。制度的制定本身即体现着制定者对文化的追求。

古人说:"使人畏之,不若使人服之;使人服之,不若使人信之;使人信之,不若使人乐之。"可见,规章制度的执行也要能使被管理者由畏之变服之,由服之变信之,由信之变乐之,进而达到理想的境界。

本着上述理念,高校应力求不断完善学校的管理制度,将教师的各项工作量化,其中"师德"首先占有很多的分值,其余各项应涵盖教师日常教育教学、科研、学习、专业发展的方方面面。教师可以从中找到自己的不足,从不足处着手,均衡发展,也可以从自己擅长的地方入手,在某一方面取得显著的成绩。这些制度不断激励着教师在态度、习惯等方面的正向发展。

与此同时,应高度重视教师在情绪、个性上的培养,通过系统的心理知识讲座、特聘心理专家专设网络信箱为教师提供心理咨询;加强和谐教研组建设,增强教师的归属感和幸福感。关爱与引导、民主与尊重、期望与激励、内省与陶冶是教师实施人文关怀和加强自身建设的有效途径。给予一线教师人文关怀,就要走进他们的现实生活,走进他们的这门职业,只有让教师喜欢任教的学科,他们的工作热情才能持续保持高涨。

第二,培训上——专业素质与心理品质并重。在教师培训中,制定系统而有针对性的教师培训规划,特别注重教师某些心理品质的熏陶与培养,开设"教师的礼仪与修养"专题培训,从而多渠道培养教师的学习习惯,培养教师乐于学习的心态,并提供教学反思提纲,帮助教师学会反思,将反思落到实处。

第三，实践上——个人探索与群体合作并重。首先，调整教研心态。好课不是"做"出来的。课堂上出现问题是正常的，针对这些问题来思考、研究，探讨解决问题的办法，正是教研活动的意义所在。目前已明确提出开展研究课，注重课的研究价值，宁可是一堂有问题的课，也不要追求那种"做"出来的"完美课"。不怕暴露问题，有时没有问题才是最大的问题，要让问题的暴露成为一种幸福。课后的评课不以成败论英雄，而注重"我的课题"实践了吗？效果如何？为什么？常态下的、有生成性的课是真实的也是丰实的课。课后研讨应是一种宽松的、愉悦的学习形式，向同伴开放课堂只是为教师们提供一个思考、交流、研讨的平台，对于上课与听课的人都是一次学习与探索的机会。站在台上的是你也是我，课中有你也有我。这些关于开课、观课的理念，解放了教师们的思想，许多人主动地上研究课，自发地请人听课。

摸索"个人反思"的操作思路。本书为教师提供了教学反思的基本提纲：

教学目标是什么？

做了哪些设计来达到目标？

为什么要这样设计？

学习任务和学习活动的设计是否有效？（如学生的参与度如何？参与面如何？能否提出有创造性的问题或个人见解？）

如有合作环节，学生的合作状况如何？

留给学生讨论或合作的时间是否充足？

在教学过程中，能否根据学生的反应调整教学策略？如有，是怎么调整的？

有突发事件吗？您怎么应对的？

当然，课堂教学反思的内容没有完全的限制，可以不拘一格，根据教学的实际情况灵活确定。基本提纲也不要求每节课都要面面俱到，旨在为教师提供一个线索，以帮助他们逐步养成自觉反思的习惯。

其次，转变教师的信念与态度。传统上，教师更倾向于将自身的主要责任视为知识传递和展示正确答案。现在新课改要求教师更要注重将学生视为获取知识的参与者，而且要让其成为积极的参与者。

教师之间的合作更多采取信息与思想交流的形式。在课题的实践过程中，要求教师像团队教学那样直接地进行专业合作。集体备课不仅是统一进度，更要推敲细节。

2.教师教学实施能力研究的内容

课堂是教师开展教学活动的主阵地,是学生获取知识的主渠道,提高课堂教学效益是每位教师不懈的追求,是学校提高教学质量的前提。许多学校和教师都存在一种认识误区,即将课堂教学的效益(也称"有效性")简单解读为"有效果",从而大量地采用知识点"地毯式轰炸"和单位时间"高密度教学"的方式,不知不觉地"穿新鞋走老路",结果导致教师和学生都深感疲惫。如何真正贯彻新课改先进的理念,切切实实提升教师的教学实施能力?实践研究发现,教师要在新课程的实施上取得突破,关键要明确课程改革给教师的教学实施能力赋予了什么新的内涵,提出了哪些更高的要求。

(1)教师教学实施能力的内涵与类别。教学实施能力包括语言沟通能力、活动组织能力、方法创新能力、技术应用能力、课程资源开发能力、教师激励评价能力、分析反馈能力等,具体如表9-1所示。这些能力直接影响着教师与学生能否良性互动,真正实现教学相长。教师要在新课程的实施上取得突破,首先要明确课改对教师教学实施能力赋予的新的内涵。

表9-1 教师教学实施能力

能力	传统	现在
教师语言沟通能力	忽视教学过程在于沟通与合作的实质,以教师为中心,注重清晰表达教学内容,注重完成教学任务,注重完成由教师向学生的信息传递	教学过程本质上是一种交往过程,师生之间应形成一个真正的学习共同体,关注语言使用的"人性化",注重与学生的交流,还要善于与其他教师、学校管理者以及学生家长交流
教学活动组织能力	笃信以"静"为优	追求活而不散
教育技术应用能力	掌握一定的技术手段且能在教学中运用	努力使信息技术与课程整合,追求其合理与实效
教学方法创新能力	关注当堂预设"教学任务"的完成,更注重成功经验的传承与运用。关注知识本身的"告知",忽略了学生的情感、态度和知识的生活意义	所有学科的教学均应以"人文"为出发点,关注学情和学生对知识的体悟,提倡创新
教学分析反馈能力	对教学进行反思	对教学反思进行研究
教学激励评价能力	关注能让学生"参与"的程度,侧重"共性"的人	关注学生思维的"有效"程度,侧重"个性"的人

第九章 跨文化交际视角下大学英语教学的其他要素研究

续表

能力	传统	现在
课程资源开发能力	视教材为权威,课堂即完成教材内容的教与学,停留于教材	提倡教师自主开发课程教学资源,倡导教学从教教材到用教材

资料来源:贺永旺等,2011

基于上述综合的思考,我们将提升教师教学实施能力主要落实到以下七个方面:

第一,语言沟通能力。

第二,活动组织能力。

第三,方法创新能力。

第四,技术应用能力。

第五,课程资源开发能力。

第六,激励评价能力。

第七,分析反馈能力。

(2)提升教师教学实施能力的机制与保障。

第一,制订教学能力自我提升计划。在学校教师教学能力提升培训的基础上,每位教师都应参照评课标准进行自我教学能力的测评,根据结果制订相应的教学能力自我提升计划。通过计划的实施,由学期到学年,可侧重每学期重点改进的一个方向,目标分阶段,力求合理化。这让每位教师的改进方向变得更明确、更具体、易操作、易测评,促使教师课堂教学水平明显得到改进和提高。

课改必然是一个长期的、逐步推进的过程,分阶段制定目标,有助于建立教师的信心,认可目标的实现度,一步一个脚印,努力前行。反之,如果目标过高或过多,遥不可及,教师就会认为反正实现不了,不干了,这样目标反而实现不了。

第二,以教师专业发展电子平台为载体,提升教学质量。教师专业发展电子平台建立后,要求全体教师定期上传自己的教案、案例、教学随笔和论文。电子平台如同档案室,也像阅览室,可以真正地实现交流,不限地点与时间,实现真正的便捷。在教师的成长历程中,电子平台上的教学设计、案例、课例、课件绝大多数是常态课,不像公开课那样遥不可及,具有极强的实效性、真实性。

以前被推广展示的都是公开课的教学设计与课件,但一堂公开课的工作量之大,是日常教学不可能保持的;台前幕后参与的方方面面之多,也是日常教学所做不到的。这就是为什么听讲座报告时心潮澎湃,但过后这份澎湃却因发现不实用或是自身没能内化而烟消云散；听公开课、优质课时，感觉非常好，因欣赏而照搬设计，却发现效果不能复制，原因在于没有看到被呈现的理论、理念的背后付出，没有机会感受制作、设计过程，理解的深度与反思自然不足。在平台上教师可以看到同伴的日常教学工作过程，以及互动教研后改进的教学设计与反思，感受整个过程，这一过程对教师成长的帮助将更实在、更有效。可以说，电子平台建立之前，教研活动主要是针对公开课；电子平台建立之后，教研活动转向主要立足于常态课，这样校本教研、校本培训才真正体现出"校本"的优势、特色及意义。

当然，互联网上也会有许多的案例、课件、教学设计，但由于教材不同（全国各地同一年级、同一学科，教材版本众多），学生背景不同，自然没有身边同事教师的东西来得亲切、实在、实用。另外，时常会发生这样一种情况：当教师在教育教学中遇到问题，尤其是课堂突发事件时，往往会第一时间在办公室里发出感叹，但这种感叹大多属于一种即时的情感宣泄，同事的回应大多是与我们的情绪相呼应的，希望能够给予一些安慰。

这时人们分析问题往往带有极强的主观性和情绪，强调客观原因，归因分析表面化，不能平心静气地从学科知识思维方式、学习方法、学生的视角等方面客观地分析问题的本质，反思性地看问题，更多的时候感叹过后一切归于平静，甚至被遗忘，问题并没有解决，反而不了了之。敬业的教师会把这些写成教学随笔，及时记录下自己的感想、反思、困惑、问题，以备一段时间以后再回顾、梳理，看看是否会有新的感悟或解决策略。但能够定期将自己的教学随感进行重温的教师并不多，而且自己的回顾毕竟依然局限于个人的思维。因为按中国人的文化习惯，常态课一般不会主动把教案、教学反思拿给别人看，请别人提意见。有了电子平台后，这一切都在悄然地发生变化。

在以往的教学管理中，要求教师每节课后，至少每个章节教学后，必须完成书面的教学反思，以培养教师养成记录教学反思的习惯。现在如果大家能及时将自己的教学反思写在电子平台上，既可以完成资料的积淀，又便于梳理资料，同时还可避免局限于个人的思维。借助电子平台，同事可以随时浏览，别人瞬间的思维灵感可以与自己形成互动，课题或策略就在这种积淀、梳理、互动中生成了。或许当你在第一时间用语言宣泄时，同事们由于忙于自己的事情，或者由于当时的心境、情绪等，没有什么想法，而浏览电子平台时，由于心境、情绪的不同，思维状态自然也不同，也许就会产生新的思维火花。

电子平台的又一优越性是持续的开放性。它让校本教研可以随时随

第九章 跨文化交际视角下大学英语教学的其他要素研究

地进行。也许初看时没有感觉,但当自己在工作中遇到困惑时,哪怕是无意中浏览,也会引发共鸣,产生交流互动,这也是在平台上开展校本教研的价值所在。尤其是在本校内,因为学生、班级都很熟悉,某种意义上说可谓零距离接触,更易产生共鸣,更具现实意义,更易产生校本研修的课题。

这样一个多元、开放的载体,让教研活动形式更多样,范围更扩大,并可改变传统上教研活动多局限于本学科组内的弊端。平台上的各类信息向所有的教师开放,不同学科之间在教学方法上、对学生的分析上、对科研课题的筛选上、对教育问题的反思上都是相通的。平台上的对话、交流甚至碰撞,既可弥补按教研组划分办公室而造成年级组各科教师间交流缺乏的缺陷,又可避免按年级组办公而造成教研组交流缺失的情况。

第三,进行教师创新教育能力培养。教师创新教育能力的激励和培养涉及很多方面,大到社会环境、教育体制,小到学校管理、培训教育、学校物质条件和实践机会都是其中基本的因素,对教师创新教育能力的形成与发展产生直接而重要的影响。学校环境是对教师创新能力的形成发展产生影响的多种学校因素,其中较为重要的有学校校长、学校管理、教学评估体系等。适宜、合理的学校环境是教师创造力顺利发展的必要条件。

第四,学校各层面执行政策不走样。学校各层面切不可搞"上有政策、下有对策",只有校级、中层、基础层都很好地贯彻和执行政策——相关管理与评价制度,使政策不走样,才能提高教师课堂实施能力。

第五,多渠道培养教师的学习习惯,助其养成愿意学习的心态。平心而论,今天的大学生面临种种诱惑,要收心苦读远比文化生活困乏时期难。教师今天面对的诱惑与生活的琐事也远多于以前,他们的心"收"住了吗?他们还有苦读的精神吗?他们面对新理念、新教材、新教法这些赖以立身的新知识可以适应吗?他们在"自主学习"还是在"被动接受"?鉴于上述思考,高校应实行并完善《骨干教师评议制度》《科研成果奖励办法及教师专业发展奖励》等一系列制度,促进教师在态度、习惯等方面的正向发展。

第六,在通识培训的基础上,组织教师深入学习课程标准。多数教师口头上的新课程理念是在多渠道的培训中听来的,感觉需要时复述一下,极少有教师全面、仔细地阅读新的学科课程标准。对于一线教师来说,教材的变化更直接、更感性,相对而言更关注了解"现在要教什么"。在繁忙的日常工作和纷繁的压力下,许多教师忽视了对课程标准的自主学习,满足于来自培训的对课程标准的"表层记忆",甚至是"一知半解",更满足于成绩的稳定与上升,即只用旧的行为去完成新的教材,不了解课程标准这一上位指导依据,只在操作层面盲目摸索。这种现象制约着教师新课程的课堂实施效度。同时,还存在以下几种现象:不会使用课程标准,感觉三维目标写不好;部分教师不能领会课程标准、教材编写意图,总认为新教材难上,时间紧,在践行"用教材教""教师应根据本校实际情况和学生实际需要取舍、重组教材"等理念时常感茫然;有不少教师对新课程的实施有着美好的憧憬,可又显得信心不足,因为新课程确实对教师在知识、技能、教学资源发掘等方面提出了更高的要求。

所以,要真正提升教师符合新课改理念的教学实施能力,有必要开展一项看似简单、枯燥又过于琐碎的培训,即逐字逐句地学习、解读课程标准。

(二)大学英语教师教学实施能力的提升

1. 教学激励评价

《基础教育课程改革纲要》明确指出:"建立促进学生全面发展的评价体系。评价不仅要关注学生的学习成绩,而且要发现和发展学生多方面的潜能,了解学生发展中的需求,帮助学生认识自我、建立自我。"课堂教学评价是教学活动不可缺少的组成部分,对教与学起着导向、激励、调控作用。在日常的课堂教学过程中,教师不应过分强调评价的甄别和选拔功能,而应强化其激励和改进功能。

就评价方式多元化来说,课堂教学中的激励性评价是促进学生学习情感与态度的形成和发展,激励学生的学习热情,帮助学生认识自我、建立自我的有效评价方式。它具有引导和激励功能,是在教学过程中通过教师的语言、情感和恰当的教学方式,不失时机地给不同层次的学生以充分的肯定、鼓励和赞扬,使学生在心理上获得自尊、自信和成功的体验,激励学生的学习动机,诱发其学习兴趣,进而使学生积极主动学习的一种策略。

激励评价不是简单的表扬、表扬、再表扬,而是善意且恰到好处的激励,从而不断地点燃学生心中求知的火花,激发他们憧憬美好校园生活的愿望,不断使学生品尝到成功的快乐。在学习过程中,学生有成功也有失败,因此教师的激励性评价选择要灵活机智,视具体情况而定,以真正达到激励性评价的最佳效果。特别是当学生学习出现困难时,就更要如此。

教师激励评价能力的培养途径如下所述:

(1)强调评价对教学的激励、诊断和促进作用,弱化评价的选拔与甄别功能。

（2）发挥教师在评价中的主导作用，创造条件实现评价主体的多元化。

（3）评价要关注学生的个体差异，鼓励学生的创造实践。评价方式有过程性评价、评价与教学相结合和总结性评价。

很显然，课程标准要求教学评价要在课程目标的三个维度上进行，注重学生在学习过程中的学习表现、情感体验以及学习成果的整体考核，以便客观地反映出学生的学习现状和发展水平。

2. 教学反馈技能

课堂教学的分析反馈是总结、研究教学工作的一种有效方法，也是教师积累教学经验、不断改进教学效果、提高自身教学水平的一种有效措施。课堂教学分析为教师提供教学活动的反馈信息，加深其对课堂效果的了解，以便及时调整下一步的教学计划。

由于受教师自身业务水平、教学理论修养等因素的限制，课堂教学分析中的自我分析也会带有一定的主观性，同时受工作条件、信息量不足的局限，不容易做到客观和恰到好处。这方面的不足可由同行间的教学评议分析来补充。同行有着相似的学术水平及教学经验，因而能结合课堂教学活动做出较全面的分析。这对鉴定教师和学生的教学水平和学习水平，为教学决策提供依据是十分重要的。同行的评议分析多用于公开课（观摩课）后，这种有准备的分析活动往往是同行们的一次有意义的教学研究活动，可以交流教学经验，探讨教学方法，与会者均能有所收获。

全面分析是对教学全过程进行详细观察、记录和分析研究。评议者对于课堂教学要从多方面了解，而不仅仅看课时计划上所列的内容在课上是否完成；应做到在课前研究教师的教案，了解上课班级学生的知识和能力水平、班级纪律、学校实验条件等；还要在课后了解学生反映的意见和教学效果。评议者只有掌握了课程的目的和要求，了解了教学过程以及教师所采用的方法是否符合学生的实际情况，尤其要看学生实际学得怎样，才能真正评出一节课的优点与不足，从而助力讲课教师改进教学。例如，在英语的教学分析反馈研究中发现，教师可以采用以下策略：

（1）适时改错。当学生所犯的语言错误是由于没有学会或没有掌握某种语言形式，造成理解困难或他人无法理解时，就要及时帮助学生纠正；如果学生所犯的语言错误不影响理解和表达，通常不需要纠正。

（2）表扬和批评。教师在提供反馈时，既要用表扬的形式，也要用批评的形式。因为过多的表扬常常不被学生珍惜，就会失去应有的作用。批评时态度应该是善意的，避免使用伤害学生自尊的语言，这样学生才容易接受,以达到改错的目的。

（3）语言应该简明、易懂。为保证反馈的效果,教师在提供反馈时,要尽量避免使用语意含混、不易理解的句子、术语或各种符号,要确保给学生提供清晰明了的反馈。

（4）分析学生的需要。教师要经常与学生进行交流,了解学生在什么时候需要反馈,需要什么样的反馈,这样可以缩小与学生间的差距,使教学更有针对性,更有意义。

3. 教学研究技能

教师在教学中遇到的新问题、新矛盾,几乎都没有现成答案。教师只有拿起研究的武器,实现由实践者向研究者的转化,才能切实形成解决问题的新思路,找到破解矛盾的新方法。因此,教师不只是知识的传授者、学习者,同时应该成为一名研究者。

为了适应素质教育对教师提出的新要求,教育工作的模式要由"经验型"向"研究型"转变,教师要努力使自己成为一名教育教学的研究者,并不断向"专家型"教师迈进。这就意味着教师应该立足于教育实践,聚焦教育问题,解决教育问题,努力提升自身的综合素养。

由此可以看出,对教师教育教学研究能力的探讨具有十分重要的现实意义。教育科学研究能力是运用一定的理论和方法,研究和解决教育教学问题的能力,是教师能力结构的重要组成部分。教育教学研究是一个包含一系列步骤的有序过程,任何教育教学研究活动都依照系统的特征,遵循着科学的方法和步骤来展开：

（1）课堂教学研究能力。当前,国内外教育界普遍认为,教育改革的关键在于教师。这是因为教育改革最终发生在课堂上,课堂是见证教师成长与发展的重要场所。在我国,众多的优秀教师都是诞生在课堂教学实践中的。由此可以看出,教师要实现自身的专业化发展,就必须投身教学实践与教学改革,就必须将教学实践与教学研究紧密结合。

课堂教学研究能力在教师能力结构中处于核心地位,这是因为课堂是课程实施的主渠道,是学生发展的主阵地,是教学改革的主现场。教师的教学及研究能力主要通过课堂教学生成并体现出来。

教师自身课堂教学研究能力的提升取决于教师对课堂的正确认识。课堂作为一种"以人为本"的教育思想的呈现,它考量的是教师的"三观",即教育观、教学观和学生观。教师课堂教学研究能力的提升是教师在对以上三个观念不断转变的过程中实现的,反思教学与行动研究则是当今教师实现教学研究与教学实践相互联系的重要途径。

（2）课题研究能力。课题研究是教师自身专业发展的需要。学者赵

第九章　跨文化交际视角下大学英语教学的其他要素研究

多山曾讲过:"学校的一切教育教学工作应围绕课题、课程、课堂而展开。如果教师不从事课题研究,教师就得不到发展;如果学校没有适合学生发展的特色课程和基于师生'对话交流'之上的动态生成的、智慧高效的课堂,学生的全面发展就无从谈起。"① 教师的研究是"草根研究",是基于教育问题的研究。教育需要实践,更需要创新,创新型教师是创新型人才的重要依托。

新课程对教师提出了更高的要求,教育教学工作的模式必须由"经验型"转向"科研型"。课题研究是提高教师教育理论水平和教学实践能力的最佳途径。身为从事教育工作的教师,每天都会遇到众多的问题,其经常习以为常地处理各类问题,有些容易解决,有些不易解决;有些问题可能解决得好,有些问题可能解决得不尽如人意。问题众多,但并非所有的问题都可以成为教科研课题。

那么,什么样的问题可以作为教科研课题呢?教师需要了解科研课题应具备哪些特点。应有助于改进改善教育教学行为、解决工作中的问题困惑且与教育教学工作有密切联系。课题的提出源于教育教学中的问题,课题实施的过程就是教师有计划、有步骤、不断反思调整自身的教育教学行动,而课题的成果就是实现解决问题,达到师生双赢的目的。

4. 急难意外应对技能

每位学生都有违反规则的倾向,教师在教学实施过程中难免会遇到一些急难意外情况。对此,有效预防就会阻止不良行为的发生。常见的预防策略如下所述:

第一,教师的教学必须确保学生通过努力可以接受,确保全体学生都能投入到课堂活动中,即所谓整体关注。教师在课堂教学中要把所有学生纳入自己的视野,分配不同难度的任务,提出不同层次的要求,力求每一位学生都能成为课堂活动的有效参与者,而不是游离于课堂活动之外。否则,这些"游离分子"就是课堂问题行为的潜在制造者。

第二,创造有趣的、有参与性的教学活动,保持教学活动的紧凑性和流畅性,即增加课堂中学生的参与热情和参与力度。单向传输式的教学方式难以激发学生的学习兴趣和热情,他们会在"耐不住寂寞"时表现自己,制造事端。同时,要保持课堂的动态性,使各教学环节之间具有紧凑性和流畅性,让学生在紧张有序中参与课堂生活。另外,要明确课堂活动转换的目的和要求,即所谓管理转换,避免突然过渡,使课堂各环节之间实现顺利过渡。

---

① 赵多山:《教师专业素养的修炼》,光明日报出版社,2015,第172页。

第三,教师要善于明察秋毫,能够注意到课堂活动中的每一个细节,能同时跟踪和监督几个活动(一心多用)。这对新手来说可能存在一定的困难,但在经过一段时间的熟悉和锻炼之后,就能够适应课堂管理需要,同时关注整个课堂的每一个细节。

当然,除了预防之外,教师在遇到急难意外的情况下还可以采取以下两种处理措施:

(1)干预。无论怎样预防,课堂中问题行为的发生都是可能的。对于正在进行中的学生问题行为,教师要实施有效的干预策略。常见的方式有如下几种。

信号提示:对发生问题行为的学生提供信号,如突然停顿、走近学生、手势提示、目光接触、用眼神暗示、身体靠近和触摸等,用以提醒、警告学生,进而终止其刚刚发生的问题行为,又不会中断上课。有时教师用语言直接提示也是必要的,要使用积极的语言,以友好、真诚的态度提醒学生,告知学生。当学生拒绝听从简单的提示时,教师要反复地陈述要求,直到学生服从。这时教师应避免与学生争论,只是重复要求,在国外称之为"坚定性训练"。下面试举一例。

教师:××,你要开始做作业。
学生:我画好这个图马上就做,只要几秒钟。
教师:我知道,但是你要马上开始做作业。
学生:你从未给我足够的时间画图。
教师:(平静、坚定地)问题不在这儿,要你现在马上做作业。
学生:我不喜欢做作业。
教师:(坚定地)我知道,你现在要马上开始做作业。
学生:好,你一定要我做,那我就做吧。

表扬与不良行为相反的行为:对学生来说表扬是有力的激励。教师为了干预不良行为,可以表扬与之相反的行为,从而引起有关学生的注意,放弃不良行为。

劝离课堂或惩罚:对于严重而且屡次发生的学生问题行为,可劝其离开课堂以进行惩罚。

(2)矫正。如何矫正课堂问题行为呢?

第一,要正确区分三种课堂行为。一般来说,课堂里往往存在积极的、中性的和消极的三种行为。

积极的课堂行为是指能够促进课堂教学目标实现的行为。

中性的课堂行为是既不促进又不干扰课堂教学的行为,如静坐在座位上但不听课、出神地望着窗外、在纸上乱写乱画、看课外书等。

第九章 跨文化交际视角下大学英语教学的其他要素研究

消极的课堂行为则是那些明显干扰课堂教学的行为,包括喧闹、戏弄同学、顶撞教师等。

对中性的课堂行为教师不宜停止教学而公开指责他们,以避免其成为全班学生的注意中心,可以采用给予信号、临近控制、向其发问、排除诱因、暗示制止和课后谈话等措施,以利于把中性行为转变为积极行为。

对于消极的课堂行为,教师不可采用讽刺挖苦、威胁、隔离、体罚等惩罚手段,而应该积极地创造条件,把消极行为转变为中性行为,如要求一位吵闹的学生(消极行为)保持安静和镇定(中性行为)还是极易做到的。

第二,采取一系列具体步骤对问题行为进行强化矫正。具体步骤如下所述:

确定需要矫正的问题行为。

制定矫正问题行为的具体目标。

选择适当的强化物与强化时间安排。

排除维持或强化问题行为的刺激。

以良好行为逐渐取代消极问题行为。

需要指出的是,实施上述问题行为矫正的具体步骤必须以师生之间的密切配合为前提。如果学生不了解行为矫正的目标,便无法与教师合作;如果教师所运用的矫正方法不符合学生需要,则其强化效果不佳,容易半途而废;如果教师忽视不良刺激的排除,就会冲淡良好刺激的作用,影响行为矫正的效果。

二、跨文化交际视角下大学英语教师的角色转型

相较于传统的大学英语教学,教师在大学英语跨文化交际教学中扮演着新的角色,不仅是传统知识模块的搬运工,也是西方文化的传授者,更是中国传统文化的传播者。在新的时代背景下,大学英语教师要树立国际视野,用发展的眼光定位自己的角色,从而更好地服务于教学。

(一)学生学习上的导航者

教师的主要任务就是传道授业,指导学生学习和掌握知识,所以教师是学生学习上的导航者。教师要想做好学生学习上的导航者,就要扮演好与之相关的角色。具体包含以下几个方面。

1.教学资源的选择者

当今世界已步入信息时代,互联网高度发展,这对大学英语教学产生

了很大影响,也提供了很大便利。学生知识的来源不再仅限于学校和教师,也不单纯依赖教材,学生可以通过网络查找和选择相应的学习资料。网络资源浩如烟海,教师必须对学习资料加以筛选,并指导学生选择精华、去除糟粕。

只有选择了优质的教学资源,才能充分发挥网络的作用,提高教学和学习效果。就大学英语跨文化交际教学而言,教师在教学资源的选择上要做有心之师,有意识地选择一些西方典型的文化知识传授给学生,同时与中国文化相对比,将学生对语言知识、外来文化和中国文化的学习融为一体。

2. 语言知识的诠释者

在大学英语跨文化交际教学中,语言知识的讲解是必不可少的,所以英语教师要做好语言知识的诠释者这一角色。教师要具备渊博的知识,对英语专业知识有系统的、全面的把握,并能够从这些知识中分析出语言现象。一般来说,英语教师需要掌握的专业知识包括理论知识、语境知识、实践知识等,囊括语音、词汇、语法、语篇、文化等知识。教师只有掌握了这些知识,才能有效开展教学,才能帮助学生提升自我,实现学习目标。

3. 语言技能的传授者

在大学英语跨文化交际教学中,英语教师不仅要向学生传授语言知识,还要向学生传授语言技能。语言技能包含听、说、读、写、译五项。就语言的发展规律而言,听、说居于重要地位,读、写、译其次;但就外语教育的角度而言,读、写、译居于重要地位,听、说其次。这就说明英语教学的目标是让学生具备一定的读、写、译能力,而听、说能力是实现读、写、译能力的前提与基础。作为学生学习的导航者,教师要想培养学生的语言综合能力,提高教学质量,就要熟练掌握和驾驭英语语言技能,并且将英语语言的几项基本技能有机融合起来。

4. 教学活动的参与者

在传统的大学英语教学中,教师很少参与教学活动,通常是将大部分时间用在向学生灌输知识上。随着教学的改革与发展,在现在的大学英语跨文化交际教学中,英语教师已经从居高临下的知识传授者变为学生学习的参与者,与学生处于平等的地位。

具体而言,教师应成为与学生共同构建学习的参与者,与学生一起探求知识,当自己出现错误和过失时,要勇于承认。教师应组织平等、民主的教学氛围,与学生一起积极参与各种教学活动,同时不能占据学生的主角位置,应成为学生的观察者、倾听者和交流者。

实际上,教师与学生共同参与教学活动的过程,也是教师与学生相互合作的过程,此时教师所扮演的角色就是合作者。在合作的过程中,学生能感觉到教师不再是教学的权威,而是学生中的一员,其紧张情绪就会消除,学习的积极性会不断提高。对此,教师在参与课堂活动时,应抓住所有机会为学生创造轻松的语言实践活动,并积极参与其中,同时教师要注意在参与过程中对学生起到一种示范作用。

(二)教学方法的探求者

教无定法,但教师需要有方法意识。在教学中,教师要做到学生学习的导航者和价值观的引导者,必须根据时代特征以及学生的具体情况调整教学方法,做教学方法的探究者。教师在英语教学中不能仅使用一种教学方法,应该承担起教学方法开发者与设计者的角色,创新教学方法,使教学课堂更多样有趣。

与其他学科相比,英语教学具有极强的实践性,因此其与教学方法的关系更为密切,甚至教师对语言知识的分析、学生语言技能的掌握、课堂活动的组织等都需要考虑相应的教学方法。

具体来讲,首先,教师应根据教学的发展趋势,把握时代特征,探索线上线下混合教学模式的具体实践,充分发挥混合教学模式在突破时空限制、促进学生积极主动学习方面的优势,提高教学的质量和效率。其次,教师要积极采用交际法、任务法、情境法等教学方法,引导学生学习语言和文化知识。最后,教师要灵活运用考核方式,采取过程性评估和终结性评估相结合的方式,将学生课堂内外的学习情况纳入考核结果,把学生对英语知识与文化的学习、学生的价值取向情况以及对待中外文化的态度作为评估的参考,并在期末考试中适量增加相应的考核内容,以激发学生学习积极性,促进学生的全面发展。

(三)文化的传播者

1. 多元文化的驾驭者

随着大学英语教学的改革与发展,文化教学成为大学英语教学的重要组成部分,而且现在文化全球化的发展在逐步加深,所以大学英语教师要向学生讲授相应的文化知识,提高学生的文化素养和跨文化交际能力。这就要求教师具备丰富的文化知识,能够精通多元文化,成为多元文化的驾驭者。

在大学英语跨文化交际教学中,英语教师要明确多元文化教育观。正如班克斯所说,教师应该对教材进行谨慎的选择,消除各种存在文化偏见、文化歧视等内容的教材;选择一些视听材料、课外书籍,对教材加以补充,增进学生对其他族群的认知与了解;选择一些观点上保持一致的教材,避免出现使用一些本身存在认知冲突的教材;选择的教材要避免在概念、教学活动中掺加偏见成分。

2. 中国文化的传播者

大学英语教师除了要了解、掌握和介绍其他族群的文化,还要了解和把握中国文化,并成为中国文化的传播者。教师是知识引导者,也是文化传承者,其应该以一个真诚的面孔展现在学生的面前,将本土文化知识融入自己的课堂之中,与学生展开平等的交流,这可以为英语课堂教学提供更为广阔的空间,同时有助于构建和谐的师生关系。

三、跨文化交际视角下大学英语教师的素质要求

教师在教学中所扮演的角色决定了其必须具备相应的素质。所谓教师素质,是指教师能够顺利完成教学任务、培养人才所必须具备的品质,是身心相对稳定的基本品质,包括道德素质、文化素质、思想素质、能力素质、科研素质等。教师素质的高低对大学英语跨文化交际教学以及学生的学习有着重要的影响作用,下面就对教师的素质要求进行具体说明。

(一)较高的师德素质

"德高为师,身正为范",师德是英语教师必备的素养,也是英语教师从事教育活动的动力源泉。教师要遵守职业道德和伦理操守,遵守国家和院校规定的教师守则。

第一,教师站在一定精神高度上,提升自己的精神境界,树立育人意识,营造良好的教学环境,热爱学生,对教学有执着的追求,忠于人民教育事业,具有爱岗敬业的奉献精神。

第二,教师应更注重通过课本主题或其他教学实践来指导学生如何学习、如何做人做事,帮助学生树立正确的价值观,努力将他们培养成为国家和社会需要的德才兼备的综合型英语人才。

(二)解读多元文化的能力

在大学英语跨文化交际教学中,教师要具备解读多元文化的能力,这

样才能言传身教,提高学生的文化素质。具体而言,教师需要向学生进行以下几个方面的解读。

第一,多元文化是一种历史事实,是指在一个地域、社会、区域等特定存在的、相互关联的却又具有独立文化特征的几种文化。不同的文化具有差异性和多样性,早期的古希腊文化及中国春秋战国文化、隋唐文化都具有多样性且存在差异性,这些都可以说明历史时期不同,文化也不相同。

第二,多元文化是一种政治诉求,其源自不同族群在斗争中积极争取平等的经济、文化权益的结果,是一种对经济、文化等平等的追求。可见,多元文化不仅是一种事实存在,还是一种价值存在,是人们在文化上所秉持观念的展现。

第三,多元文化是一种思维方式,对多元文化的理解就是对多元文化差异性、多样性的理解,要认识到所有文化都应该是平等的,彼此之间会产生直接或者间接的影响。

在大学英语跨文化交际教学中,教师应该对多元文化进行正确的解读,从多样化的视角出发对不同文化予以尊重、学习与理解,不能毫无保留地全盘接受某种文化,对其他文化全盘否决,应该批判地看待不同文化。

(三)以学生为中心的教学意识

在现在的大学英语教学中,学生处于一个多元文化的语境中。他们来自不同的地区,具有不同的成长背景,有着不同的思维方式,接受能力也各不相同。如果教师对所有学生都一视同仁,那么必然会削弱学生学习的积极性与主动性,也势必会导致教学效果不佳。

对此,教师应该"以学生为中心",教师自身的角色也应该发生改变,从原本对课堂的控制者转变为学生英语学习的辅助者,同时对待每一位学生都应该持有平等、公平的态度。教师要认识到不同学生的文化差异与多样性,并对此因材施教,使学生充分发挥自己的潜力,充分展现自己的个性,让学生成为学习的主体,促进学生积极学习,使学生成为自主学习者。

(四)良好的心理素质

一个人的心理素质集中反映着其性格、情感和意志等。在大学英语跨文化交际教学中,教师不仅要讲授教材中的语言知识,还要讲授相应的文化内容,课业压力较大,而且教师要关注学生的生理和心理健康,这就对教师的心理素质提出了一定的要求。教师要不断提高自己的心理承受能力,培养自身良好的心理素质。具体而言,教师良好的心理素质体现在以下几个方面。

1. 性格

教师的性格与课堂教学有着直接的关系,它直接影响着课堂氛围、班级气氛、学生学习的积极性等。一般来讲,性格外向、充满激情的教师组织的课堂会更有张力,在这种气氛下学生也更有学习热情,学习效果也会更好。因此,英语教师最好既能外向、活泼,也能沉着冷静,从而确保课堂教学生动有序开展。

2. 情感

在情感上,教师要热爱自己的教育工作,甘愿为学生服务。英语教师肩负着引导学生健康成长的重责,必须具备强烈的责任感和责任心。教师要以真诚的态度对待每一位学生,表扬和鼓励学生的进步,指导和分析学生的问题。教师要热爱自己的学生,对所有学生一视同仁,不可以学生成绩的高低作为评判学生好坏的标准。此外,教师要关心学生的课外生活,帮助学生解决学习与生活中的问题,与学生建立良好的师生关系。

3. 意志

教师的教学过程也是遇到问题并解决问题的过程,所以要具备解决困难的勇气和信心。英语教学工作是一项持久的、不可随意中断的教学工作,所以需要教师有持之以恒的精神和意志。

第二节 跨文化交际视角下大学英语教材的多维度开发

大学英语教材的多维度开发需要考虑两个问题:一是开发的主体是谁?二是开发哪些维度?下面做一些具体分析。

一、跨文化交际视角下大学英语教材的开发主体

在整个课程教学活动中,教师居于主导地位,对整个教学活动有着重要作用。当然,他们也是教材多维度开发的主体。

虽然大学英语教师在展开授课之前都配备相应的教材,但是这些教材内容繁多、零散,而对于大学英语教师而言,他们不仅需要将教学内容

第九章 跨文化交际视角下大学英语教学的其他要素研究

加工成与学生密切相关且操作性极强的教学任务,还需要激发、组织学生积极参与到具体的课堂教学实践中,引导学生完成学习任务。作为课程的实施者,大学英语教师需要不断适应既定课程,了解与挖掘课程设计者的主旨与意图,从而针对现有学生的水平与接受能力,设计恰当的课程资源,提升自身的教学实践能力。

二、跨文化交际视角下大学英语教材的开发维度

一般来说,大学英语教师在实际的教学中可以对语言、内容与语境、教学过程、课程管理等层面进行加工与改编。笔者认为,教材的多维度开发也可以参考这些层面,具体总结为如下几个维度。

(一)语言维度

语言是一切教材内容的载体,其涉及的领域非常广泛,大体可以划分为两种:语言内容与语言技能。前者包含语音、词汇、语法、话语、语体,后者包含听、说、读、写、译等。这些内容纷纷呈现于教材之中,并渗透于各种解释、课文、练习中。因此,就语言维度来说,大学英语教材的多维度开发大体需要考虑以下几个问题:

(1)教材是否符合学生的学习需求。
(2)教材是否包含语音训练,如连读、重音等的训练。
(3)教材中是否保证了恰当的词汇数量,并且难度是否得当。
(4)教材中词汇的呈现是结构化的呈现,还是任意形式的呈现。
(5)教材中包含了哪些语法项目,是否涉及专门的语法练习。
(6)教材中是否充分覆盖了听、说、读、写、译这些项目,是否考虑了这些项目的融合。

(二)内容维度

就内容维度而言,大学英语教材的多维度开发需要考虑的是其中是否包含情感、文化层面的内容。语言与语境有着密切的关系,语言不能脱离语境而独立存在。如果教材开发者仅仅将语言视作抽象系统,那么这样的教材是很难提升学生在具体语境中的语言能力的。这就要求在教材中必须呈现真实的语言运用内容,并融入一定社会文化主题,这样才能真正提升学生的语言运用能力。

（三）结构维度

语言内容是根据一定的结构进行排列的,但是不管选择何种内容、用何种形式进行排列,都需要考虑学生学习的目的。虽然教材的结构体系可能有所不同,但是其与情境、功能等是紧密结合起来的。也就是说,大学英语教师需要从学生的接受水平、认知能力出发,选择合适的内容组织、排列教材,在具体的实践中还要不断调整教材的顺序与进度,以满足学生的实际需要。

（四）能力维度

在交际中,知识与能力有着密切的关系,但是二者的获取途径存在明显差异。知识往往通过呈现、发现等手段获得,即便学生当时学会了,以后也可能会忘记;能力是依靠具体联系获得的,学生一旦掌握了,那么就很难忘记。

在大学英语教材的多维度开发中,教师除了设计学生需要的语言知识、社会文化知识外,还需要设计相应的语言技能。这是因为语言技能是学生学习的最终目的。具体来说,大学英语教师应该在教材中呈现听、说、读、写、译这五项技能,并保证听力材料、口语材料的真实性与恰当性,阅读材料的地道性与充足性,写作材料、翻译材料的适切性等。

第三节　跨文化交际视角下大学英语教学评估的多元化

评估反映的是大学英语教学的目标和内容,而文化评估必然反映的是大学英语跨文化交际教学的目标和内容。当前,文化评估是大学英语跨文化交际教学中的薄弱环节,也是最难解决的问题,其主要原因有以下两点:一是缺乏一套与真实文化能力相关,同时能被观察与分析的教学目的系统;二是传统的大学英语教学中评估的思想和方法过于陈旧,亟待更新。

基于这两个问题,对大学英语跨文化交际教学中的评估内容进行分析显得尤为重要。

第九章 跨文化交际视角下大学英语教学的其他要素研究

一、评估文化意识

在大学英语教学中,培养学生的文化意识显得十分必要,因为这样有助于学生在跨文化交际实践中了解不同文化背景下人们的行为方式,对他国文化有所了解,并采用积极的心态对他国文化进行学习与认知。因此,大学英语教学评估的内容必然包含文化意识评估这一项。

二、评估文化知识

在跨文化交际视角下,文化知识评估也是大学英语教学评估的一项重要内容,具体表现为以下两点:
第一,交际双方的社会文化知识。
第二,交际双方在交际过程中需要运用到的对交际进程加以控制的社会文化规则等知识。

三、评估文化技能

除了文化意识与文化知识,文化技能评估也是跨文化交际视角下大学英语教学评估的一项重要内容,具体包含如下两点:
第一,对两种文化进行理解与说明的技能。
第二,对新信息得以发现并在交际中运用的技能。

参考文献

[1] 包惠南,包昂.中国文化与汉英翻译[M].北京:外文出版社,2004.

[2] 毕继万.跨文化交际与第二语言教学[M].北京:北京语言大学出版社,2009.

[3] 蔡基刚.中国大学英语教学路在何方[M].上海:上海交通大学出版社,2012.

[4] 蔡先金,等.大数据时代的大学:e课程 e教学 e管理[M].济南:山东人民出版社,2015.

[5] 岑运强.语言学概论:第4版[M].北京:中国人民大学出版社,2015.

[6] 陈坚林.计算机网络与外语课程的整合:一项基于大学英语教学改革的研究[M].上海:上海外语教育出版社,2010.

[7] 陈俊森,樊葳葳,钟华.跨文化交际与外语教育[M].武汉:华中科技大学出版社,2006.

[8] 陈品.大学英语教学理论与实践[M].天津:南开大学出版社,2013.

[9] 陈斌.现代教育技术[M].北京:北京师范大学出版社,2017.

[10] 崔刚,孔宪遂.英语教学十六讲[M].北京:清华大学出版社,2009.

[11] 崔长青.英语写作技巧[M].北京:中国书籍出版社,2010.

[12] 杜秀莲.大学英语教学改革新问题新策略[M].济南:山东大学出版社,2011.

[13] 何高大.现代教育技术与现代外语教学[M].南宁:广西教育出版社,2002.

[14] 何广铿.英语教学法教程:理论与实践[M].广州:暨南大学出版社,2011.

[15] 何江波. 英语翻译理论与实践教程 [M]. 长沙：湖南大学出版社，2010.

[16] 何少庆. 英语教学策略理论与实践应用 [M]. 杭州：浙江大学出版社，2010.

[17] 胡春洞. 英语教学法 [M]. 北京：高等教育出版社，1990.

[18] 胡文仲. 英美文化辞典 [M]. 北京：外语教学与研究出版社，1995.

[19] 黄荣怀. 移动学习：理论·现状·趋势 [M] 北京：科学出版社，2008.

[20] 贾冠杰. 英语教学基础理论 [M]. 上海：上海外语教育出版社，2010.

[21] 贾玉新. 跨文化交际学 [M]. 上海：上海外语教育出版社，1997.

[22] 教育部高等教育司. 大学英语课程教学要求 [M]. 北京：外语教学与研究出版社，2007.

[23] 金陵. 翻转课堂与微课程教学法 [M]. 北京：北京师范大学出版社，2015.

[24] 康莉. 跨文化视角下的大学英语教学：困境与突破 [M]. 北京：中国社会科学出版社，2014.

[25] 柯清超. 超越与变革：翻转课堂与项目学习 [M]. 北京：高等教育出版社，2016.

[26] 蓝纯. 语言学概论 [M]. 北京：外语教学与研究出版社，2009.

[27] 老青，栾丽君. 慕课视角下高职英语教育教学探究与设计 [M]. 北京：高等教育出版社，2016.

[28] 李成洪. 英语教学与跨文化传播 [M]. 沈阳：东北大学出版社，2013.

[29] 李庭芗. 英语教学法 [M]. 北京：高等教育出版社，1983.

[30] 林新事. 英语课程与教学研究 [M]. 杭州：浙江大学出版社，2008.

[31] 刘宓庆. 文化翻译论纲 [M]. 武汉：湖北教育出版社，1999.

[32] 鲁子问，康淑敏. 英语教学方法与策略 [M]. 上海：华东师范大学出版社，2008.

[33] 鲁子问，康淑敏. 英语教学设计 [M]. 上海：华东师范大学出版社，2008.

[34] 鲁子问. 英语教学论：第 2 版 [M]. 上海：华东师范大学出版社，2009.

[35] 罗毅,蔡慧萍.英语课堂教学方法与研究方法[M].武汉:华中科技大学出版社,2011.

[36] 瞿堃,钟晓燕.教育信息化概念[M].重庆:西南师范大学出版社,2012.

[37] 沈银珍.多元文化与当代英语教学[M].杭州:浙江大学出版社,2006.

[38] 束定芳,庄智象.现代外语教学:理论、实践与方法:修订版[M].上海:上海外语教育出版社,2008.

[39] 束定芳,庄智象.现代外语教学理论、实践与方法[M].上海:上海外语教育出版社,1996.

[40] 孙慧敏,李晓文.翻转课堂,我们在路上[M].杭州:浙江大学出版社,2018.

[41] 孙英春.跨文化传播学导论[M].北京:北京大学出版社,2008.

[42] 王策三.教学论稿[M].北京:人民教育出版社,1985.

[43] 王笃勤.小学英语教学策略[M].北京:北京师范大学出版社,2010.

[44] 王笃勤.英语教学策略论[M].北京:外语教学与研究出版社,2002.

[45] 王芬.高职高专英语词汇教学研究[M].上海:上海交通大学出版社,2012.

[46] 王鸿江.现代教育学[M].上海:上海教育出版社,2001.

[47] 王琦.信息技术环境下的外语教学研究[M].北京:中国社会科学出版社,2006.

[48] 王素荣.教育信息化:理论与方法[M].北京:社会科学文献出版社,2006.

[49] 王亚盛,丛迎九.微课程设计制作与翻转课堂教学应用[M].北京:机械工业出版社,2015.

[50] 王奕标.透视翻转课堂:互联网时代的智慧教育[M].广州:广东教育出版社,2016.

[51] 吴为善,严慧仙.跨文化交际概论[M].北京:商务印书馆,2009.

[52] 武尊民.英语测试的理论与实践[M].北京:外语教学与研究出版社,2002.

[53] 许智坚.多媒体外语教学理论与方法[M].厦门:厦门大学出版社,2010.

[54] 严明. 跨文化交际理论研究 [M]. 哈尔滨：黑龙江大学出版社，2009.

[55] 杨勇萍. 跨文化交际与英语文化教学 [M]. 太原：山西人民出版社，2012.

[56] 姚小平. 如何学习研究语言学 [M]. 北京：北京大学出版社，2013.

[57] 叶蜚声，徐通锵. 语言学纲要：修订版 [M]. 北京：北京大学出版社，2010.

[58] 殷莉，韩晓玲. 英语习俗与民俗文化 [M]. 北京：北京大学出版社，2007.

[59] 于永昌，刘宇，王冠乔. 大数据时代的教育 [M]. 北京：北京师范大学出版社，2015.

[60] 战德臣，等. MOOC+SPOCs+翻转课堂：大学教育教学改革新模式 [M]. 北京：高等教育出版社，2018.

[61] 张大均. 教育心理学 [M]. 北京：人民教育出版社，1999.

[62] 张福涛，等. 翻转课堂理论研究与实践探索 [M]. 济南：山东友谊出版社，2014.

[63] 张豪锋. 教育信息化与教师专业发展 [M]. 北京：科学出版社，2008.

[64] 张红玲，朱晔，孙贵芳. 网络外语教学理论与设计 [M]. 上海：上海外语教育出版社，2010.

[65] 张红玲. 跨文化外语教学 [M]. 上海：上海外语教育出版社，2007.

[66] 张全. 全球语境下的跨文化翻译研究 [M]. 昆明：云南大学出版社，2010.

[67] 张鑫. 英语教学的理论与实践 [M]. 北京：知识产权出版社，2012.

[68] 赵多山. 教师专业素养的修炼 [M]. 北京：光明日报出版社，2015.

[69] 郑茗元，汪莹. 网络环境与大学英语课程的整合化教学模式概论 [M]. 北京：中国水利水电出版社，2015.

[70] 周文娟. 大数据时代外语教育理念与方法的探索与发现 [M]. 上海：上海交通大学出版社，2014.

[71] 祖晓梅. 跨文化交际 [M]. 北京：外语教学与研究出版社，2015.

[72] 陈桂琴. 大学英语跨文化教学中的问题与对策: 一项基于黑龙江科技大学的方案研究 [D]. 上海: 上海外国语大学, 2014.

[73] 崔冬梅. 翻转课堂视域下的大学英语教学状况研究 [D]. 吉林: 辽宁师范大学, 2015.

[74] 陈晓菲. 翻转课堂教学模式的研究 [D]. 武汉: 华中师范大学, 2014.

[75] 顾小雪. 英文影视片段应用于高中英语听力教学的实证研究 [D]. 漳州: 闽南师范大学, 2017.

[76] 郭丹. 文化因素对对外汉语语法教学的影响 [D]. 哈尔滨: 黑龙江大学, 2011.

[77] 何薇. 大学英语词汇教学研究: 以贵阳学院为例 [D]. 重庆: 西南大学, 2009.

[78] 黄慧. 建构主义视角下的大学英语语法教学研究 [D]. 上海: 上海外国语大学, 2007.

[79] 黄兰. 微课在初中课堂教学中应用的现状分析与对策研究 [D]. 宁波: 浙江师范大学, 2015.

[80] 郭琬. 微课的应用及其开发研究: 以初中语文为例 [D]. 西安: 陕西师范大学, 2015.

[81] 金鑫. 汉英语序对比与对外汉语教学 [D]. 长春: 东北师范大学, 2011.

[82] 李海雁. 高中英语词汇学习与教学中的跨文化意识培养研究 [D]. 昆明: 云南师范大学, 2019.

[83] 李漫. 多媒体网络技术在课堂教学中的应用研究: 以长沙外国语学校为例 [D]. 长沙: 湖南师范大学, 2013.

[84] 刘敏. 英语电影辅助高中英语听力教学的行动研究 [D]. 长春: 东北师范大学, 2017.

[85] 卢凤龙. 语境理论在高中英语词汇教学中的应用研究 [D]. 济南: 山东师范大学, 2013.

[86] 毛婷婷. 基于网络资源平台的翻转课堂在初中英语语法教学中的应用研究 [D]. 苏州: 苏州大学, 2017.

[87] 孟银连. 高中英语阅读教学中文化知识教学调查研究 [D]. 重庆: 重庆师范大学, 2018.

[88] 牟必聪. 翻转课堂理念下高中英语词汇教学的设计与实践 [D]. 上海: 华东师范大学, 2018.

[89] 潘清华.微课在中职英语教学中的应用[D].济南:山东师范大学,2016.

[90] 齐婉萍."微课"在高中语文教学中的运用[D].哈尔滨:哈尔滨师范大学,2015.

[91] 孙丹丹.初中生英语口语能力现状调查研究[D].济宁:曲阜师范大学,2019.

[92] 唐琳.大学英语口语教学中跨文化交际策略能力培养模式研究[D].哈尔滨:黑龙江大学,2009.

[93] 唐艳成.基于人文性的高中英语写作教学研究[D].长沙:湖南师范大学,2019.

[94] 王海枫.浅析英语否定句的翻译方法:以《我们这个时代的美国》的汉译为例[D].北京:北京外国语大学,2017.

[95] 王琳琳.小学英语文化教学的现状调查及对策分析[D].重庆:重庆师范大学,2019.

[96] 王曼琪."慕课"教学模式评析及实施建议[D].呼和浩特:内蒙古师范大学,2015.

[97] 王晓丹.初中英语阅读教学中文化渗透研究[D].青岛:青岛大学,2019.

[98] 向琴.文化图式理论在高中英语听力教学中的实证研究[D].重庆:重庆师范大学,2017.

[99] 肖敏.大学英语教学中的跨文化教育[D].长沙:湖南师范大学,2009.

[100] 龚迪颖.高中英语教学中的中国文化导入研究[D].宁波:宁波大学,2017.

[101] 张晨晟.情境教学法在初中英语语法教学中的应用[D].上海:上海师范大学,2019.

[102] 张海倩.基于语境理论的高中英语词汇教学研究[D].重庆:重庆师范大学,2012.

[103] 郑小龙.多元文化视角下大学英语文化教学研究[D].长沙:中南大学,2013.

[104] 周方源.语境理论在大学英语词汇教学中的应用研究[D].呼和浩特:内蒙古师范大学,2013.

[105] 朱君.运用网络英语教学培养高中学生创造性思维能力的实践研究[D].上海:上海师范大学,2004.

[106] 敖冰峰,杨扬.关于多媒体网络教学的研究[J].应用能源技术,

2006,(9).

[107] 蔡基刚,唐敏.新一代大学英语教材的编写原则[J].中国大学教学,2008,(4).

[108] 蔡静.浅析中西价值观差异[J].辽宁行政学院学报,2014,(4).

[109] 曾宏伟.增强大学英语教材文学性 提高大学英语教育质量:大学英语教材批判及改革路径[J].语文学刊,2006,(11).

[110] 陈诚.英汉文化差异对翻译的影响[J].湖北开放职业学院学报,2018,(24).

[111] 陈坚林.大学英语教材的现状与改革:第五代教材研发构想[J].外语教学与研究,2007,(5).

[112] 陈雪.浅析英汉翻译中的词汇和句法对比[J].长春教育学院学报,2013,(11).

[113] 陈志新.浅谈英语写作教学的重要性及操作手段[J].佳木斯师专学报,1997,(2).

[114] 代智勇.大学英语课堂教学理论研究新视野[J].教育现代化,2019,(56).

[115] 邓芳.文化教学与大学英语教学的有机融合[J].安徽电子信息职业技术学院学报,2015,(1).

[116] 丁念亮.谈高级英语教学中的文化教学实践[J].时代文化,2010,(4).

[117] 段满福.从英汉语言语态上的差异看英汉被动句的翻译[J].内蒙古农业大学学报(社会科学版),2004,(4).

[118] 范谊.大学英语教材改革的若干意见[J].外语教学,2000,(4).

[119] 房东阳.跨文化背景下学生英语口语交际能力的培养[J].黑龙江教育学院学报,2019,(7).

[120] 付英.基于网络传媒的大学英语教学现状分析及应对策略[J].媒介教育,2012,(16).

[121] 付岳梅,刘强,应世潮.跨文化交际的界定和模式[J].沈阳建筑大学学报,2011,(4).

[122] 傅静玲.英汉思维差异与语态选择[J].安徽文学,2008,(10).

[123] 高歌.基于微信的大学英语口语教学新模式研究与实践[J].海外英语,2016,(4)

[124] 高文捷,白雪.英语语言学的理论体系与构建探讨[J].亚太教育,2016,(35).

[125] 桂花,杨征权.微课程教学法在高职英语语法教学中的运用[J].高教学刊,2016,(7).

[126] 郝雁南.对新世纪大学英语教材的思考[J].宁德师专学报,2002,(4).

[127] 何克抗.教学设计理论与方法研究评论[J].电化教育研究,1998,(2).

[128] 何玲梅.大学英语教材建设的原则[J].湖南城市学院学报,2004,(2).

[129] 何乃平.大学英语阅读中的文化差异[J].牡丹江师范学院学报,2008,(3).

[130] 何震.从英汉语态中看中西文化差异[J].学周刊,2016,(9).

[131] 贺显斌.语言与文化关系的多视角研究[J].西安外国语学院学报,2002,(3).

[132] 胡大芳.大学英语翻译教学中文化的导入[J].牡丹江大学学报,2009,(1).

[133] 胡铁生,黄明燕,李民.我国微课发展的三个阶段及其启示[J].远程教育杂志,2013,(4).

[134] 胡铁生.微课:区域教育信息资源发展的新趋势[J].电化教育研究,2011,(10).

[135] 黄龙胜.大学英语教材变革探微[J].武汉船舶职业技术学院学报,2007,(4).

[136] 黄音频.文化差异与英语写作[J].成功(教育),2010,(1).

[137] 黄元龙.浅议高职英语写作教学的循序渐进原则[J].开封教育学院学报,2017,(2).

[138] 黄志成,魏晓明.跨文化教育:国际教育新思潮[J].全球教育展望,2007,(11).

[139] 贾爱霞.基于微信的大学英语口语教学新模式[J].黑河学院学报,2017,(8).

[140] 贾宁宁.英汉语逻辑连接对比与翻译[J].海外英语,2016,(7).

[141] 焦建利.微课及其应用与影响[J].中小学信息技术,2014,(4).

[142] 靳淑梅.多元文化主义的困境及对教育的启示[J].教育评论,2009,(1).

[143] 康建.大学英语听力教学中的文化背景知识导入[J].产业与科技论坛,2014,(17).

[144] 况新华,曾剑平.语言与文化的关系述要[J].南昌航空工业学

院学报,1999,(1).

[145] 黎加厚. 微课的含义与发展 [J]. 中小学信息技术,2013,(4).

[146] 李松林,李文林. 教学活动理论的系统考察与方法论反思 [J]. 外国中小学教育,2008,(1).

[147] 梁华. 文化差异因素与英语写作 [J]. 大连大学学报,2007,(1).

[148] 梁惠梅. 英语写作教学中"母语文化"的地位与作用:2012年TEM4作文的教学启示 [J]. 黑龙江教育学院学报,2013,(8).

[149] 凌静. 大学生英语口语教学现状及改进策略 [J]. 产业与科技论坛,2017,(22)

[150] 刘红霞,赵蔚,等. 基于"微课"本体特征的教学行为涉及与实践反思 [J]. 现代教育技术,2014,(2).

[151] 刘卉. 大学英语文化教学中阅读圈教学模式的构建与探索 [J]. 教育现代化,2018,(45).

[152] 刘俊玲,曾薇. 慕课在高校英语教学中的应用研究 [J]. 课程研究,2016,(5).

[153] 刘梦雪. 通过自我评估训练促进自主式英语学习的实证研究 [J]. 疯狂英语(教师版),2009,(4).

[154] 刘晓飞. 基于文化理解视角下的大学生英语听力影响因素研究 [J]. 传播力研究,2019,(24).

[155] 马慧丽. 大学英语语法教学回归的必要性及可行模式研究 [J]. 英语教师,2019,(24).

[156] 毛莉. 英汉词汇对比与翻译 [J]. 陕西教育(高教版),2008,(10).

[157] 牛红卫. 网络教学特点与模式探讨 [J]. 中国成人教育,2006,(7).

[158] 蒲春红. 关于大学英语文化教学中阅读圈教学模式的构建与探索 [J]. 当代教育实践与教学研究,2019,(24).

[159] 秦盛华. 美剧对提高大学生英语口语交际能力的探讨 [J]. 英语广场,2019,(5).

[160] 邱景. 英语口语教学现状及教学对策分析 [J]. 吉林省教育学院学报,2019,(5)

[161] 沈彩芬,程东元. 网络多媒体环境下的外语教学特征及其原则 [J]. 外语电化教学,2008,(3).

[162] 石喜春. 中国文化视角下大学英语翻译教学模式研究 [J]. 英语广场,2017,(12).

[163] 宋晓川. 中西文化差异在词汇中的表现及其应用 [J]. 牡丹江教育学院学报,2016,(5).

[164] 苏小兵,管珏琪,钱冬明,等.微课概念辨析及其教学应用研究[J].中国电化教育,2014,(330).

[165] 覃琴.浅析大学英语教学中跨文化意识的培养[J].贵州民族学院学报,2010,(4).

[166] 田文革.文化背景差异下的英语口语研究[J].菏泽学院学报,2016,(3).

[167] 佟晓辉,高健,傅克玲.论英汉语言文化差异对大学英语写作教学的影响[J].西南农业大学学报,2011,(4).

[168] 汪晓东,张晨婧仔."翻转课堂"在大学教学中的应用研究:以教育技术学专业英语课程为例[J].现代教育技术,2013,(8).

[169] 王丹云.在基础英语词汇教学中培养学生本土文化意识[J].宁德师范学院学报,2013,(2).

[170] 王广新.微课设计与制作的理论与实践[J].远程教育杂志,2014,(6).

[171] 王桂灵.英汉缩略词对比[J].产业与科技论坛,2013,(11).

[172] 王建始.前重心与后重心:英汉句子比较[J].中国翻译,1987,(3).

[173] 韦孟芬.大学英语翻译教学中文化导入探讨[J].淮海工学院学报,2010,(6).

[174] 温彩虹,张芬.跨文化交际视域下大学英语词汇教学[J].北极光,2019,(12).

[175] 肖君.英语词汇教学中文化差异现象浅析[J].四川教育学院学报,2007,(5).

[176] 肖亮荣,俞真.论计算机网络技术给大学英语教学带来的机遇和挑战[J].外语研究,2002,(5).

[177] 徐丹丹.英语电影在大学英语听力教学中的应用[J].海外英语,2019,(3).

[178] 杨华丽,安丽杰.高校英语听力"游戏化"教学的设计与应用[J].科技资讯,2019,(9).

[179] 杨丽萍.文化背景知识与英语听力教学[J].中国校外教育,2010,(12).

[180] 杨照.基于认知策略理论的大学英语听力+教学模式探索:以应用型高校为例[J].海外英语,2019,(17).

[181] 易桐栎.英语专业本科生翻译能力的培养策略研究[J].考试与

评价(大学英语教研版),2019,(2).

[182] 于飞.大学英语口语教学现状及教学方法浅析[J].科教文汇,2017,(8).

[183] 岳莉莉,冷帆.英汉文化差异对翻译的影响[J].天中学刊,2002,(6).

[184] 翟莉娟,王翠梅.从认知策略看英语词汇学习[J].科学文汇,2008,(11).

[185] 张晨霞.跨文化语境下中西方文化差异对大学英语词汇教学的启示[J].遵义师范学院学报,2016,(5).

[186] 张翰文,张文鹏.基于文化理解视角下的大学生英语听力影响因素研究[J].英语广场,2019,(7).

[187] 张楠楠.基于慕课时代的大学英语课堂教学模式探索与研究[J].科技创新导报,2014,(36).

[188] 张晓君,李雅琴,王浩宇,等.认知负荷理论视角下的微课程多媒体课件设计[J].现代教育技术,2014,(2).

[189] 张严.文化差异与英语阅读[J].华北电力大学学报,2008,(8).

[190] 张义桂.中西方传统思维方式的差异及成因[J].文史博览(理论版),2016,(6).

[191] 钟雪文.大学英语口语教学中的跨文化交际能力培养模式研究[J].智库时代,2018,(28).

[192] 庄国卫.英汉语篇对比与翻译教学[J].林区教学,2007,(8).

[193] HARMER, J. *The Practice of English Language Teaching*[M]. London: Longman, 1990.

[194] HOWAT AND DAKIN. *Teaching English as a Second or Foreign Language*[M]. Massachusetts: Newbury House Publishers, Inc., 1974.

[195] LEWIS, M. *Second Language Vocabulary Acquisition*[M]. Cambride :Cambridge University Press, 1997.

[196] RUBIN, J. An Overview to "A Guide for the Teaching of Second Language Listening" [A]. *A Guide for the Teaching of Second Language Listening*[C]. D. MENDELSOHN & J. RUBIN. San Diego, CA :Dominie Press, 1995.